Lubica's Sketchbook

Lubica Lucina

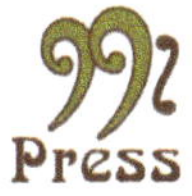
Press

Published by 99% Press,

an imprint of Lasavia Publishing Ltd.

Auckland, New Zealand

www.lasaviapublishing.com

ISBN: 978-1-99-118982-0

To my children, grandchildren and students

with love from

Lubica

Detské rúčky.

Malá teplá rúčka,
budúceho človeka,
beriem ťa do ruky
ako sviatosť na zemi.

Drobné ružové dlane
nevidiac čo čaká na ne,
sú tak hravé
a hrejivé.

Dôverou mi ruku hladia
prituliac sa ako vtáča,
do mojich brázdových
prácou zhrubelých dlaní.

Skláňam sa k vám tie
drobné hravé
detské dlane
a vtisknem poľúbok na ne.

Schovám ich hlboko do duše
aby večne zostaly moje.
Keď mi život prinesie
                    sklamanie,
vzpomeniem si na ich
                    pohladenie.

Introduction

For the last fifty years, a small sketchbook (A6) has been my constant companion, placed in my pocket or handbag. I carried it everywhere – walking along beaches, through towns, and down village roads – while travelling the world. During my journeys I would often stop for a few minutes, look and record a fleeting moment. My sketchbooks became my visual diaries, private and personal.

There is nothing like a sketch for spontaneously capturing what you see and feel, rather than what really is. A sketch is mostly always unfinished – sometimes just a few strokes – capturing a moment or impression. One might write a few lines of poetry before walking on. In this book you can look at some of these sketches and perhaps feel inspired to make a few yourself.

Lubica Lucina

Slovenská architektka na Novom Zélande

O tom, ako široko – ďaleko rozmetal komunistický režim Slovákov po svete svedčí aj osud našej architektky Lubice Lucinovej (rod. Čejkovej). Patrí k tým našim exilovým architektom, ktorých som objavil naozaj ďaleko – na Novom Zélande, kde pôsobí už vyše 22 rokov.

Lubica Lucinová skončila Fakultu architektúry SVŠT v Bratislave v roku 1965 na katedre urbanizmu u profesora J. Svetlíka. Prvé tri roky pracovala v Ústave školských a kultúrnych stavieb v Bratislave a od roku 1968 v Slovenskom ústave pamiatkovej starostlivosti a ochrany prírody, ako architekt pre ochranu prírody. Blízky vzťah k prírode získala prostredníctvom rodičov – otca záhradníka a matky záhradnej architektky. Tento vzťah k nej pretrváva dodnes. Navyše, vďaka mimoriadne krásnej prírode Nového Zélandu je ešte znásobený. Aj preto k jej obľúbeným kresliarskym témam patrí krajina.

Do zahraničia sa Lubica Lucinová rozhodla odísť v rokoch normalizácie, v roku 1981. Krátko pobudla v nemeckom Freiburgu, kde sa venovala štúdiu jazykov. Už v roku 1982 však odchádza do Wellingtonu, na Nový Zéland. Tam si najprv rozčírovala vzdelanie štúdiom novinárstva, výtvarného umenia a anglického jazyka, aby potom začala novú dráhu pedagóga. Najprv pôsobila na Auchland University School of Architecture, Property and Planing, kde v rámci dejín architektúry prednášala teóriu renesančnej architektúry. Po prechode na Wellington Polytechnic School if Design vyučovala kreslenie podľa živého modelu (Life Drawing) a základy kreslenia.

Od roku 1997 paralelne pôsobila aj na Victoria University of Wellington School of Architecture a od roku 1999 ešte aj na Inverlocky Art School Wellington. V roku 2002 pôsobila ešte aj na

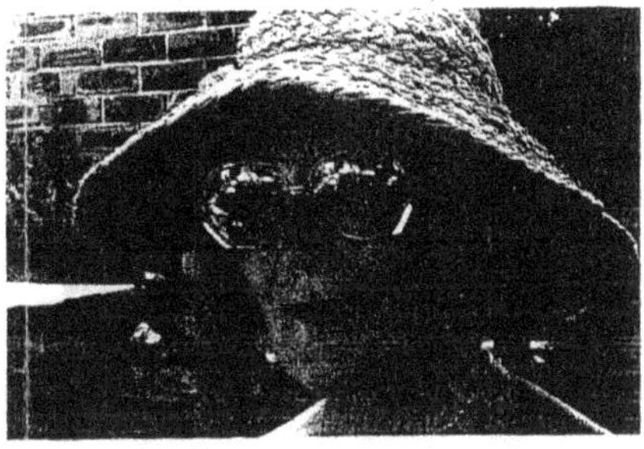

Wellington Institute of Technology School of Media, Art and Design. Na všetkých školách sa jej výučba dotýkala kreslenia a dejín architektúry.

Lubica Lucinová mi poslala aj hodnotenia jej pôsobenia na týchto školách . Všetky oceňovali jej neobyčajné zanietenie pre umeleckú výchovu, jej absolútnu profesionalitu, metodiku výučby a rozsiahle vedomosti. Tie si rozširovala nielen štúdiom, ale aj častým cestovaním, najmä po Európe a USA. Iste je zaujímavé aj to, že práve ona pripravovala časť výstavy venovanej F. Hundertwasserovi v rámci veľkej výstavy k 150. výročiu Nového Zélandu.

V tomto lete som sa s Lubicou Lucinovou stretol v Bratislave, ktorú stále rada navštevuje aj kvôli mnohým priateľom, s ktorými udržiava stále kontakty. Potešilo ma, že po architektovi Jančárikovi, ktorého som objavil v Buenos Aires som našiel našu architektku aj v tak vzdialenom kúte sveta, akým je pre nás Nový Zéland.

ŠTEFAN ŠLACHTA

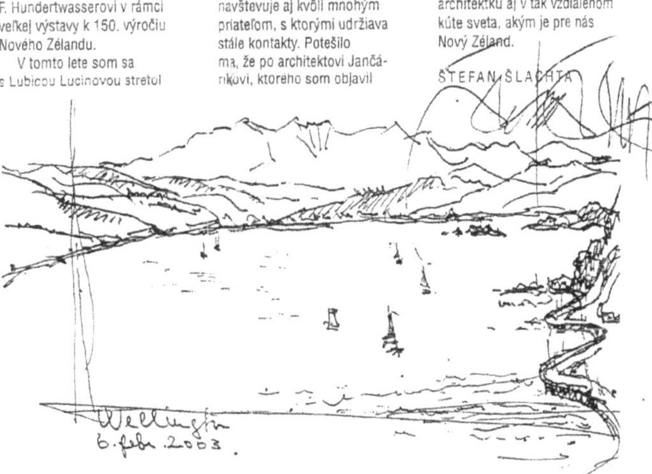

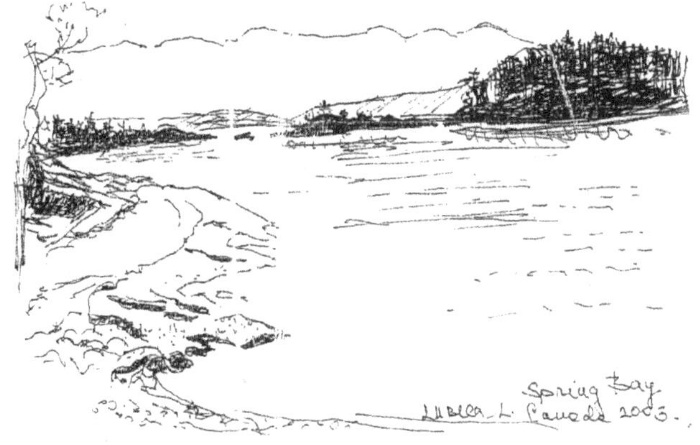

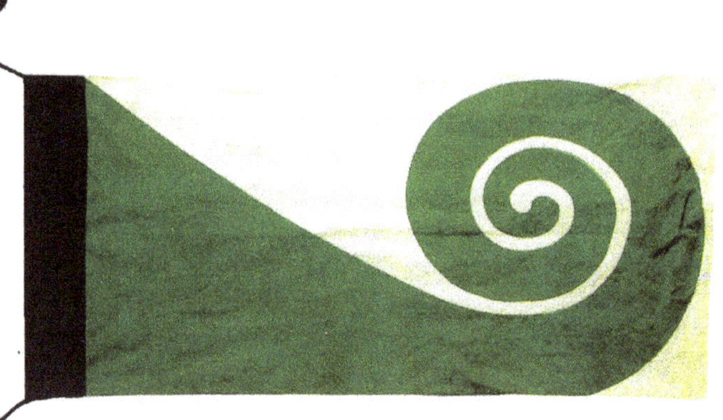

PROPOSAL FOR A SECOND FLAG FOR NEW ZEALAND
WHICH REPRESENTS AN UNMISTAKABLE IDENTITY
THAT COMBINES NEW ZEALAND'S
AGE OLD HERITAGE OF NATURE
AND THE HERITAGE OF MAORI HISTORY
WITH THE GROWING FUTURE OF A NEW NATION.

THE FLAG SYMBOLIZES OLD AND NEW,
HISTORY AND PROGRESS AT THE SAME TIME.
THIS FLAG SYMBOLIZES PEACE, BUT NOT WEAKNESS,
BUT THE STRENGTH OF CREATION
MOVING FORWARD IN A COURAGEOUS ENGAGEMENT.

AT A MOMENT IN HUMAN HISTORY
WITH INCREASING ENVIRONMENTAL CONCERN
NEW ZEALAND GIVES AN EXAMPLE TO THE WORLD
BECAUSE THIS FLAG REPRESENTS PEACE WITH NATURE,
HUMAN DEVELOPMENT IN HARMONY WITH NATURE.
IT IS THE SIGN OF UNDERSTANDING
WITH THIS EVERLASTING POWERFUL ALLY.
THIS FLAG IS A SYMBOL OF A NEW AGE,
A BIG STEP TOWARDS MANKIND'S
RESPONSIBLE EVOLUTION.

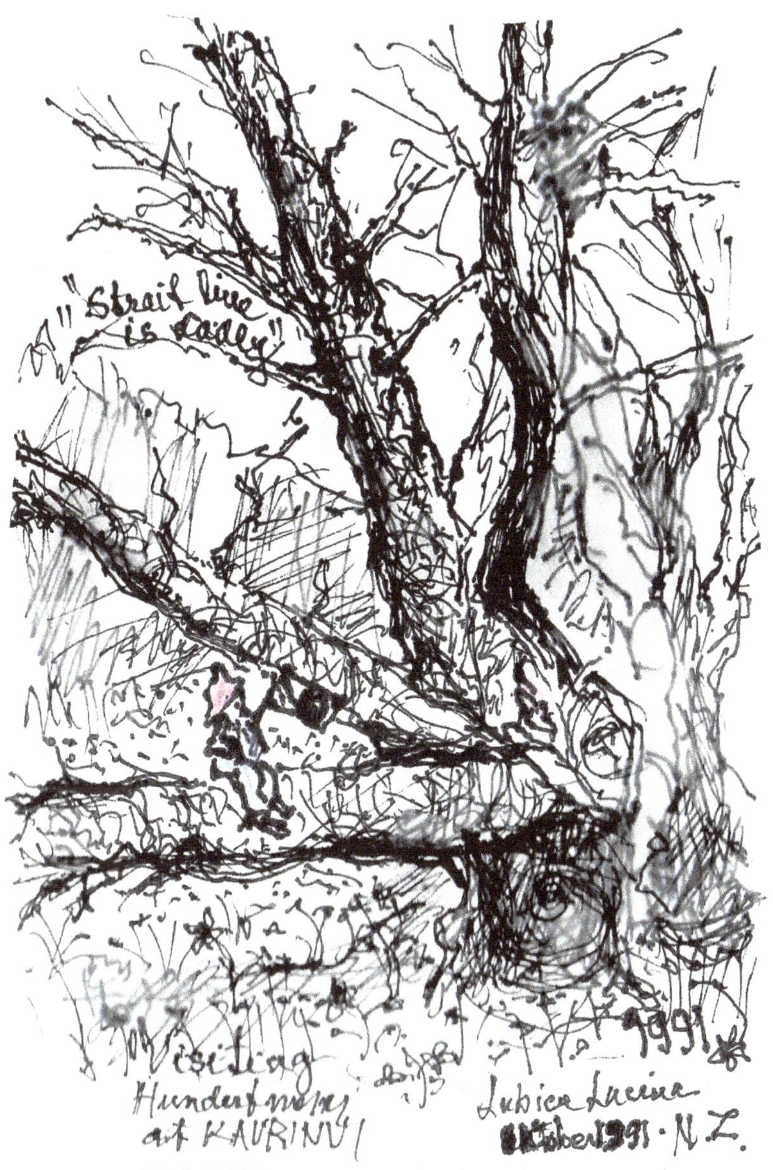

"Strait line is ugly"
Vesiliag
Hundertwasser
at KAURINUI
Lubica Lucina
Oktober 1991 · N.Z.
1991

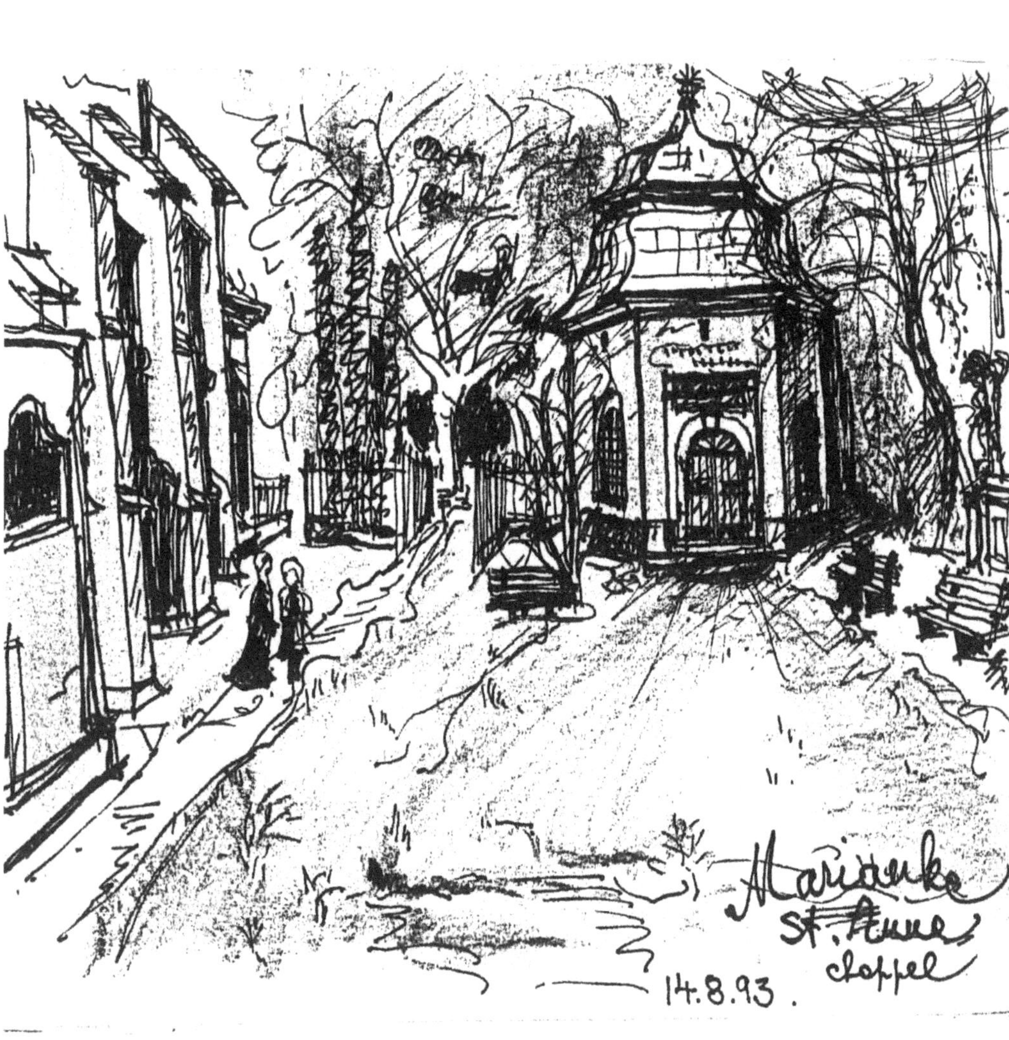

Marianka
St. Anne
Chappel
14.8.93.

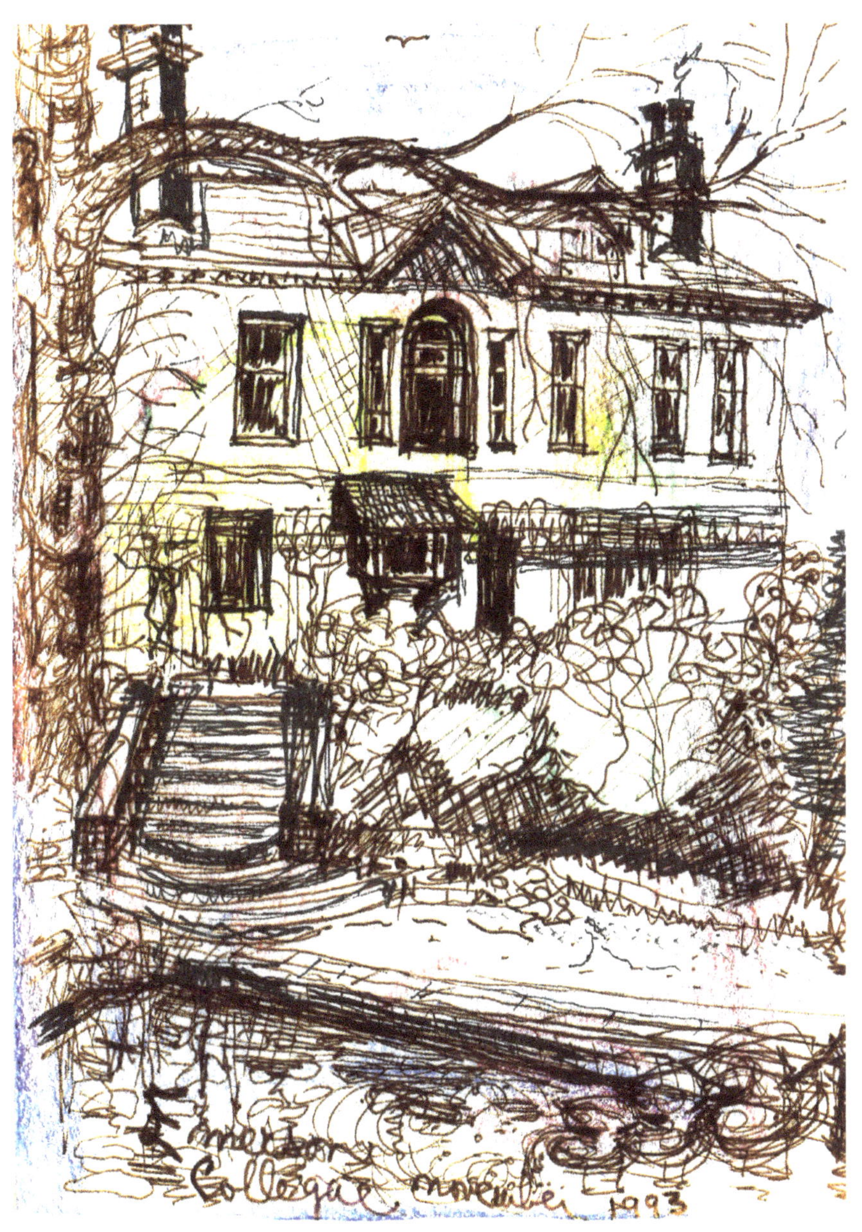

Emerson
College november 1993

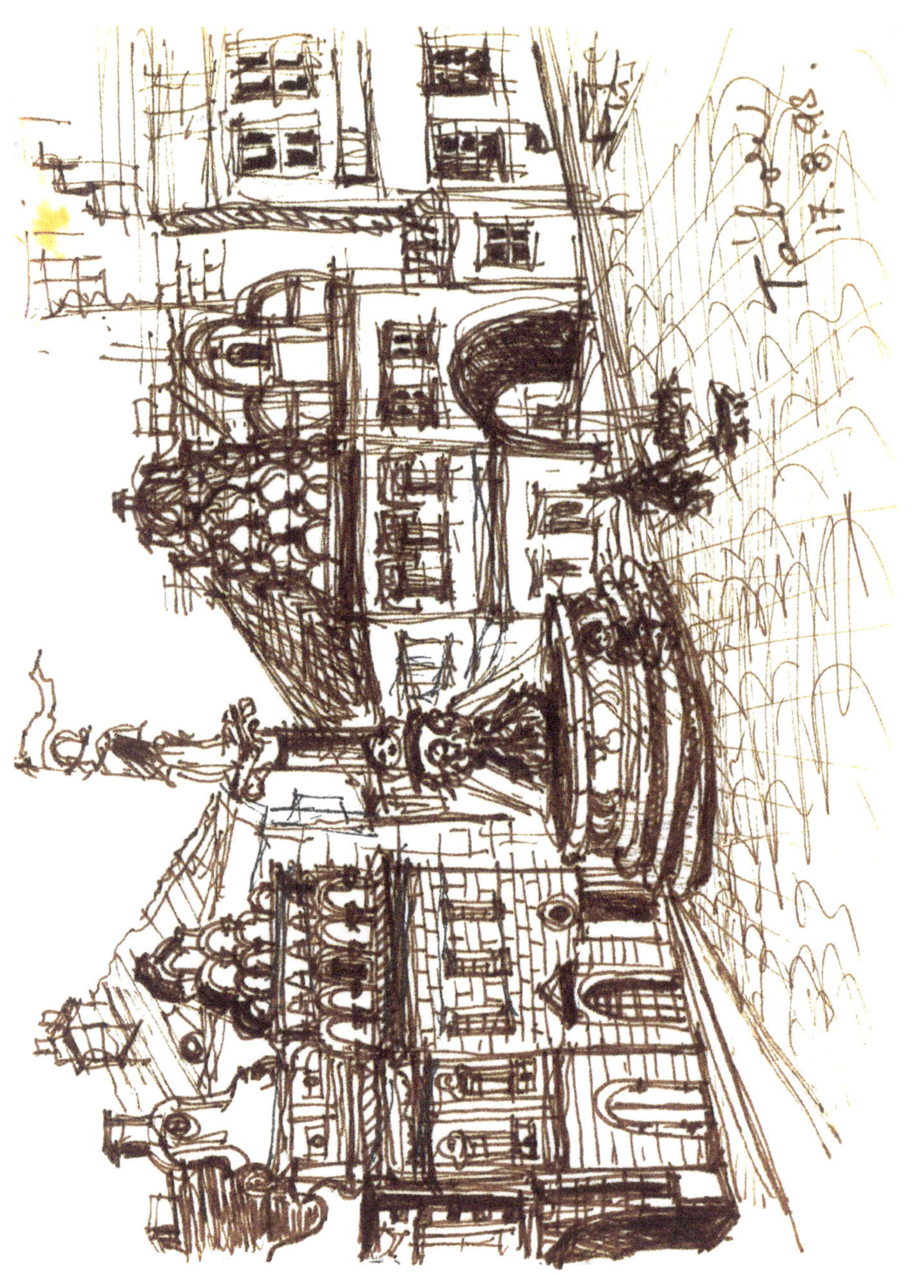

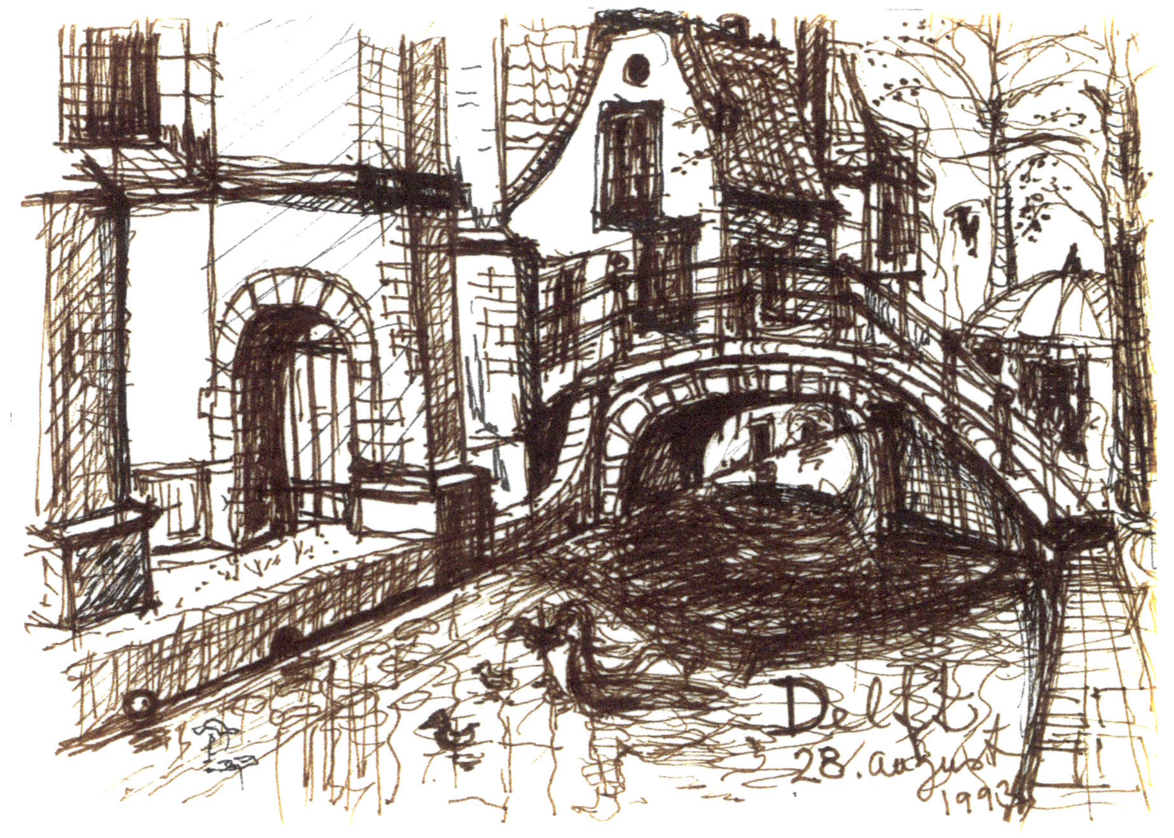

Delft
28. august
1993

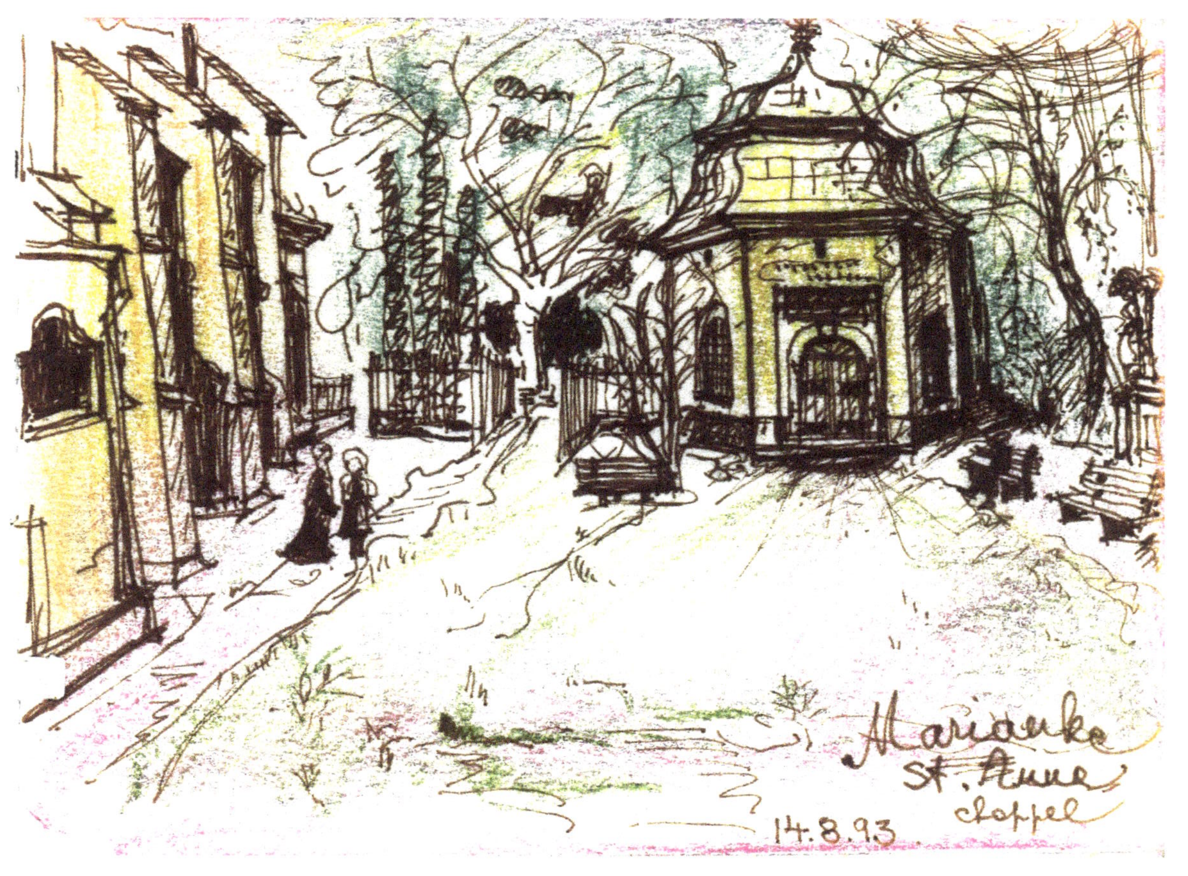

Marianka
St. Anne
chappel
14.8.93

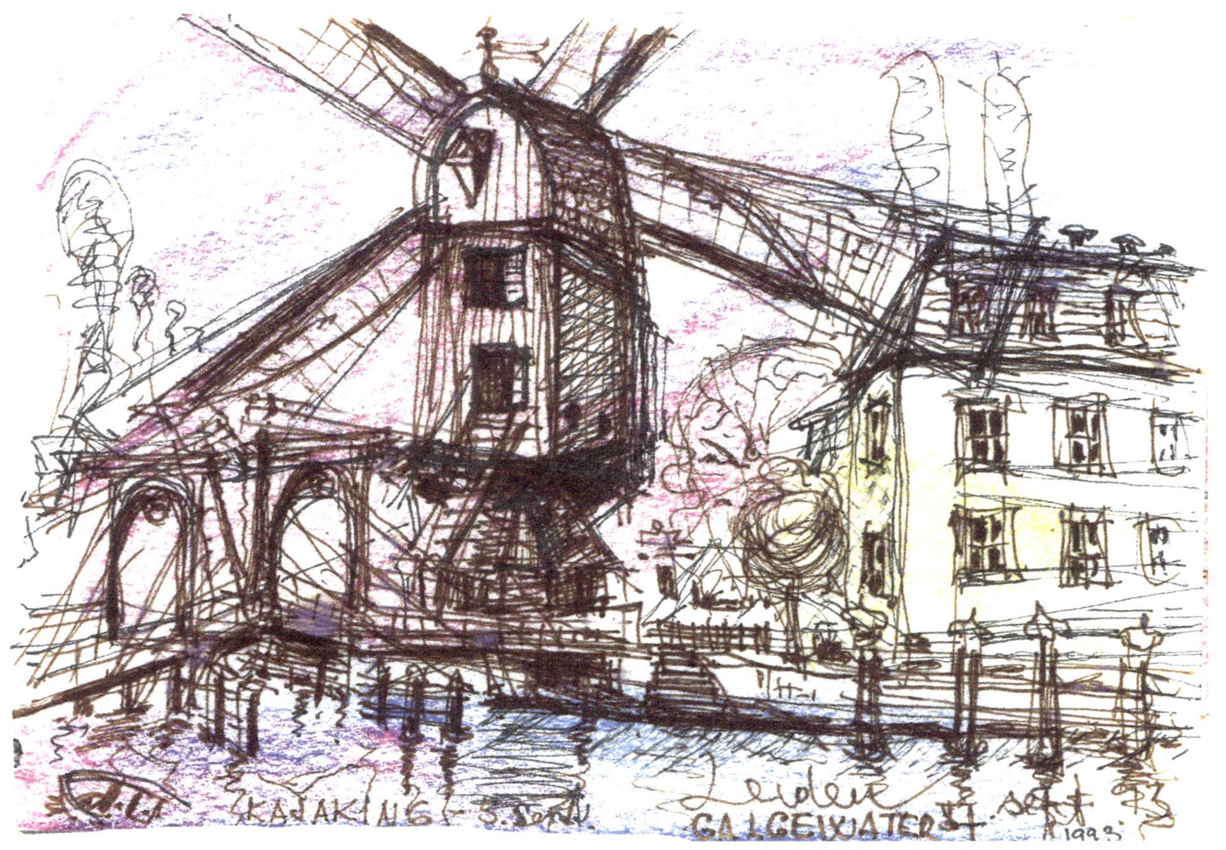
KAJAKING - S. Sern.
Leiden
GALGEWATER St. sept 93
1993

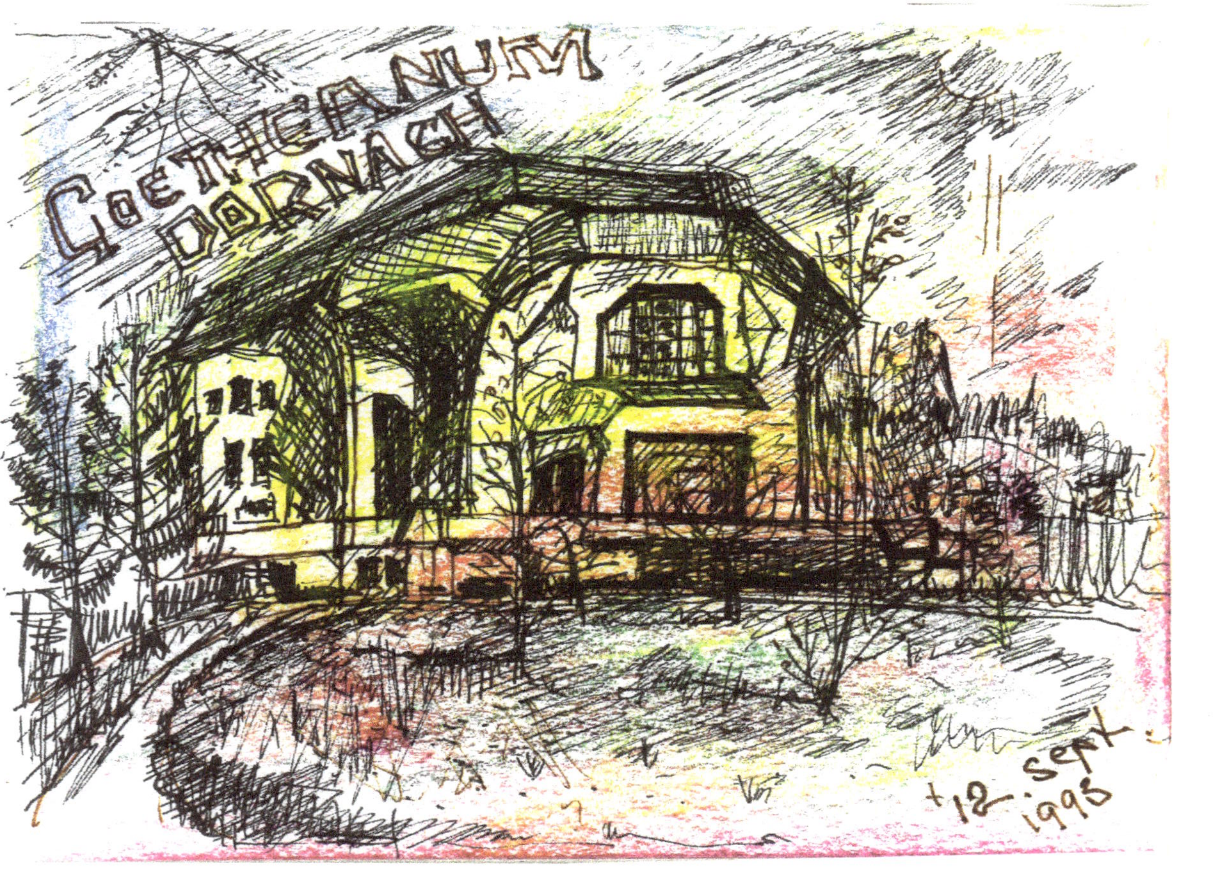
GOETHEANUM
DORNACH
+ 18. sept. 1993

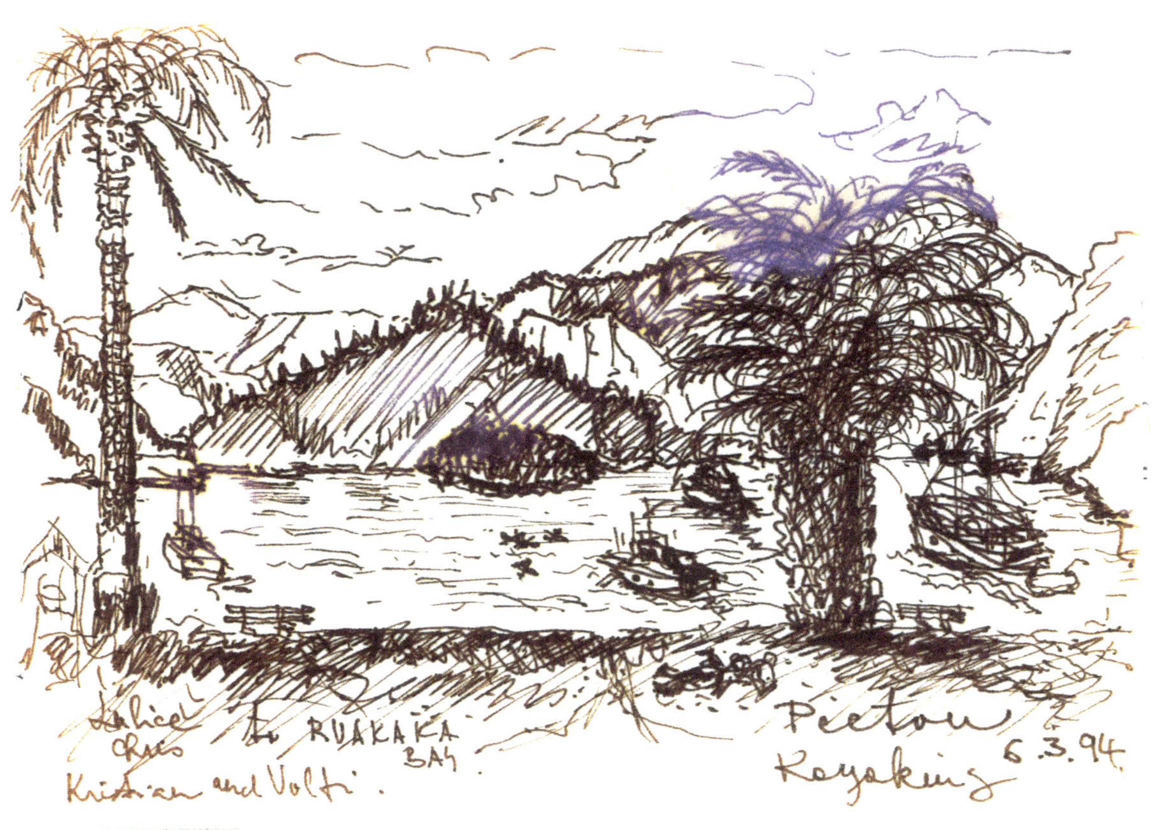

Alice
Chris
Kristian and Volti.
RUAKAKA
BAY
Picton
Kayaking 6.3.94.

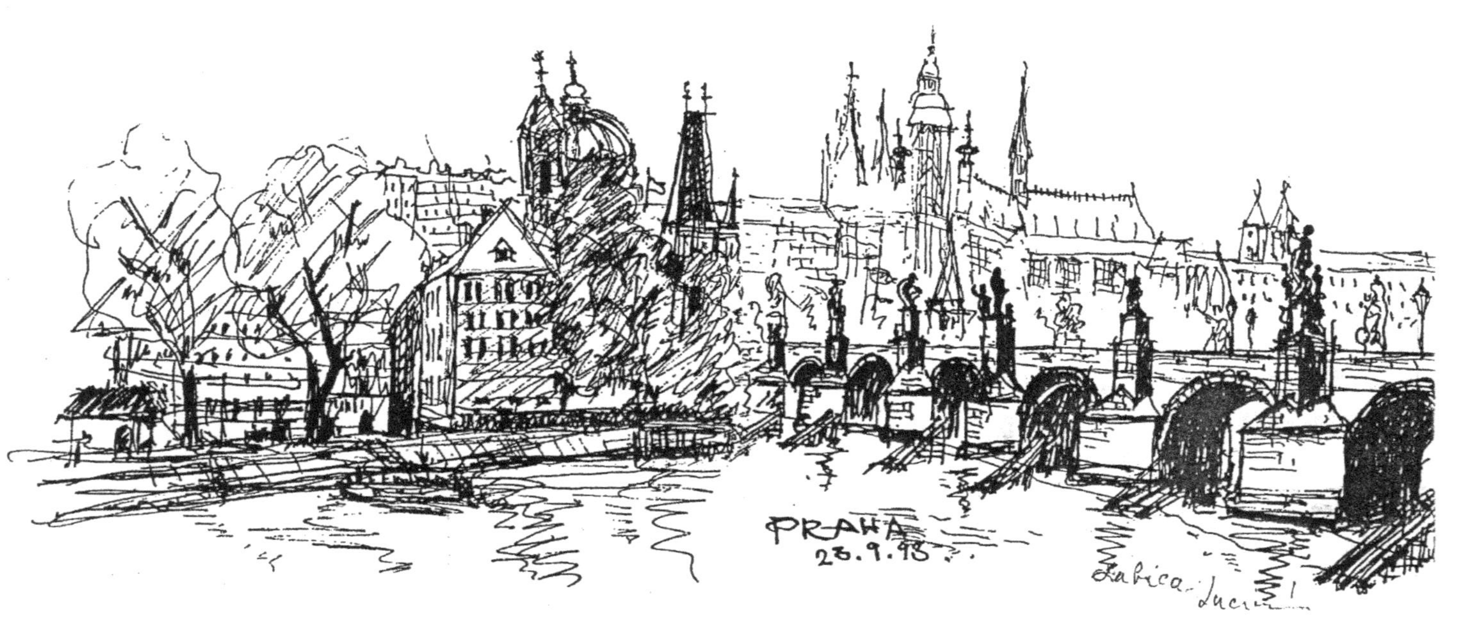
PRAHA
26.9.95

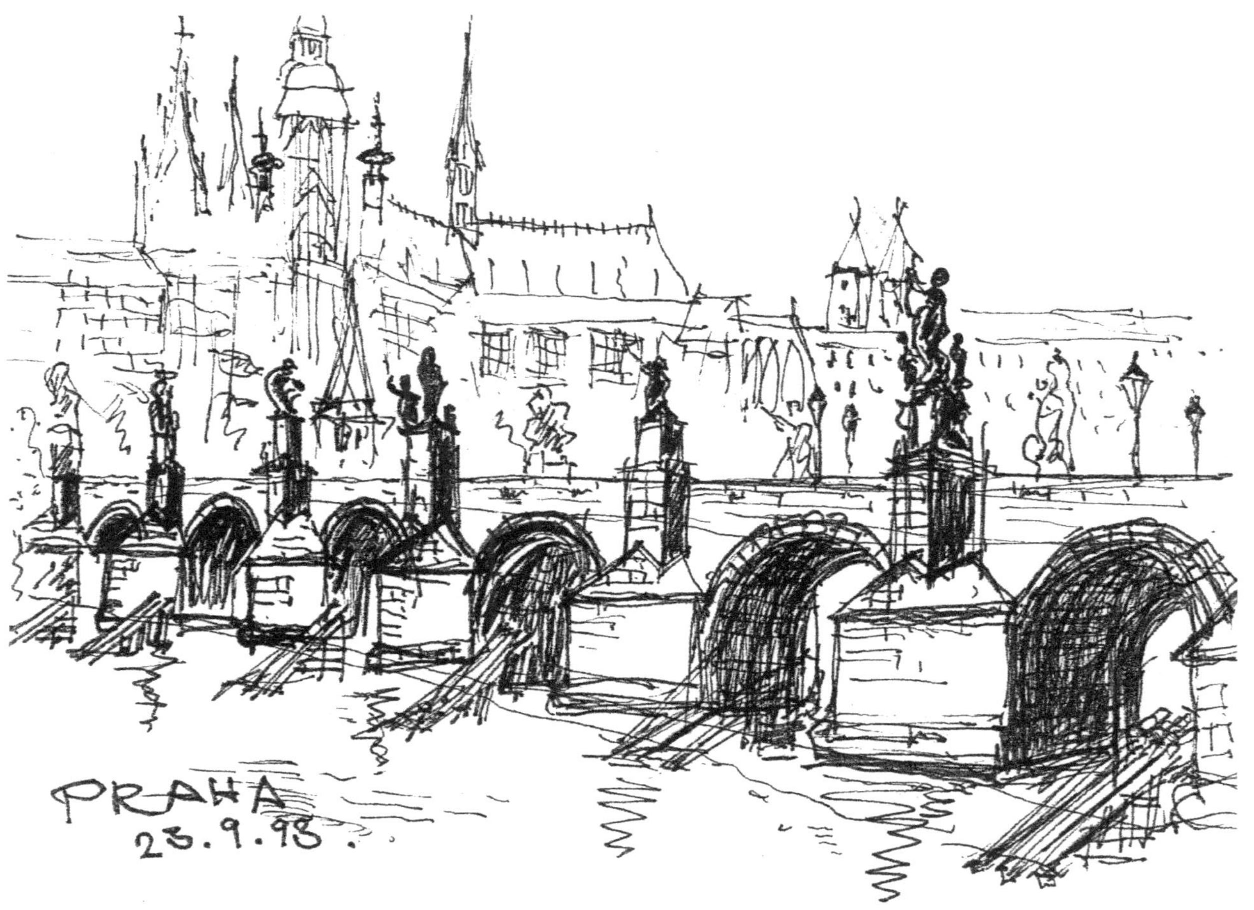

PRAHA
25. 9. 93 .

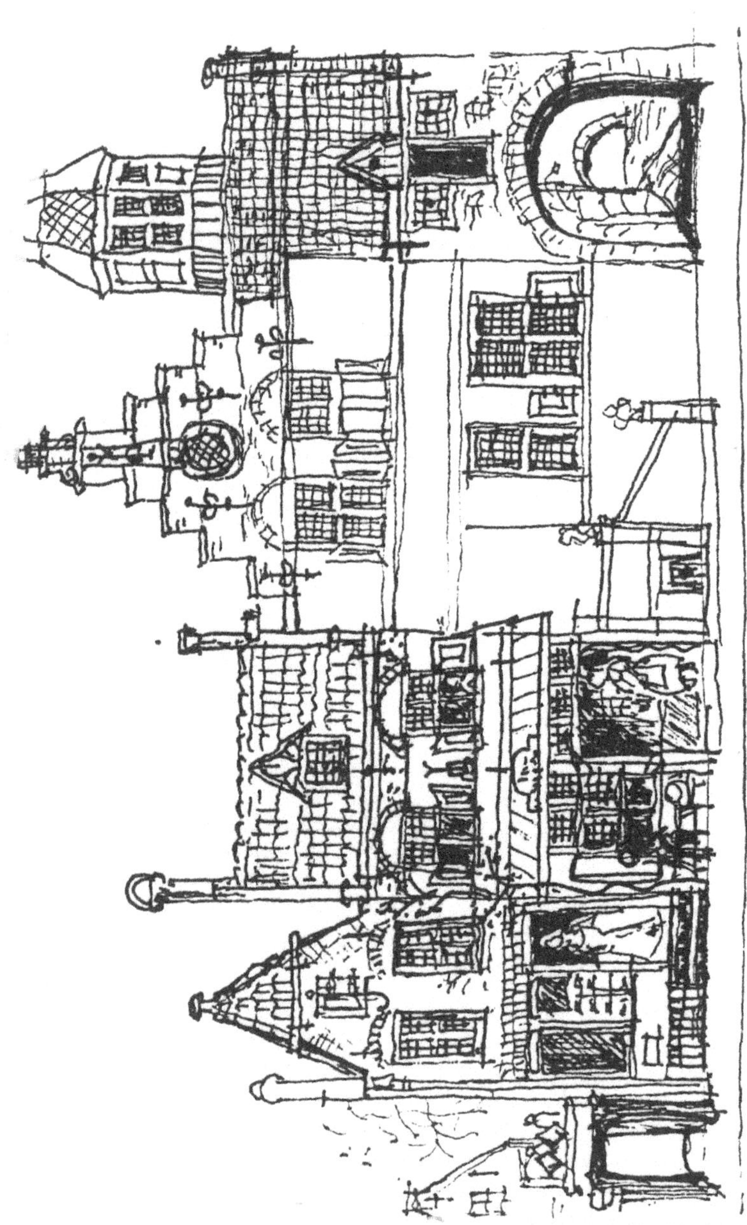

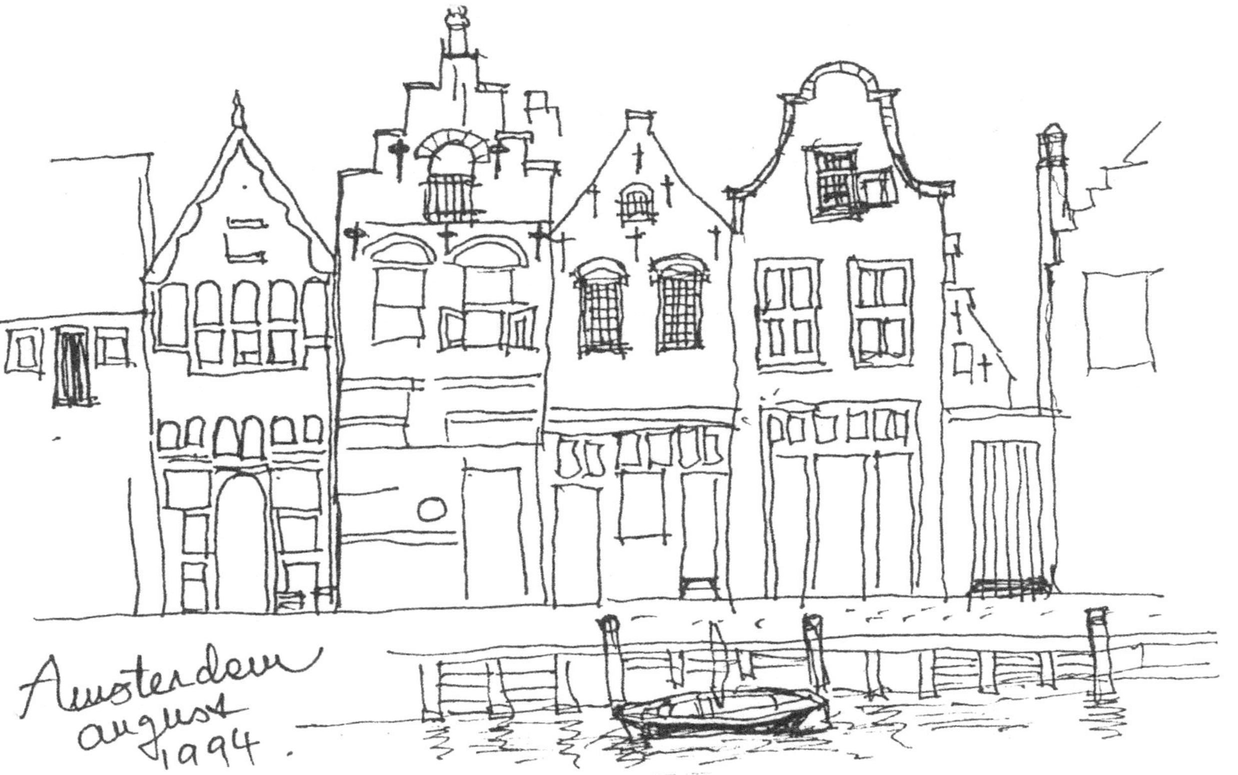

Amsterdam
august
1994.

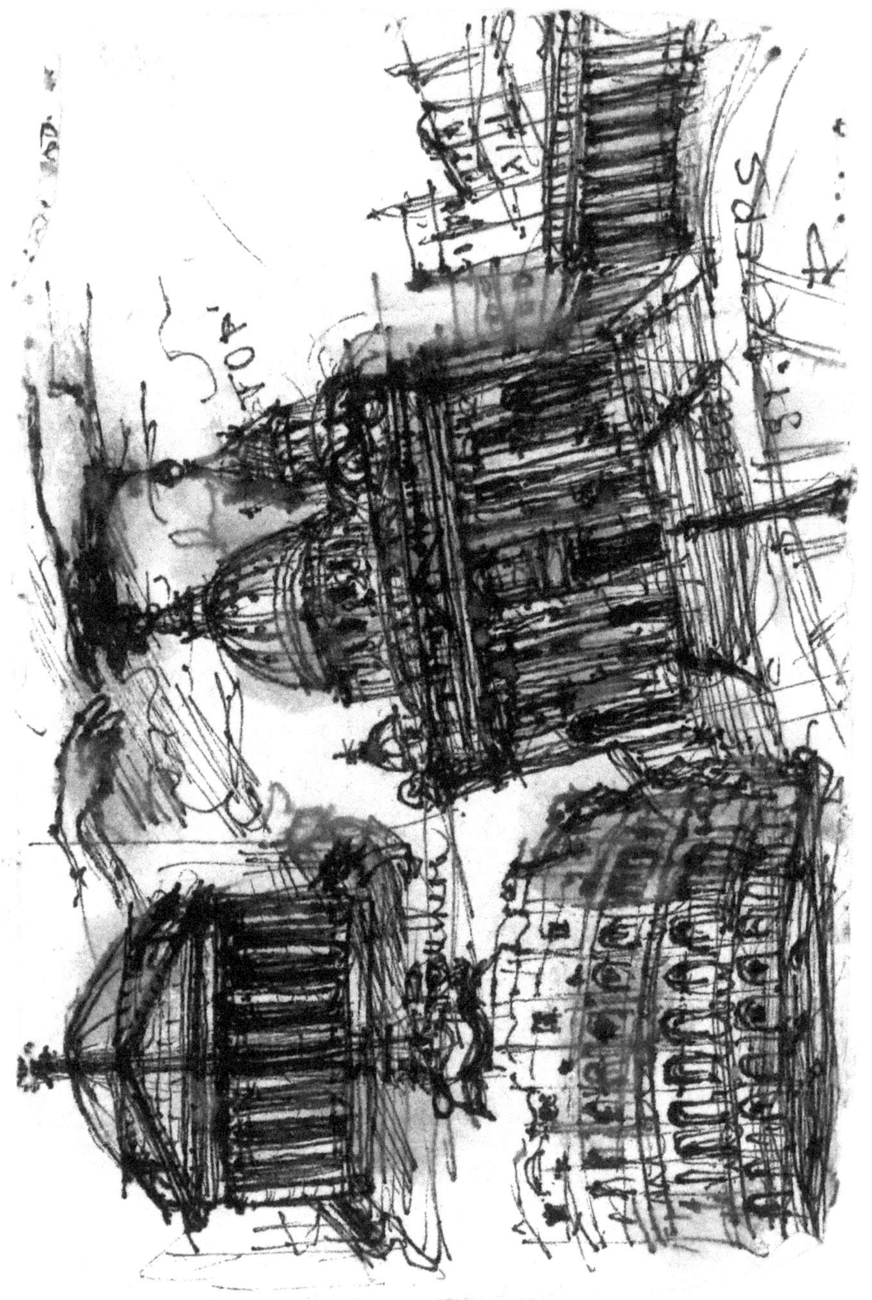

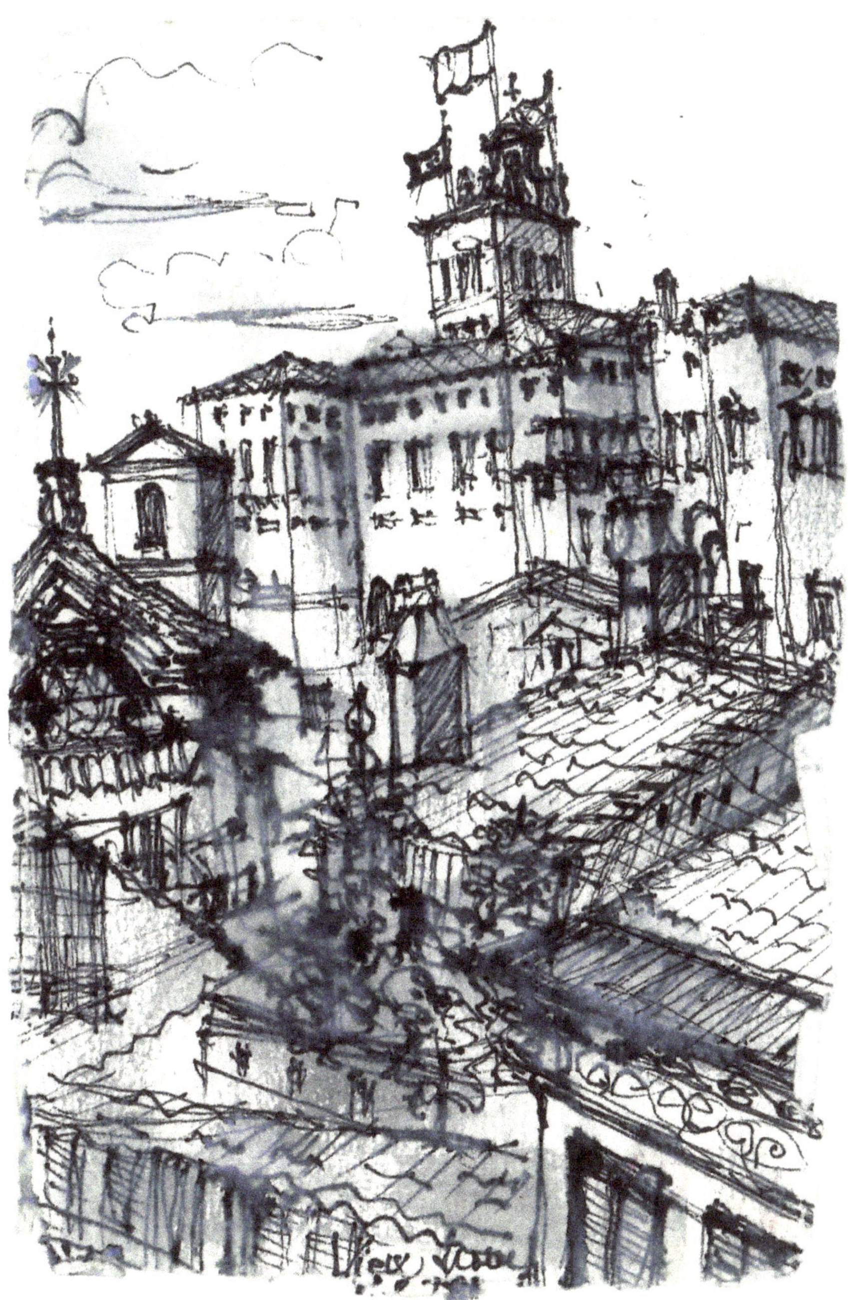

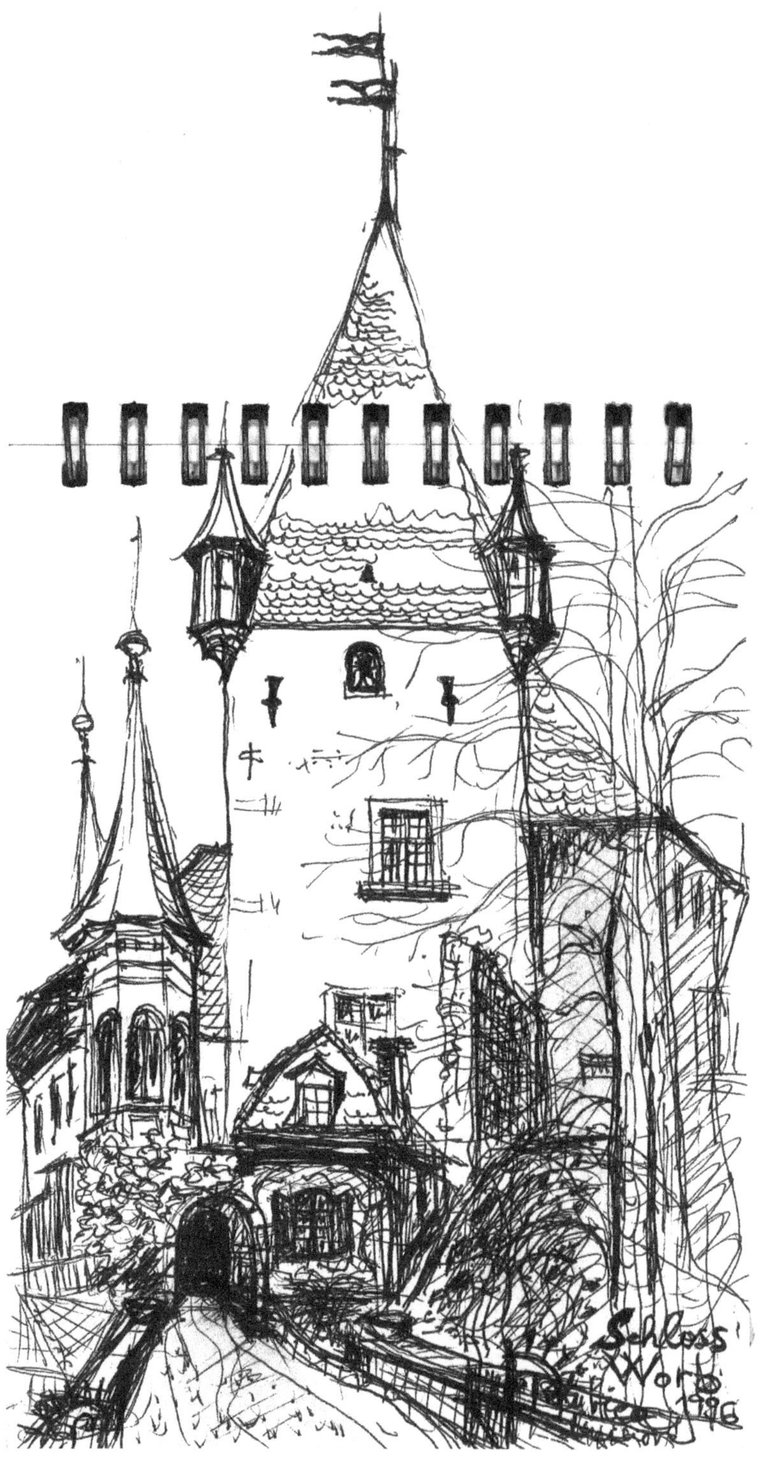
Schloss
Worb
1996

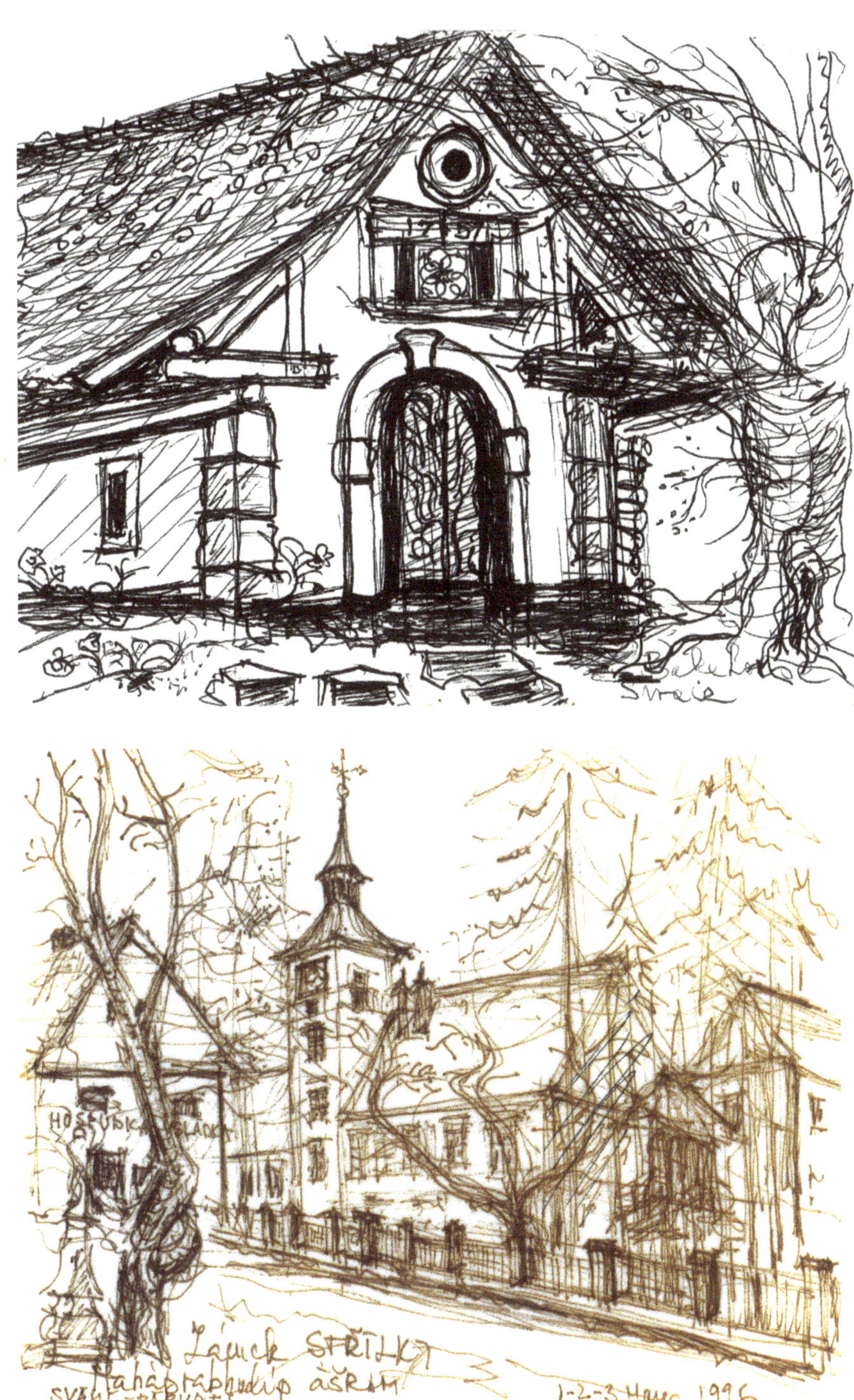
Zámek SPŘÍLKA
Mahāprabhudīp ašRám
SVÁMÍ-PÁRVATÍ
1-2-3 Hauc 1996.

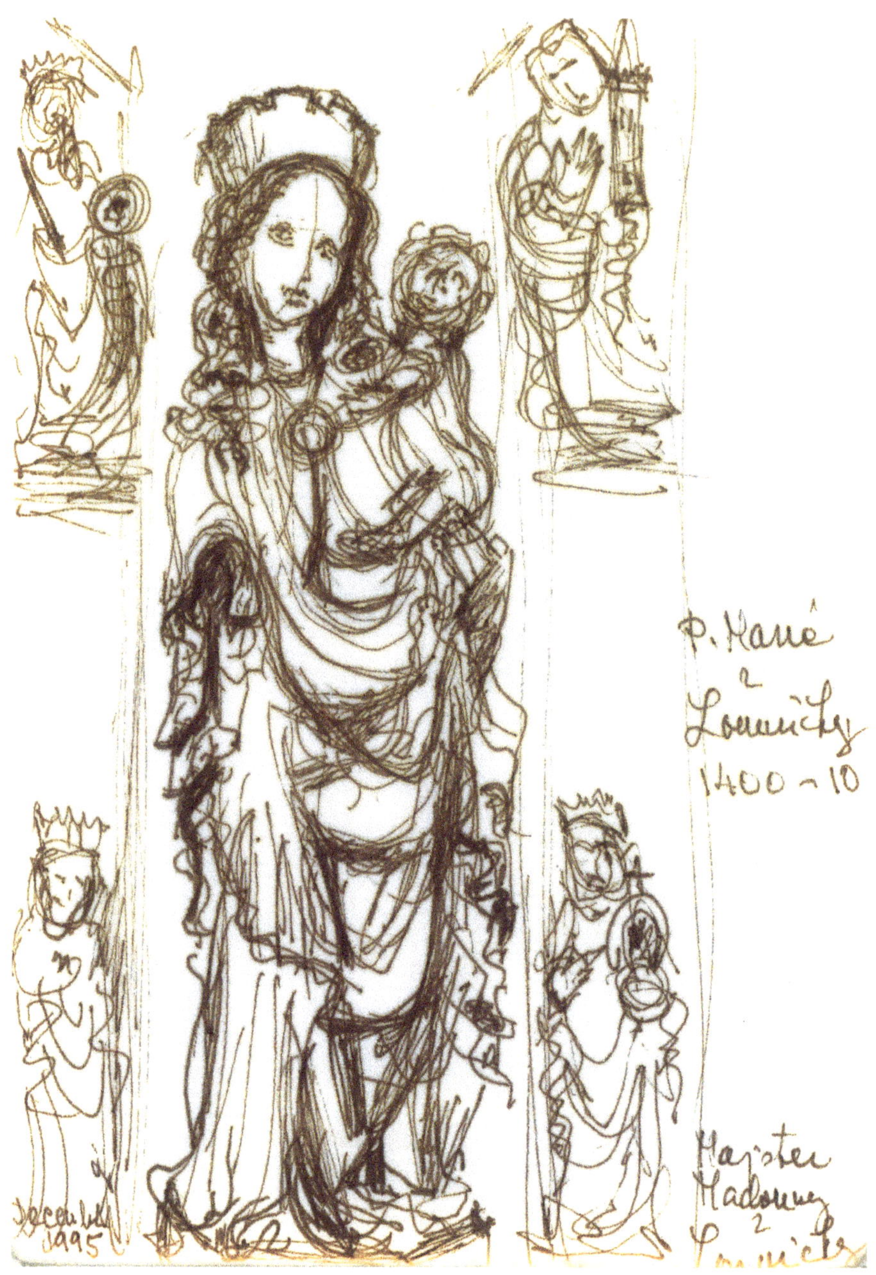

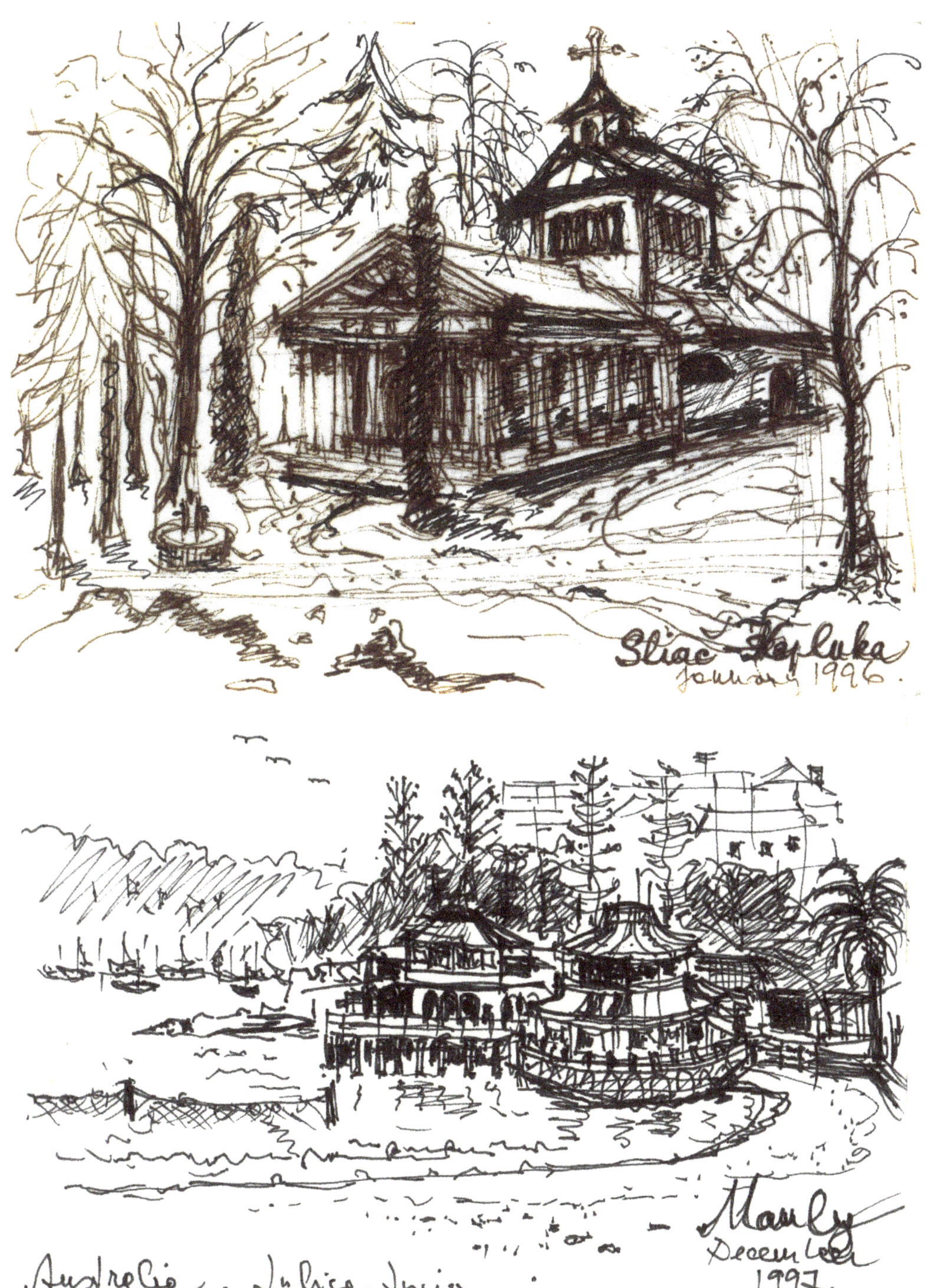
Sliač Kaplnka
January 1996.
Manly
December
1997.
Australie . Jihlice Juin

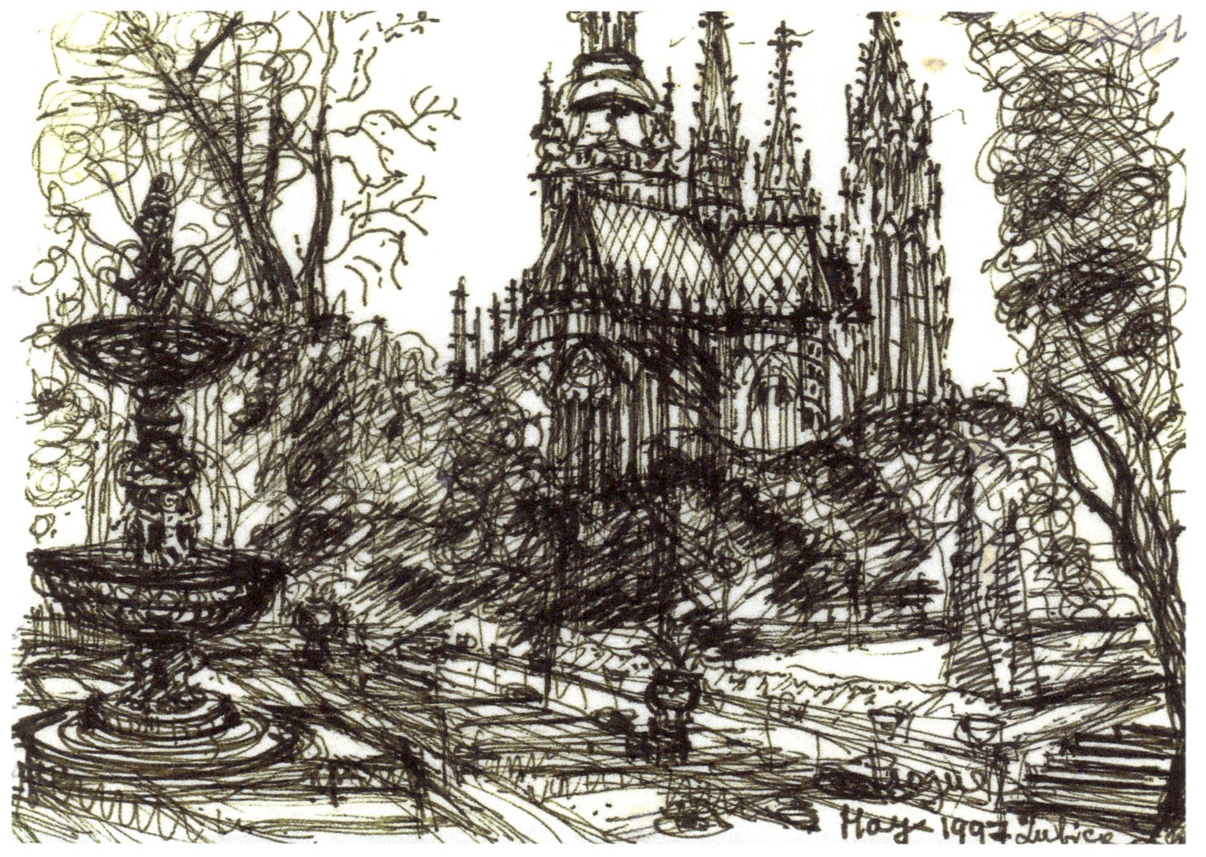

Holy Trinity Church
1997

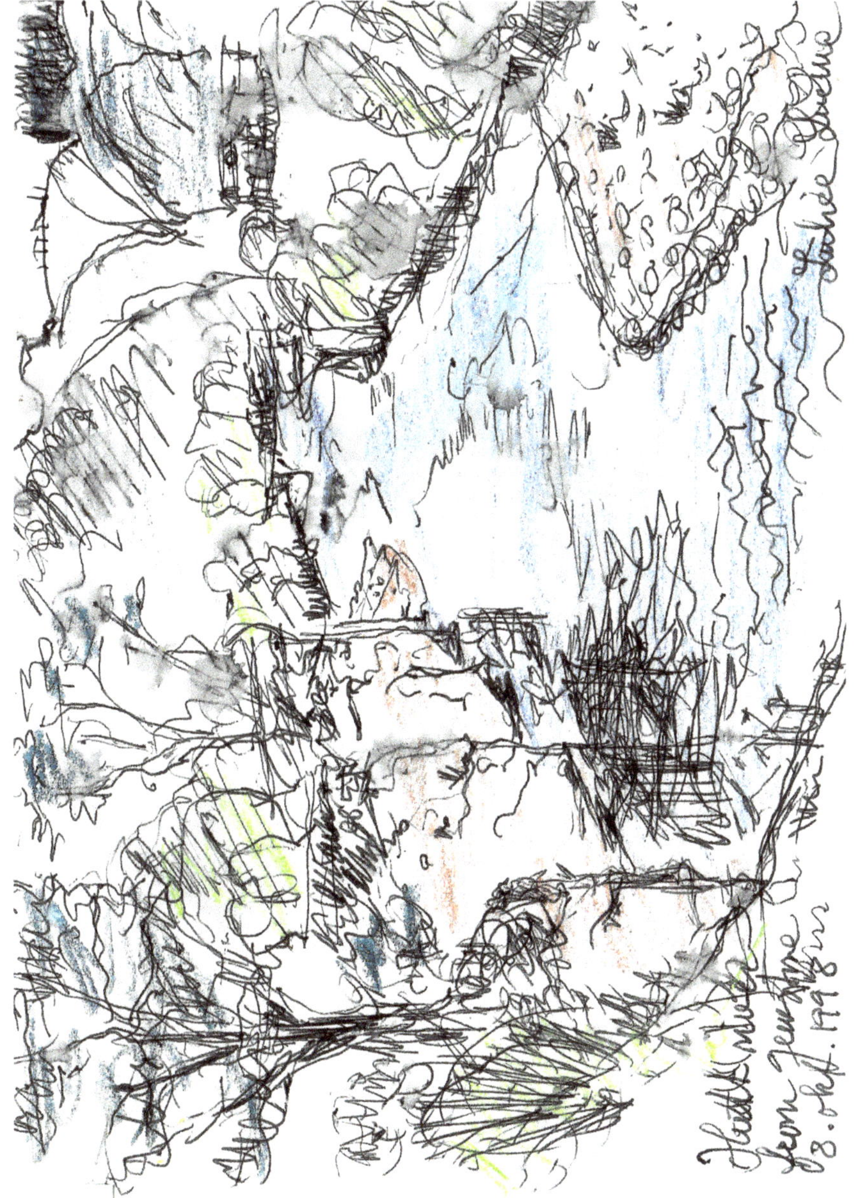

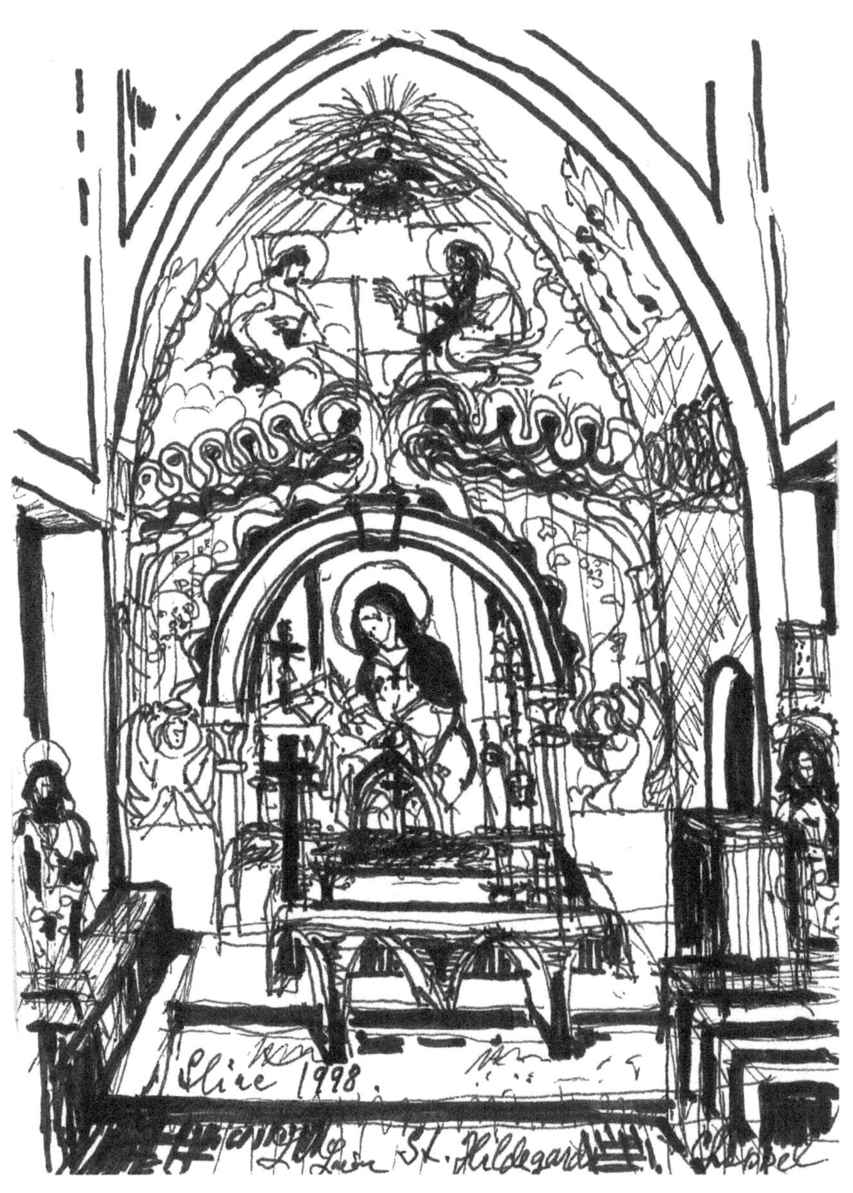
Eline 1998.
St. Hildegard Chapel

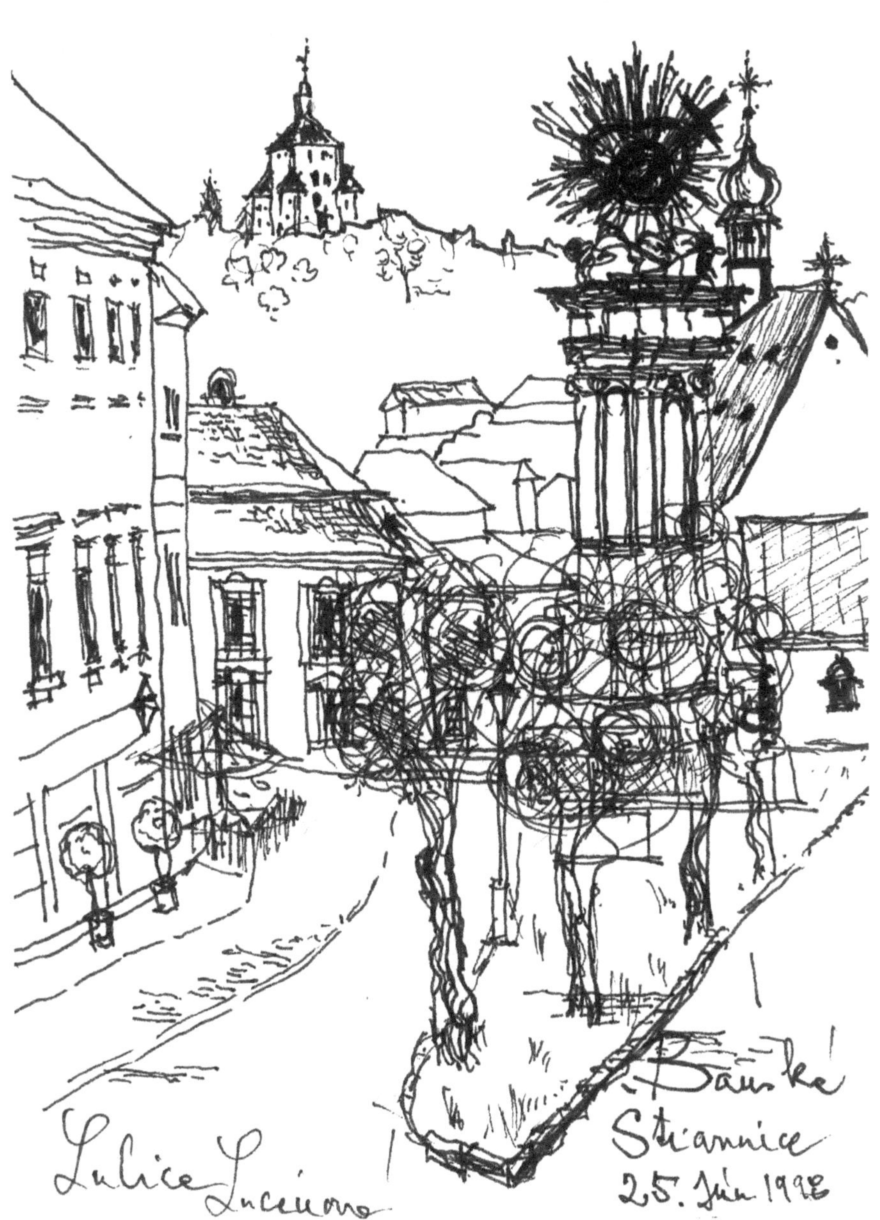
Lulice Lucinovo
Bauska
Striennice
25. Jun 1998

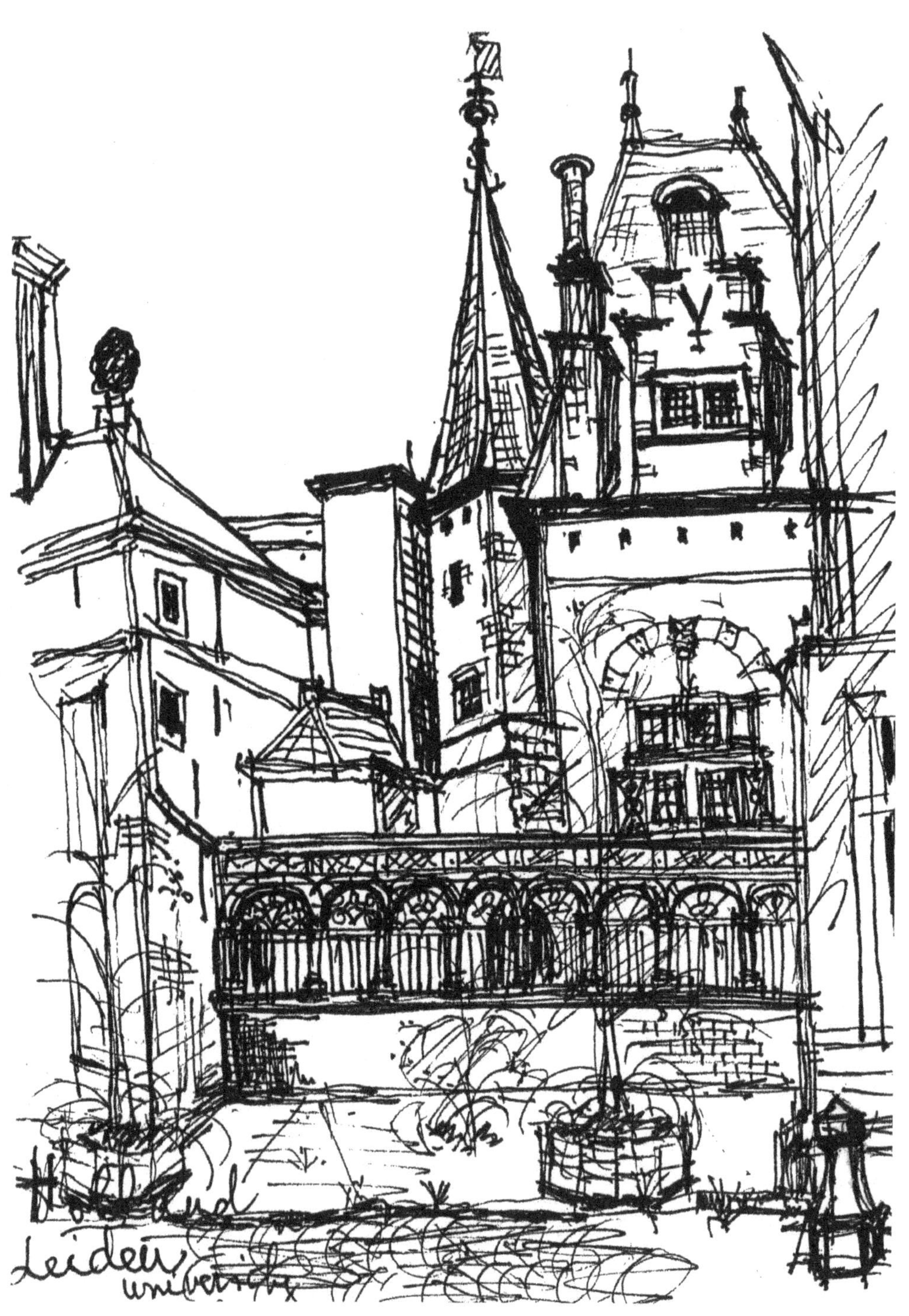

Holland
Leiden
university

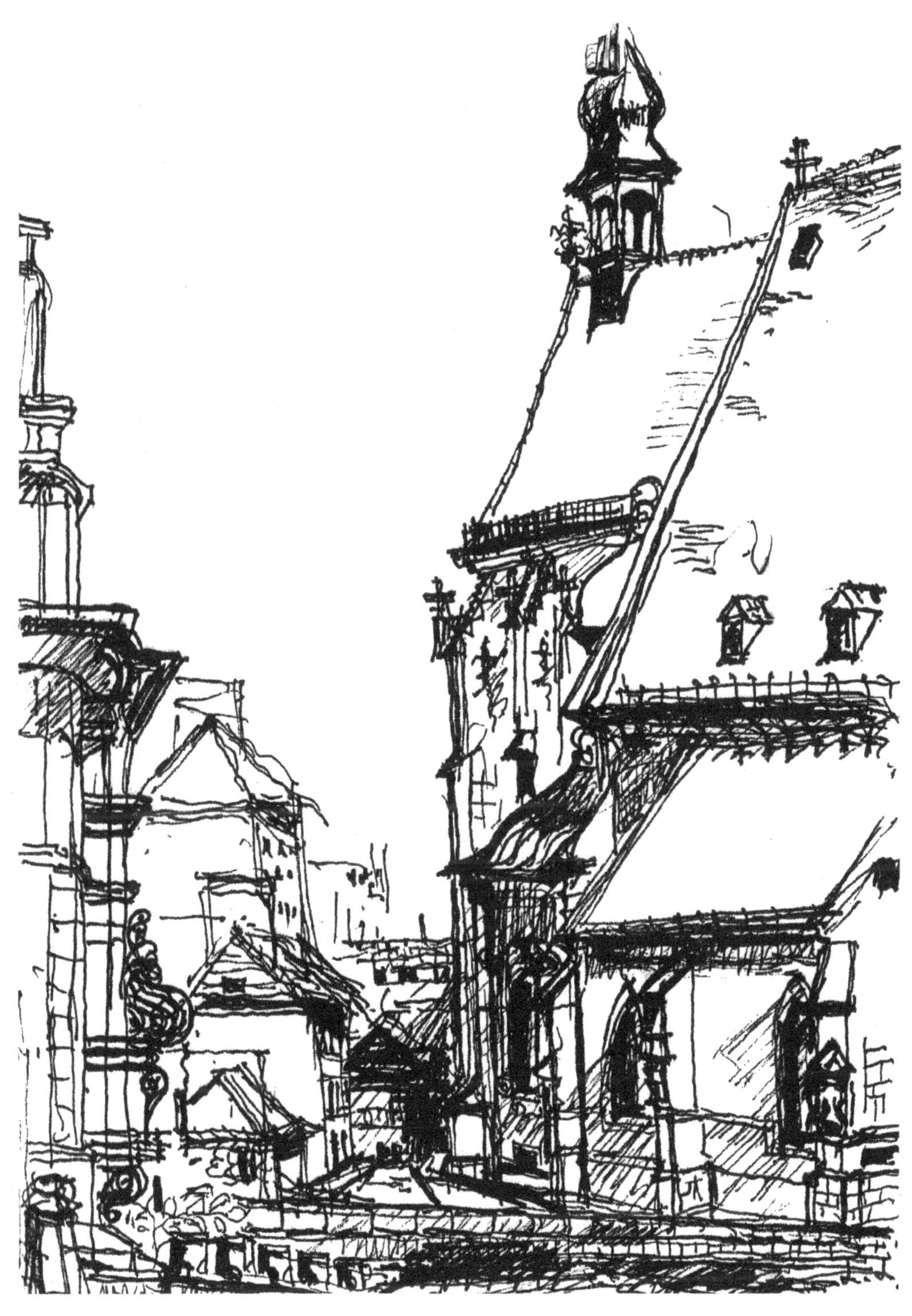

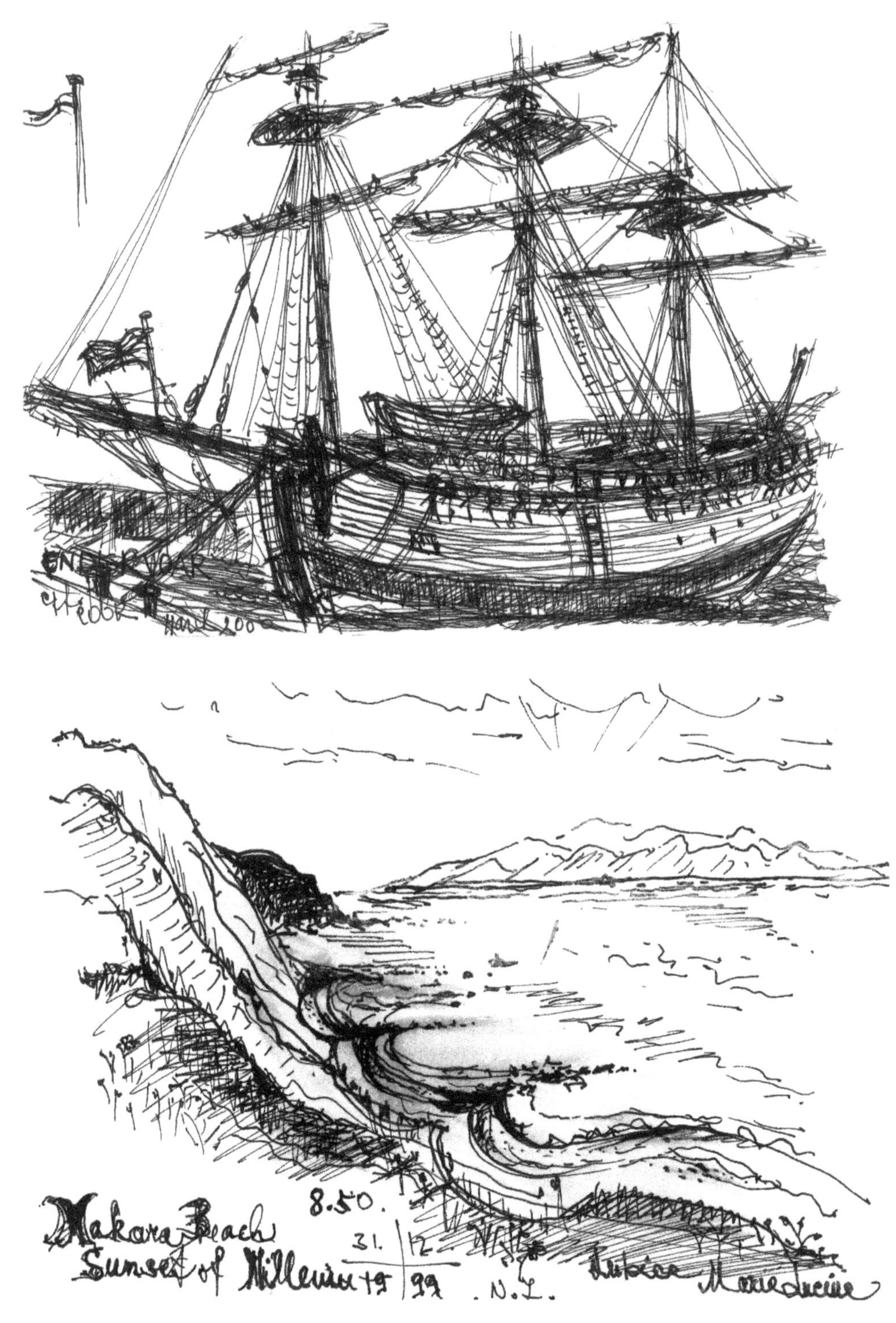
Makara Beach
Sunset of Millenium 99
8.50.
31.12
N.Z.

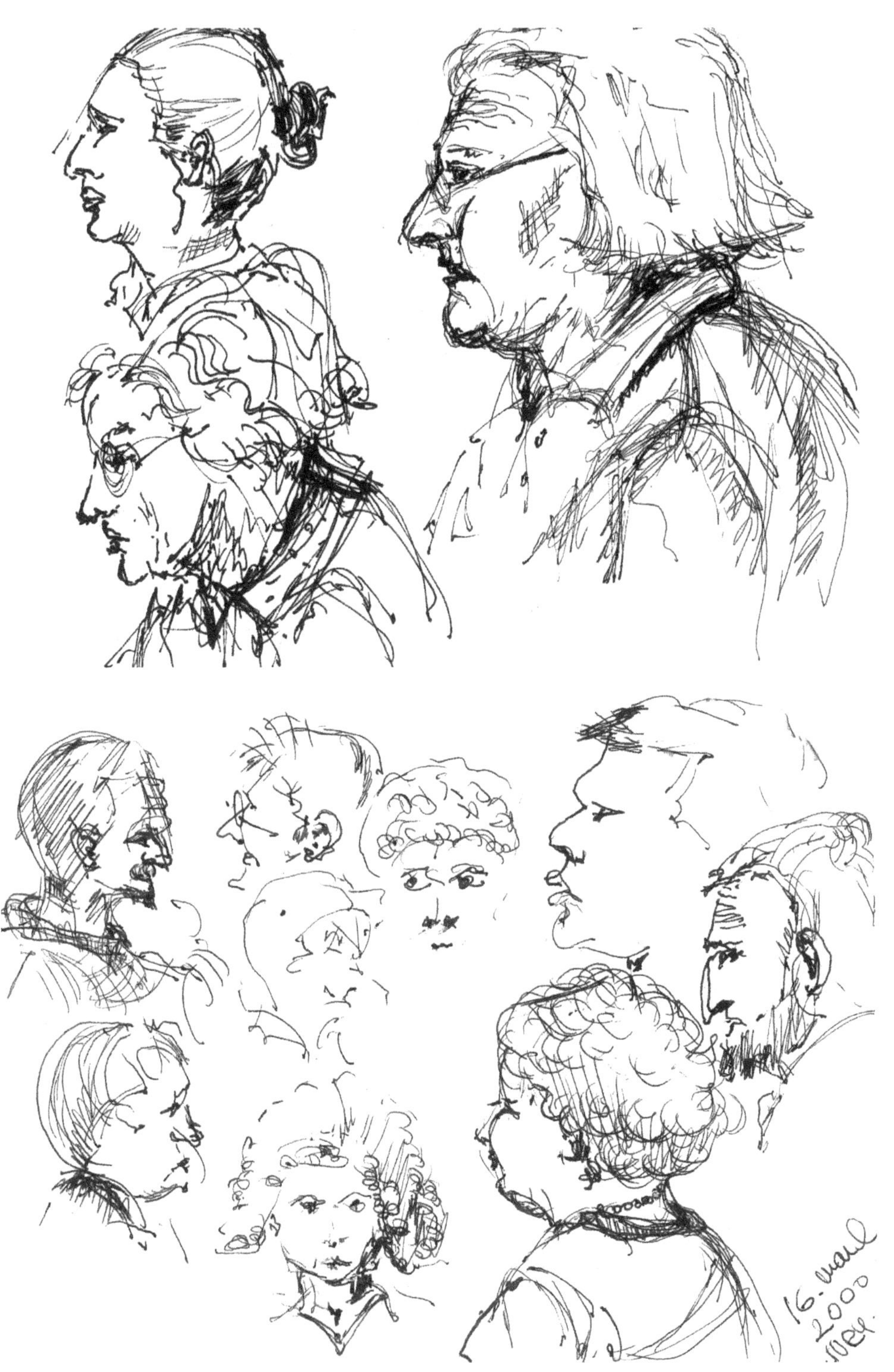

16. evaul
2000
jdex.

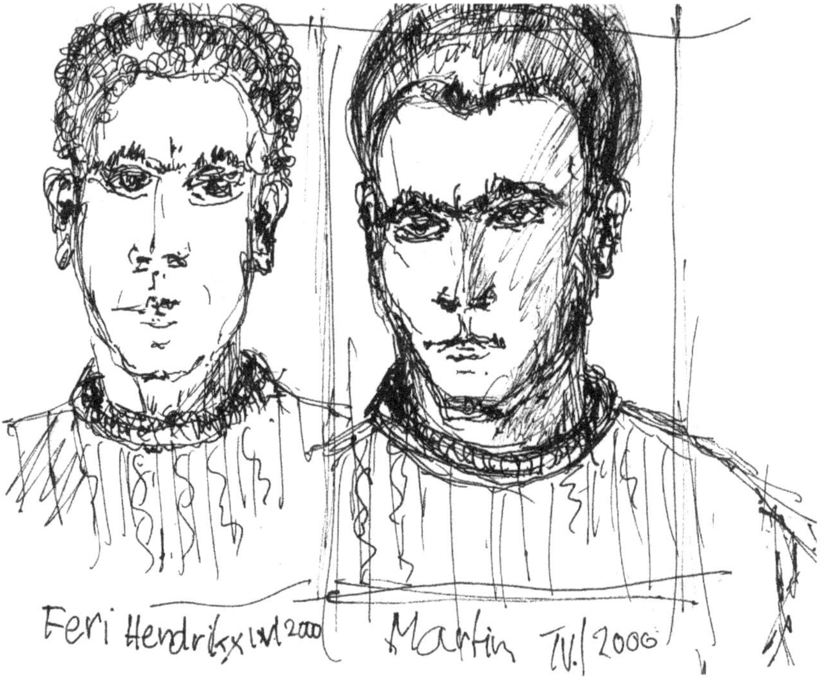

Feri Hendrikx IX/2000   Martin IV/2000

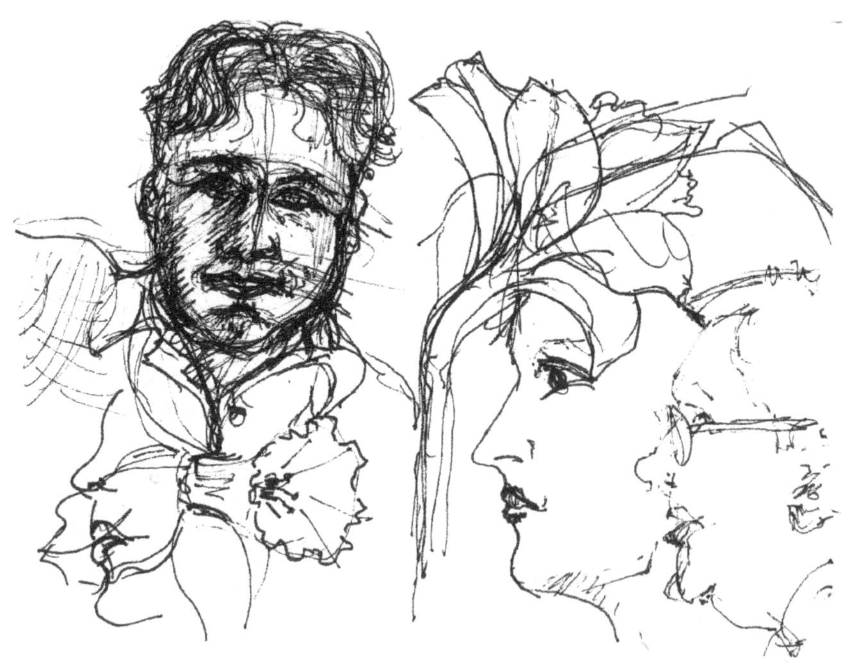

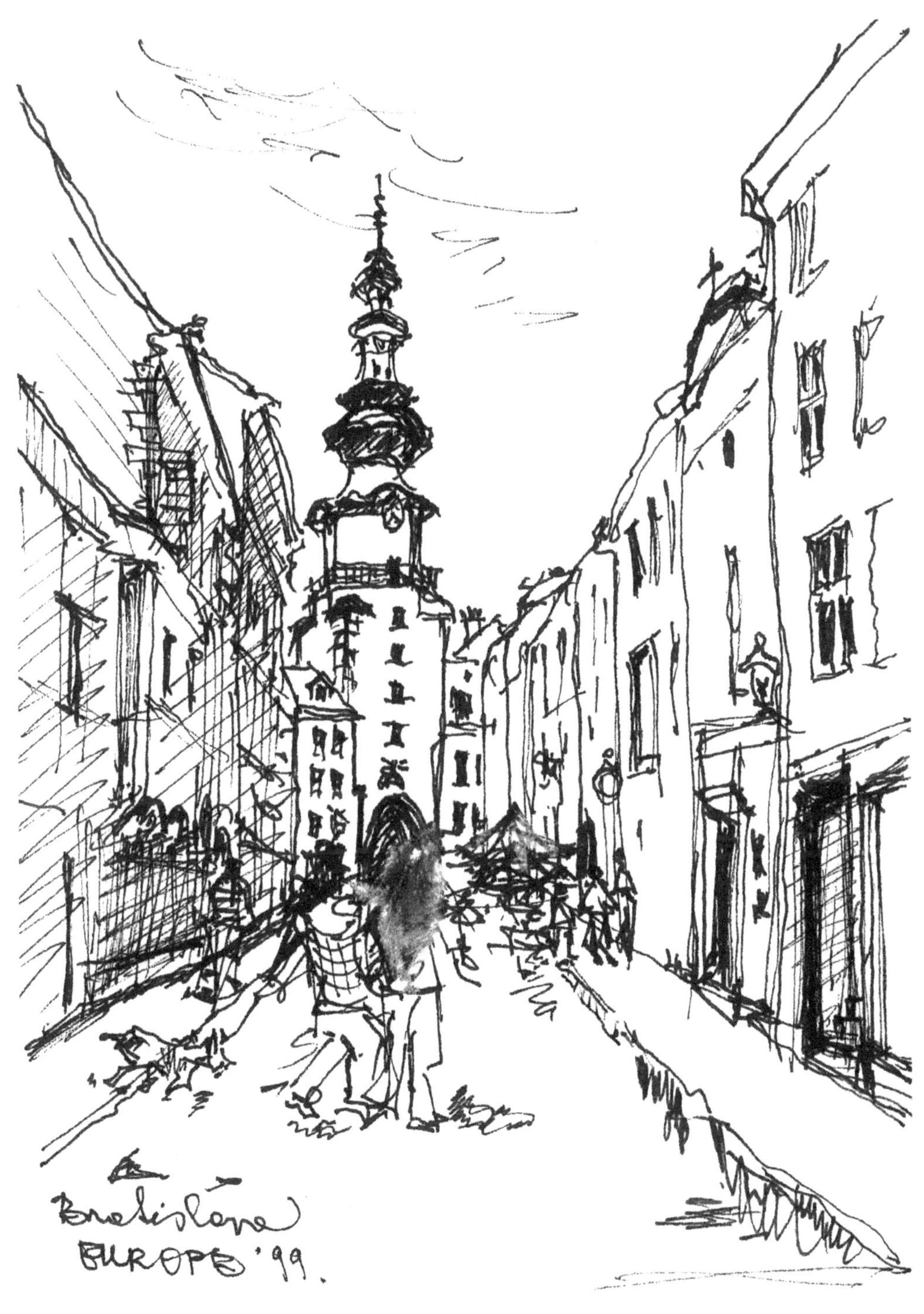

Bratislava
EUROPE '99.

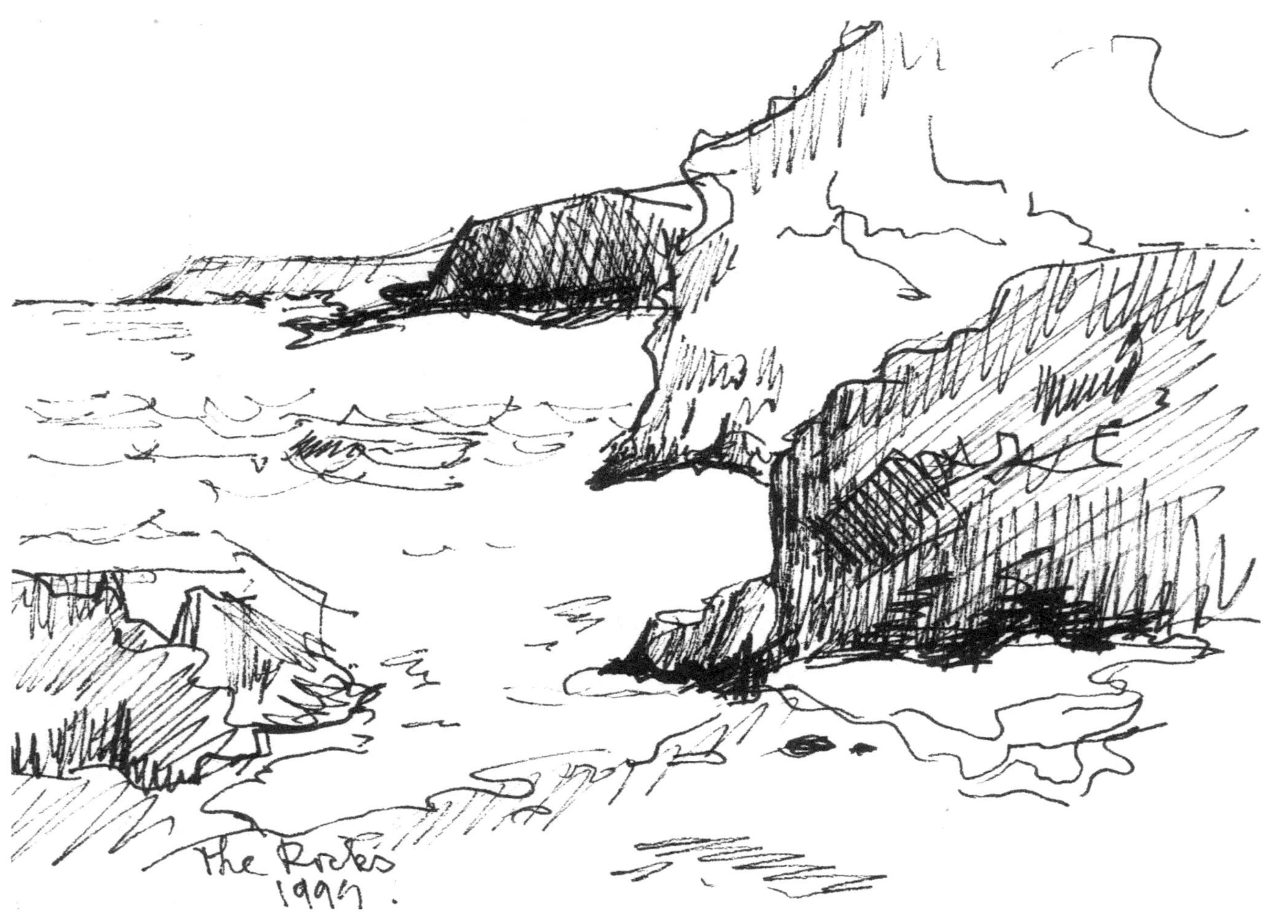

The Rocks
1997

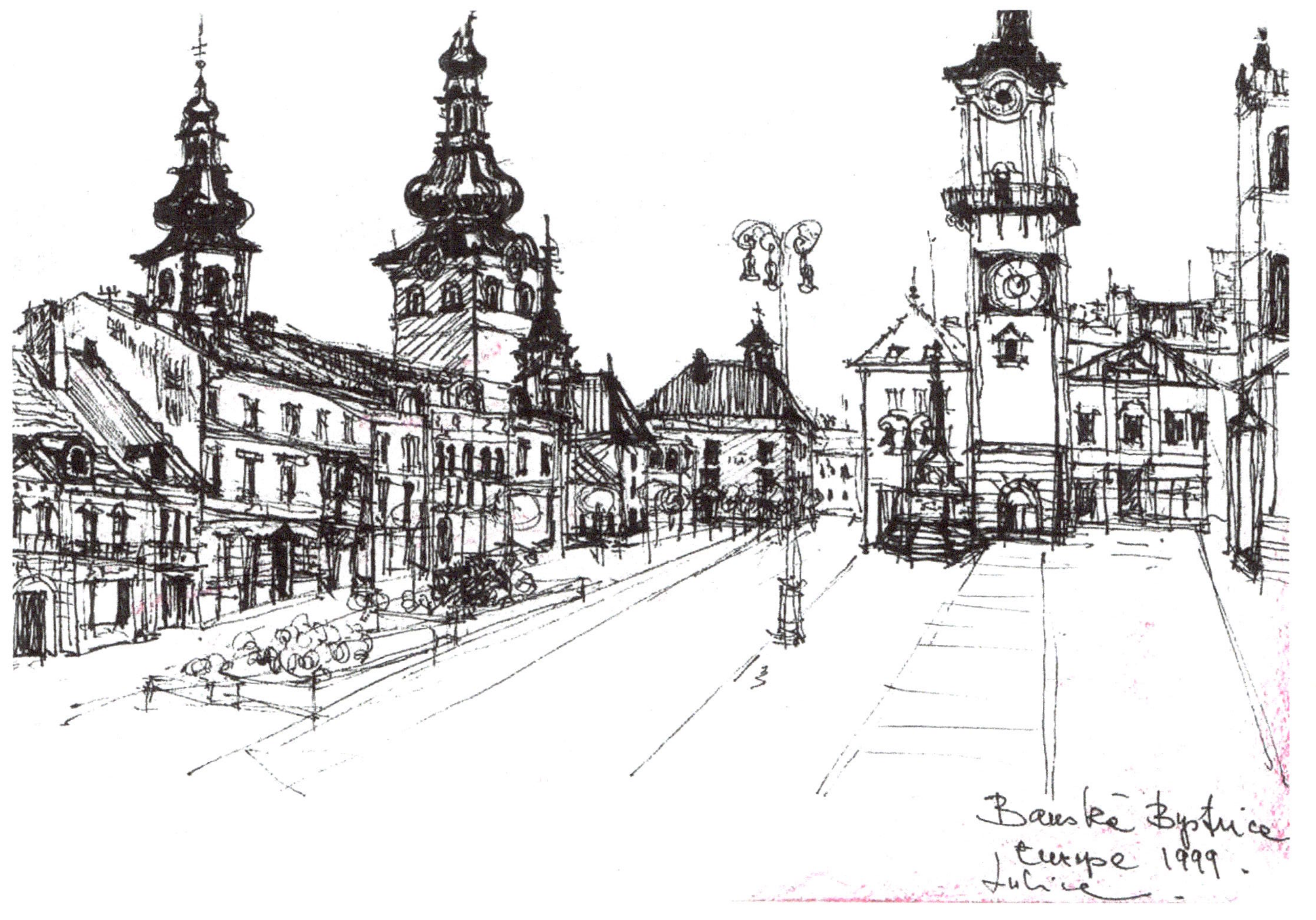

Banská Bystrica
turné 1999.
Julius

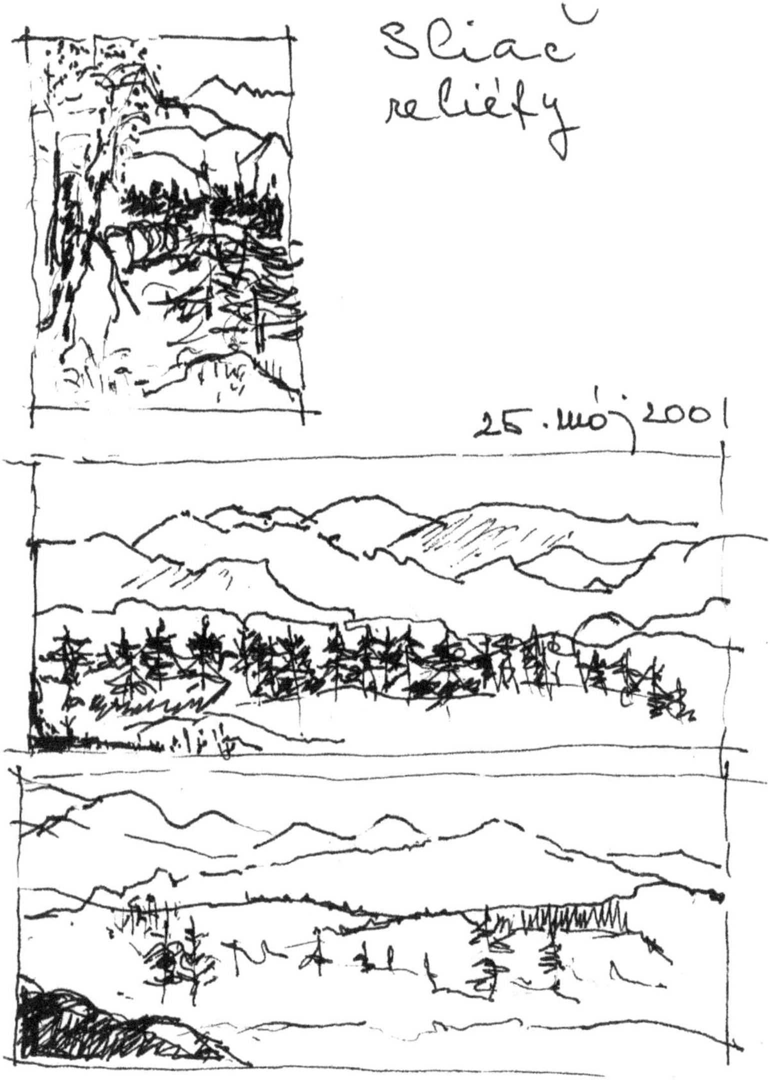

Sliač
reliéfy

25. máj 2001

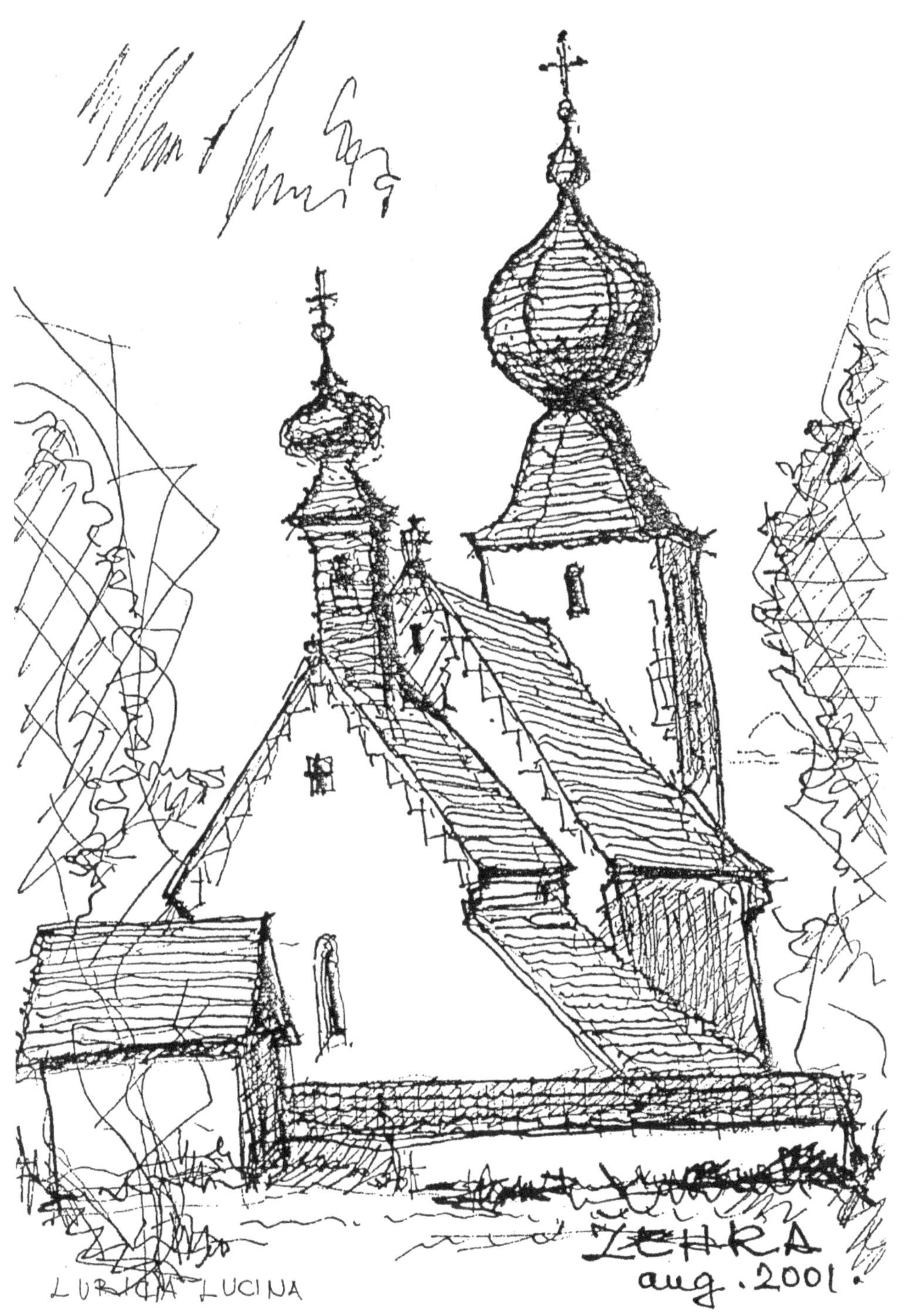
LURICA LUCINA
ZEHRA
aug. 2001.

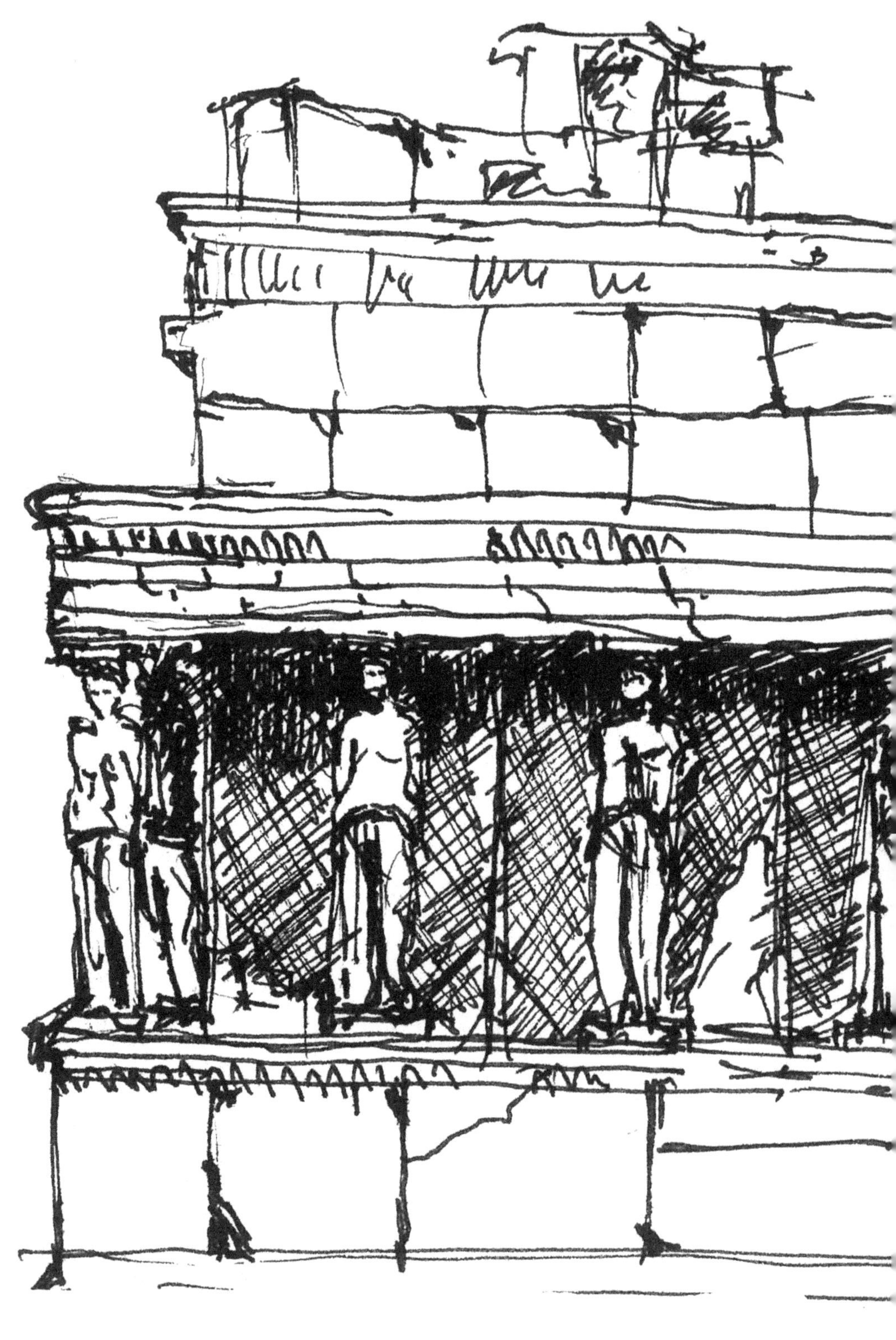

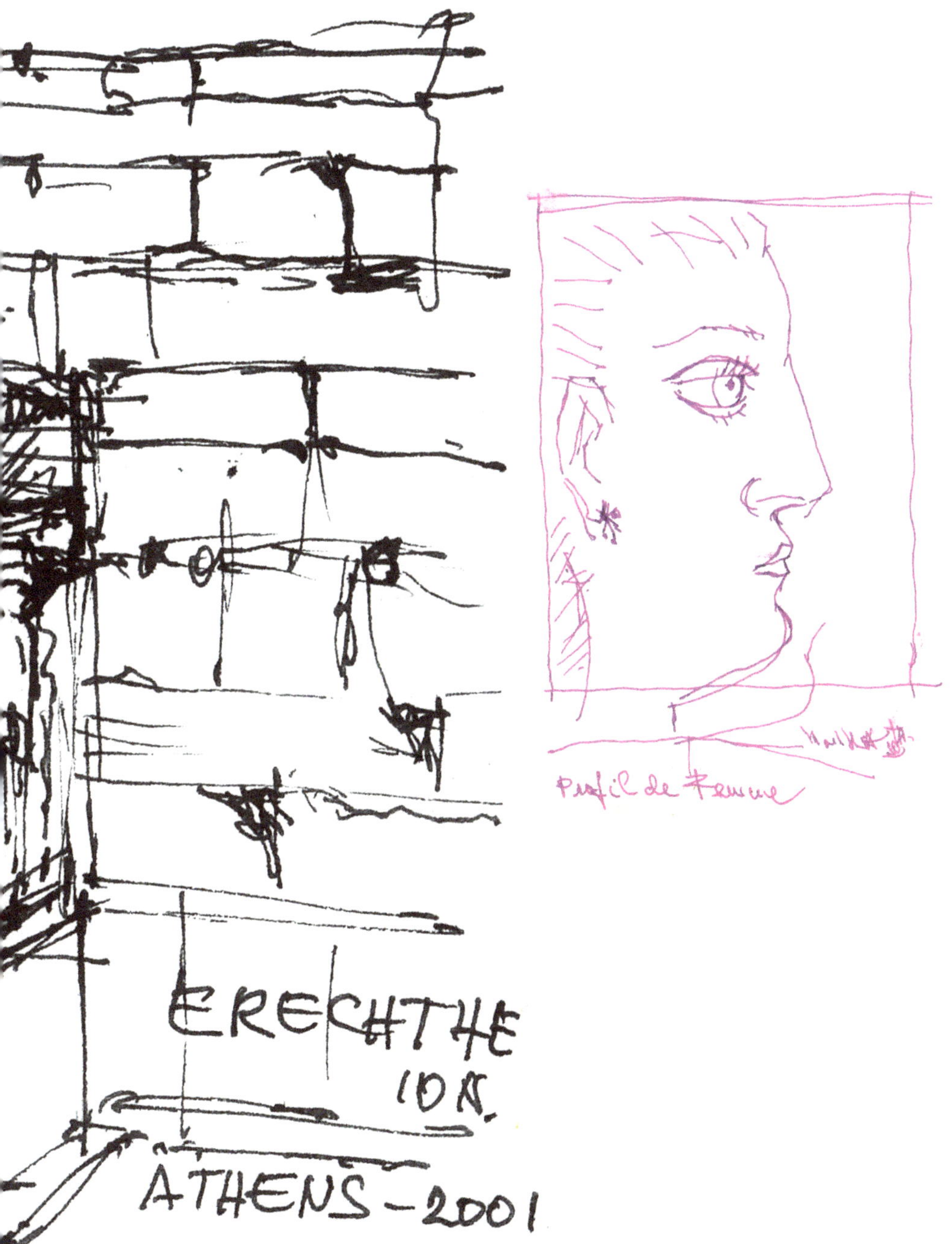

ERECHTHE
ION.
ATHENS - 2001
Profil de Femme

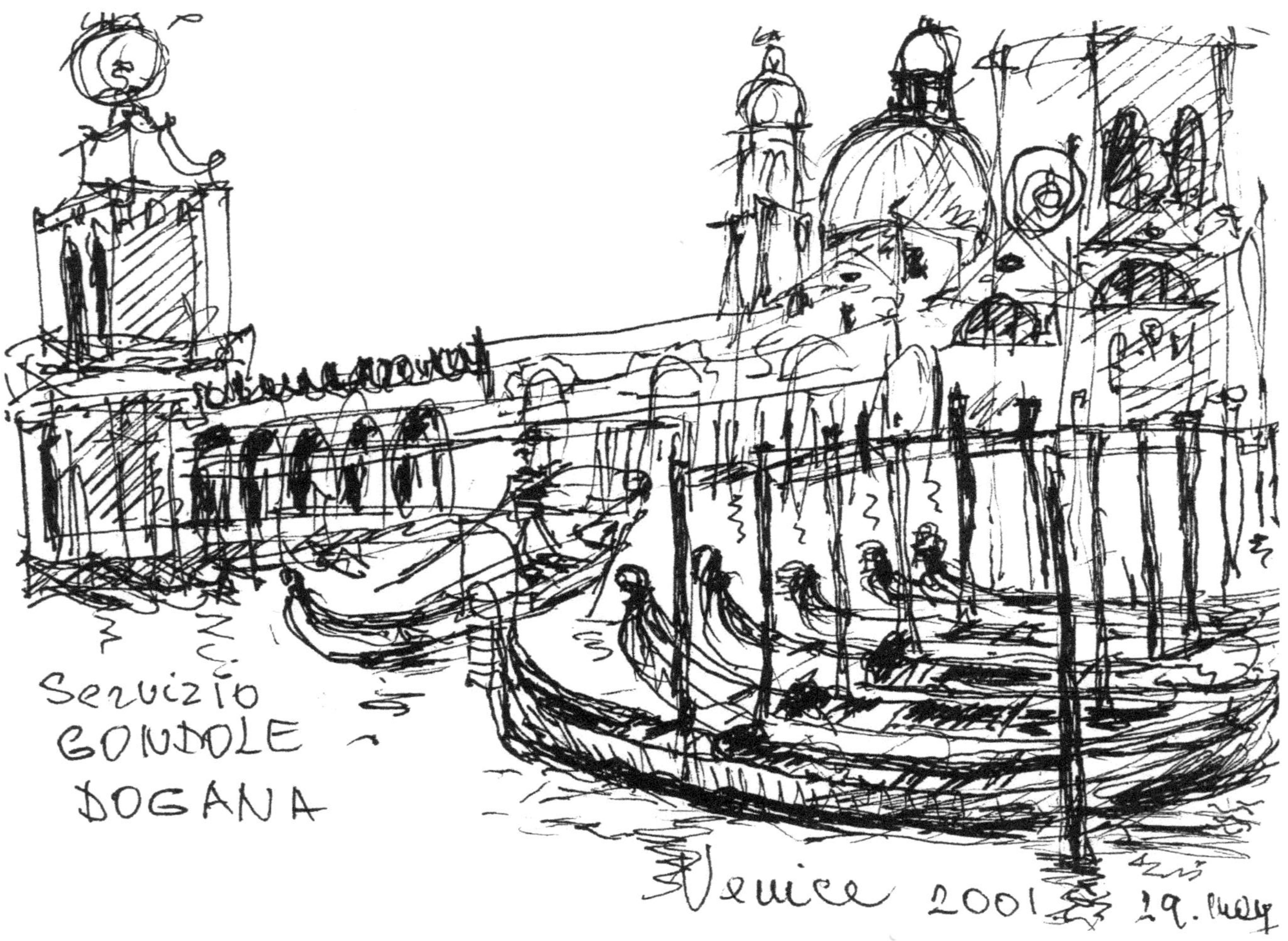

Servizio
GONDOLE
DOGANA
Venice 2001 29. July

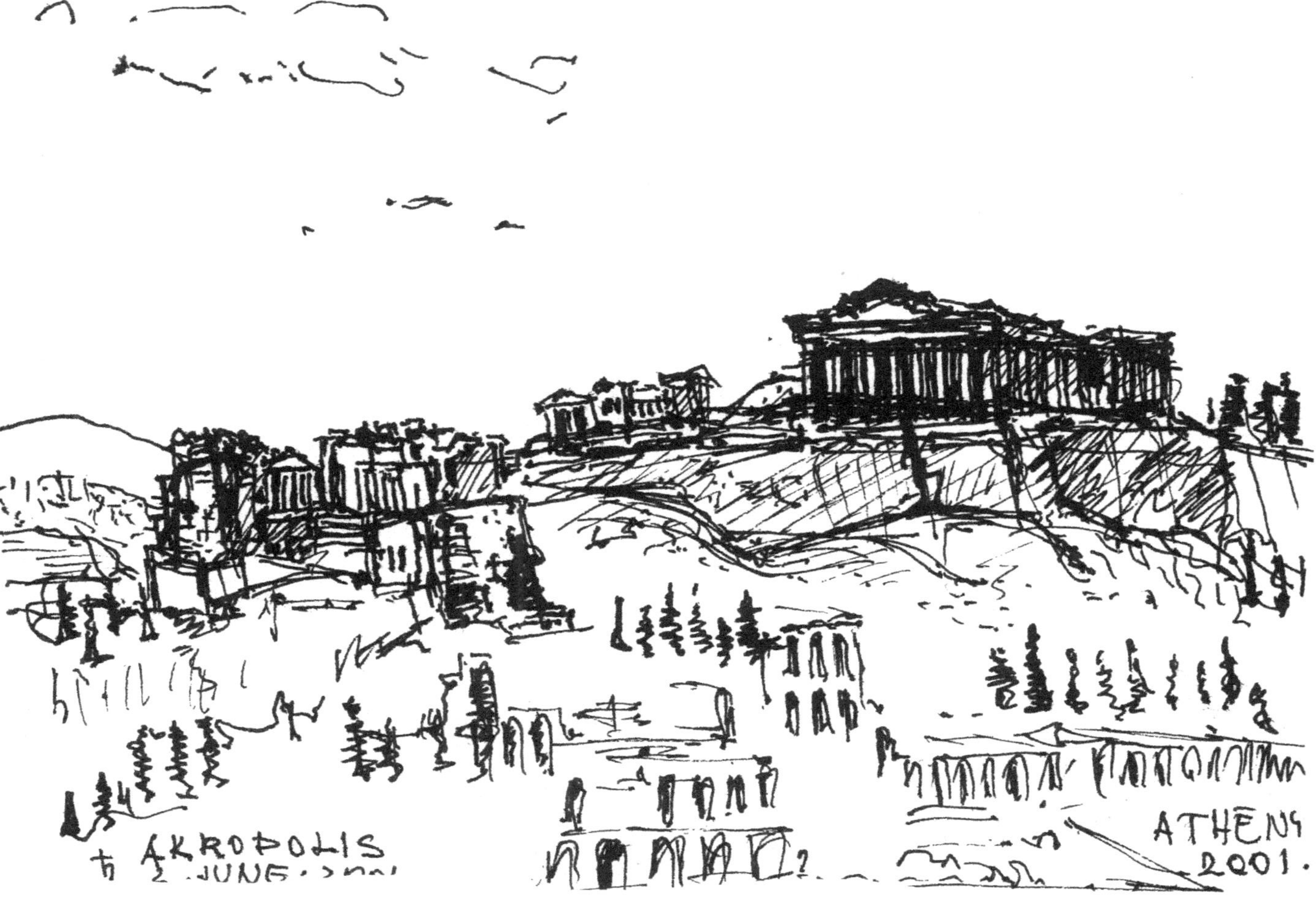

AKROPOLIS
JUNE
ATHENS
2001.

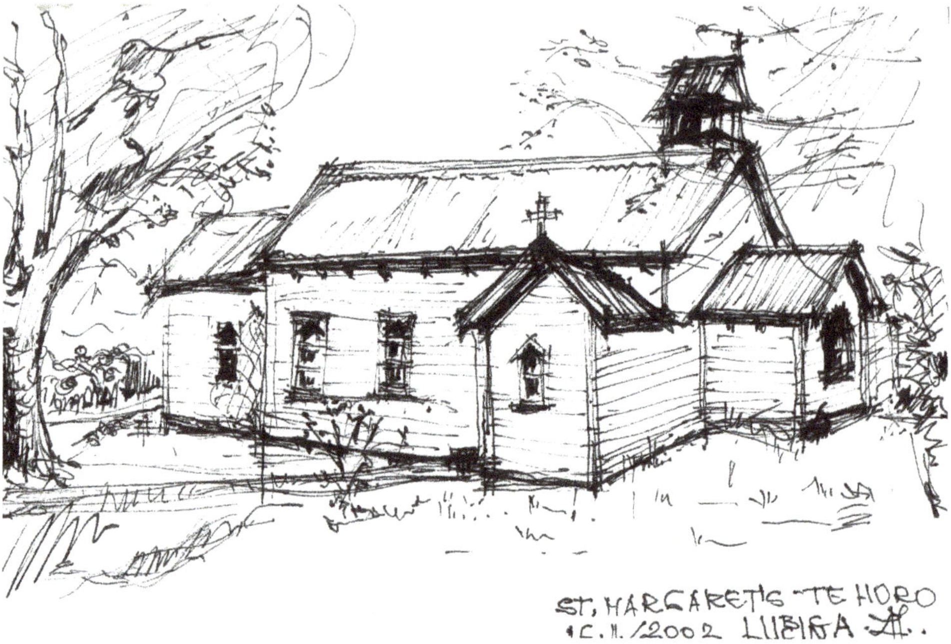

ST. MARGARET'S TE HORO
C. 11. /2002 LJUBISA

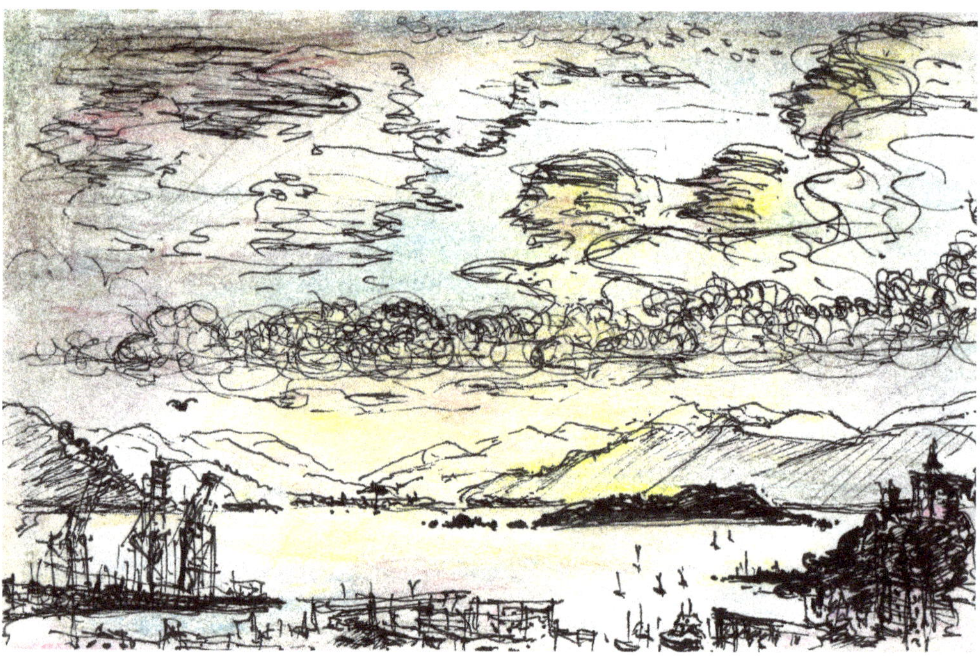

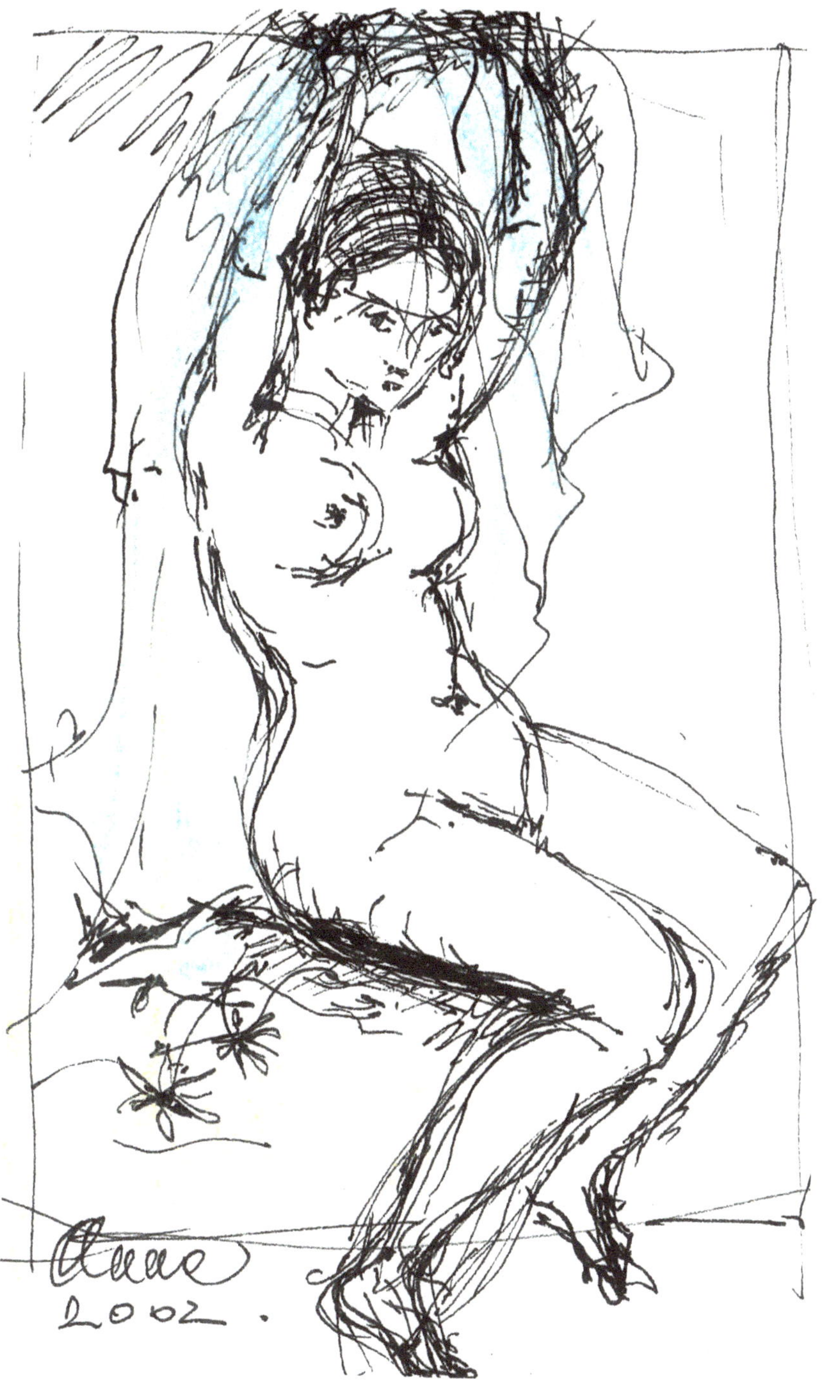

2002.

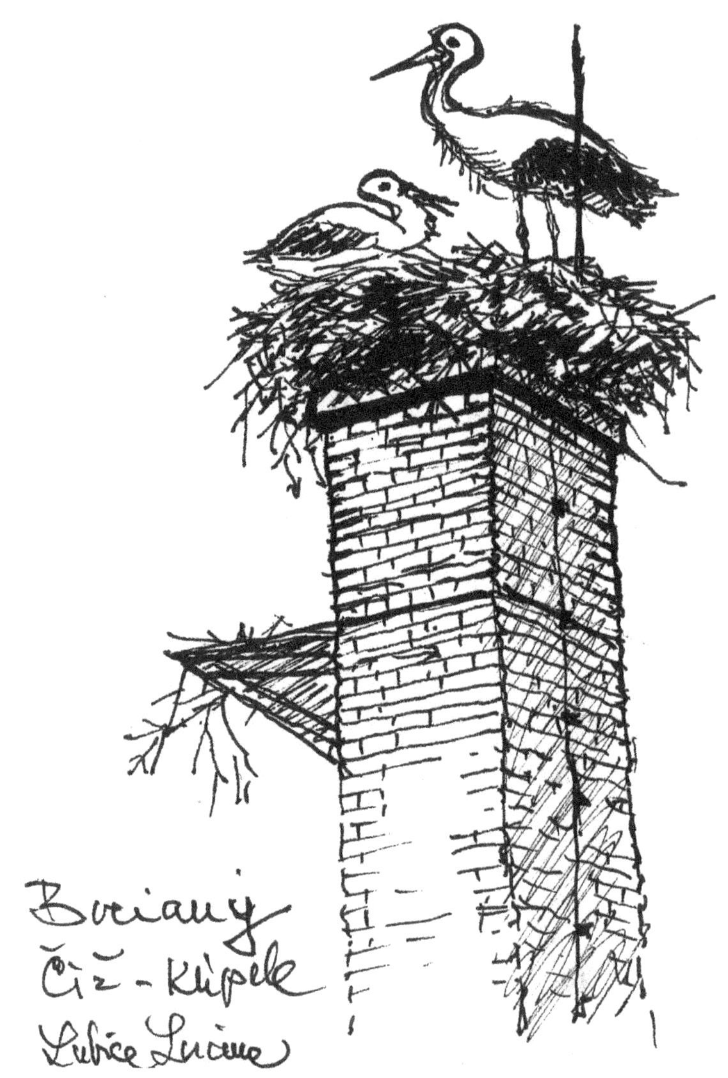

Bociany
Číž - Klúpeľ
Lučice Lučine

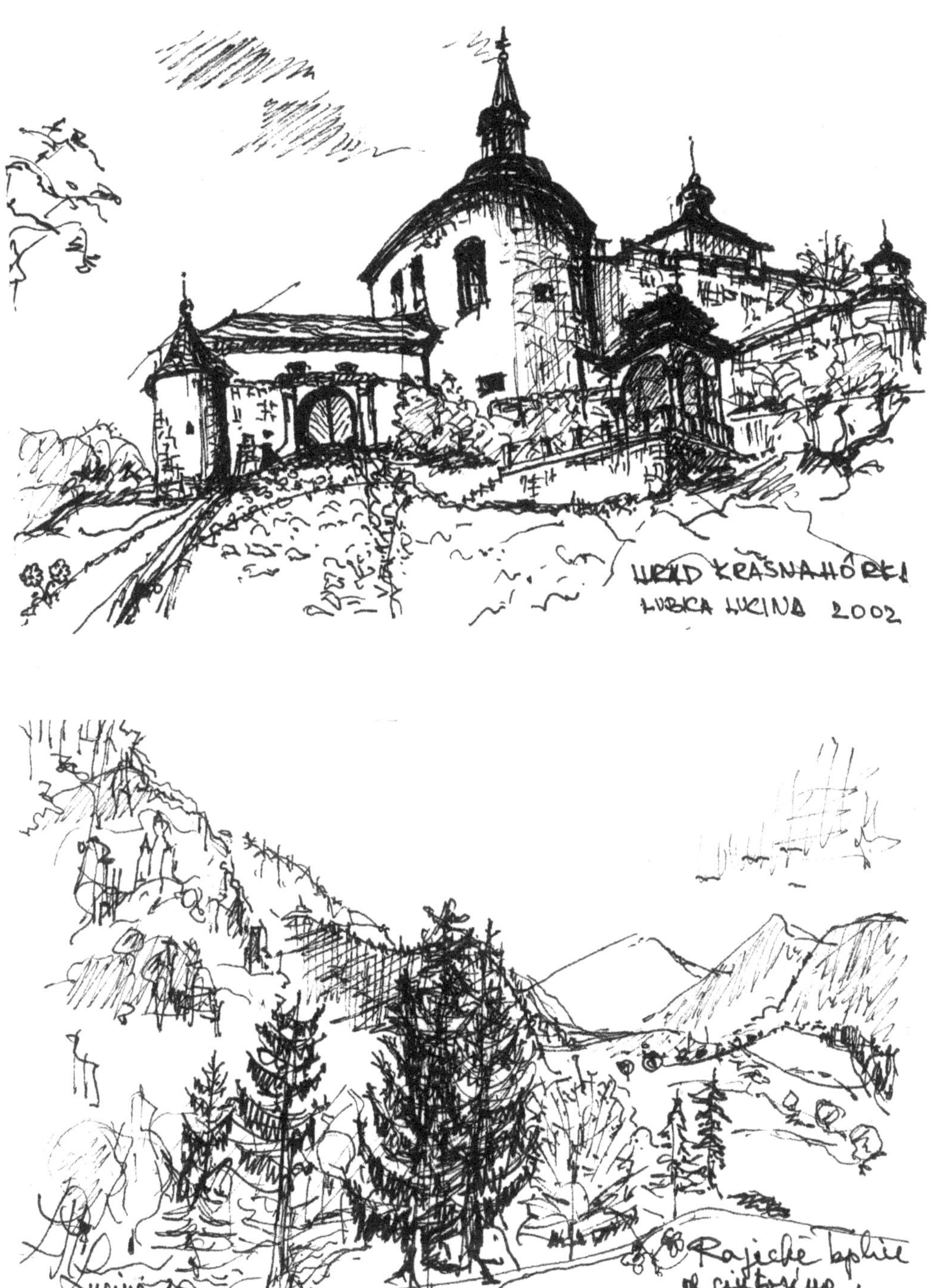
HRAD KRASNAHORKA
LUBICA LUCINA 2002
Lucina
Rajecké teplice
od cintorina
4. Okt. 2002.

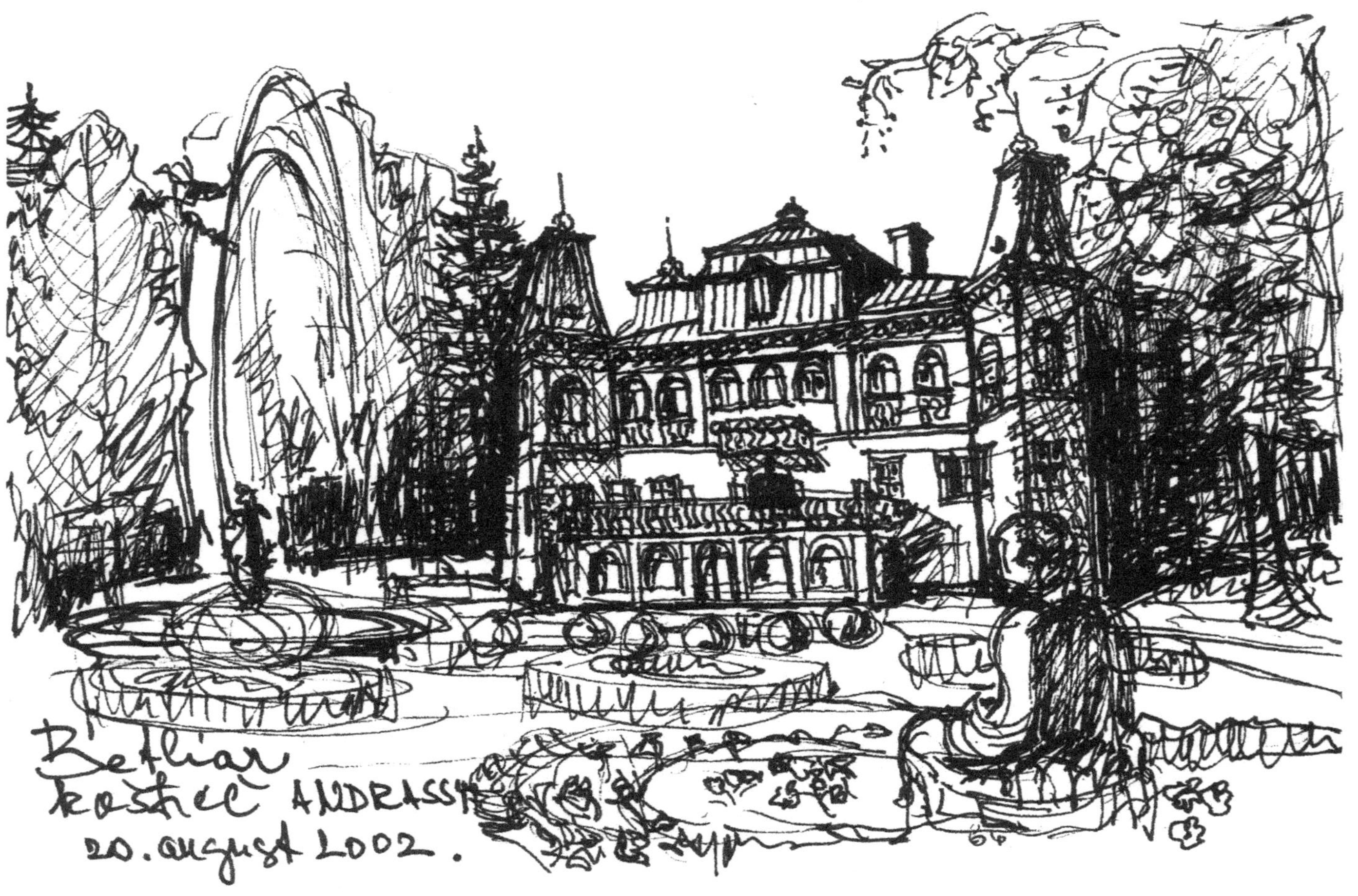

Betliar
Kaštiel ANDRÁSSY
20. august 2002 .

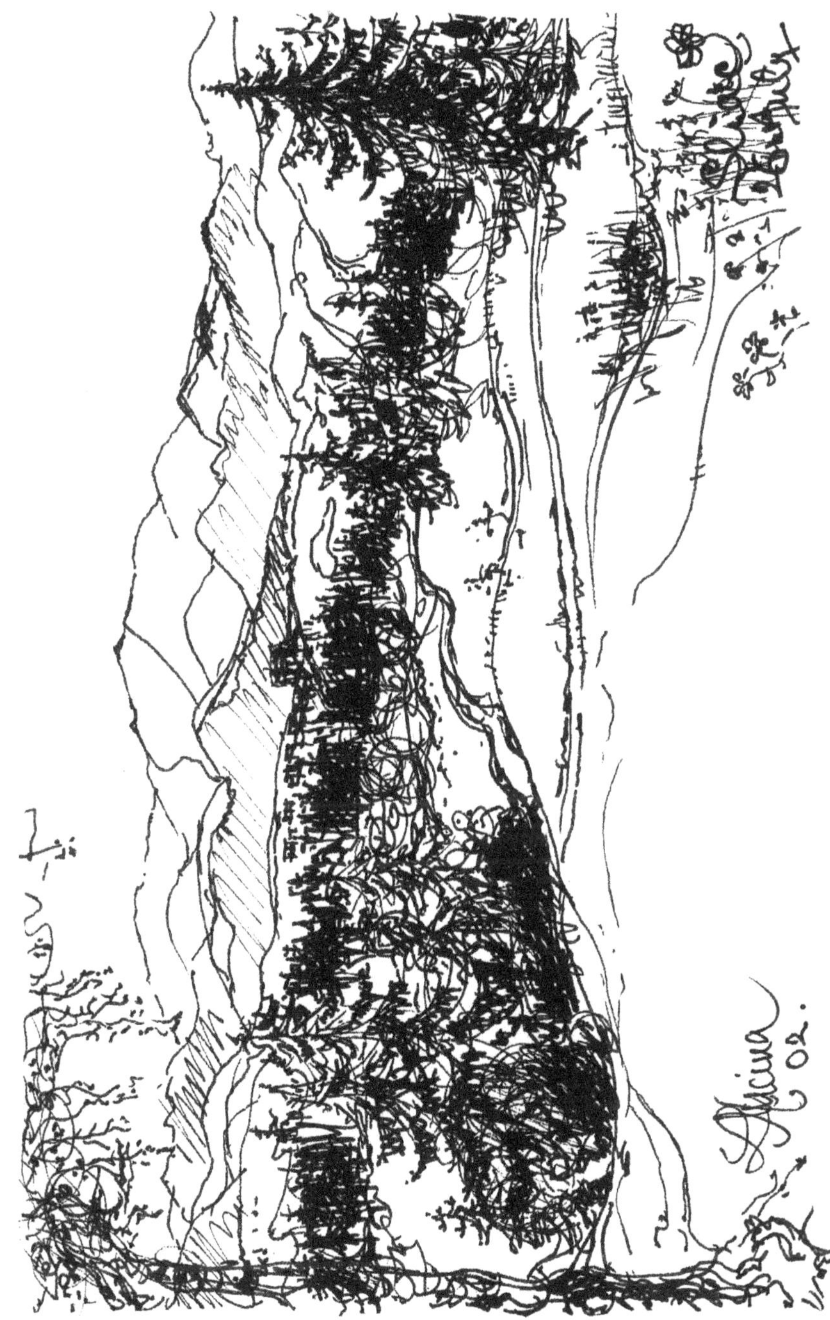

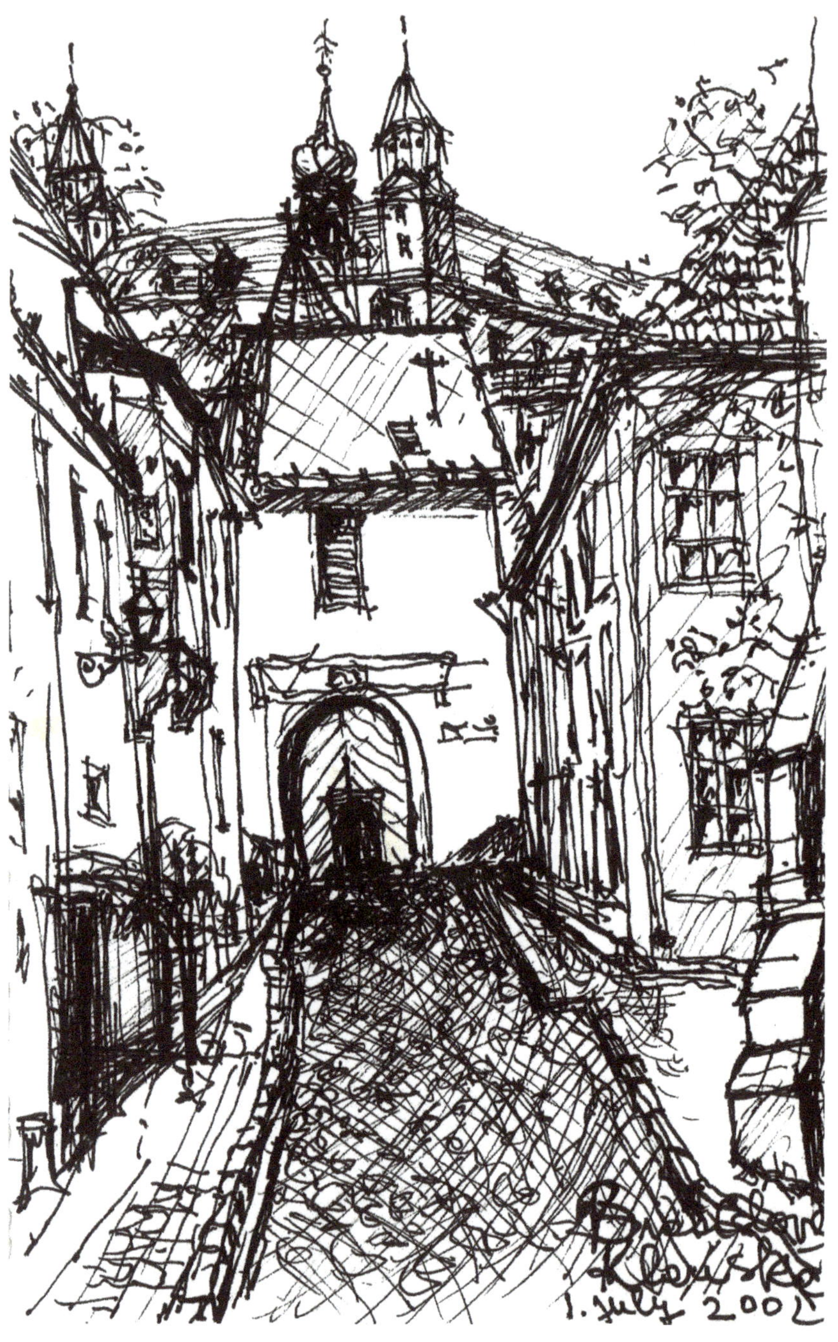

1. July 2002

17. June 2003 — OLD SAINTPAULS
LUNCHTIME RECITAL — PALOMA
(STANOU.   BRUCE
              DVORAK : GYPSY SONGS
                              OP.5

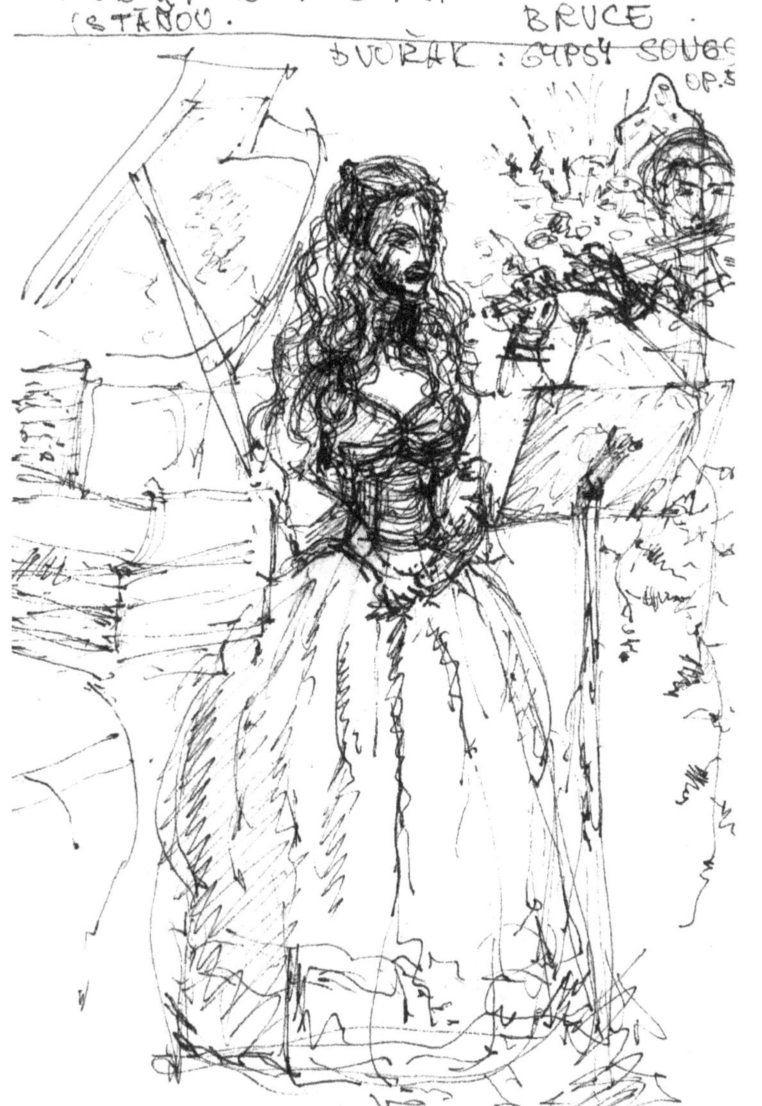

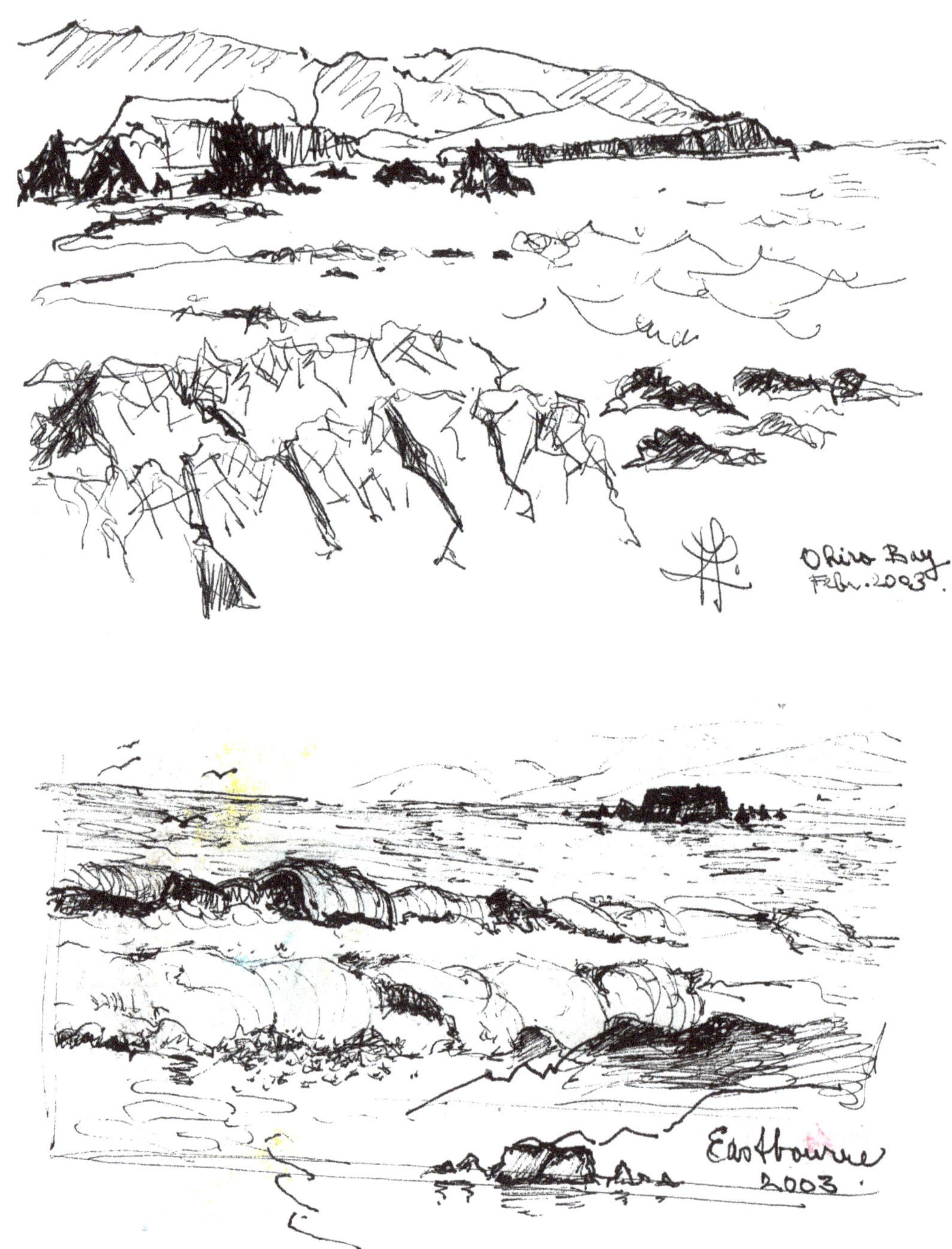
Ohiro Bay.
Febr. 2003.
Eastbourne
2003.

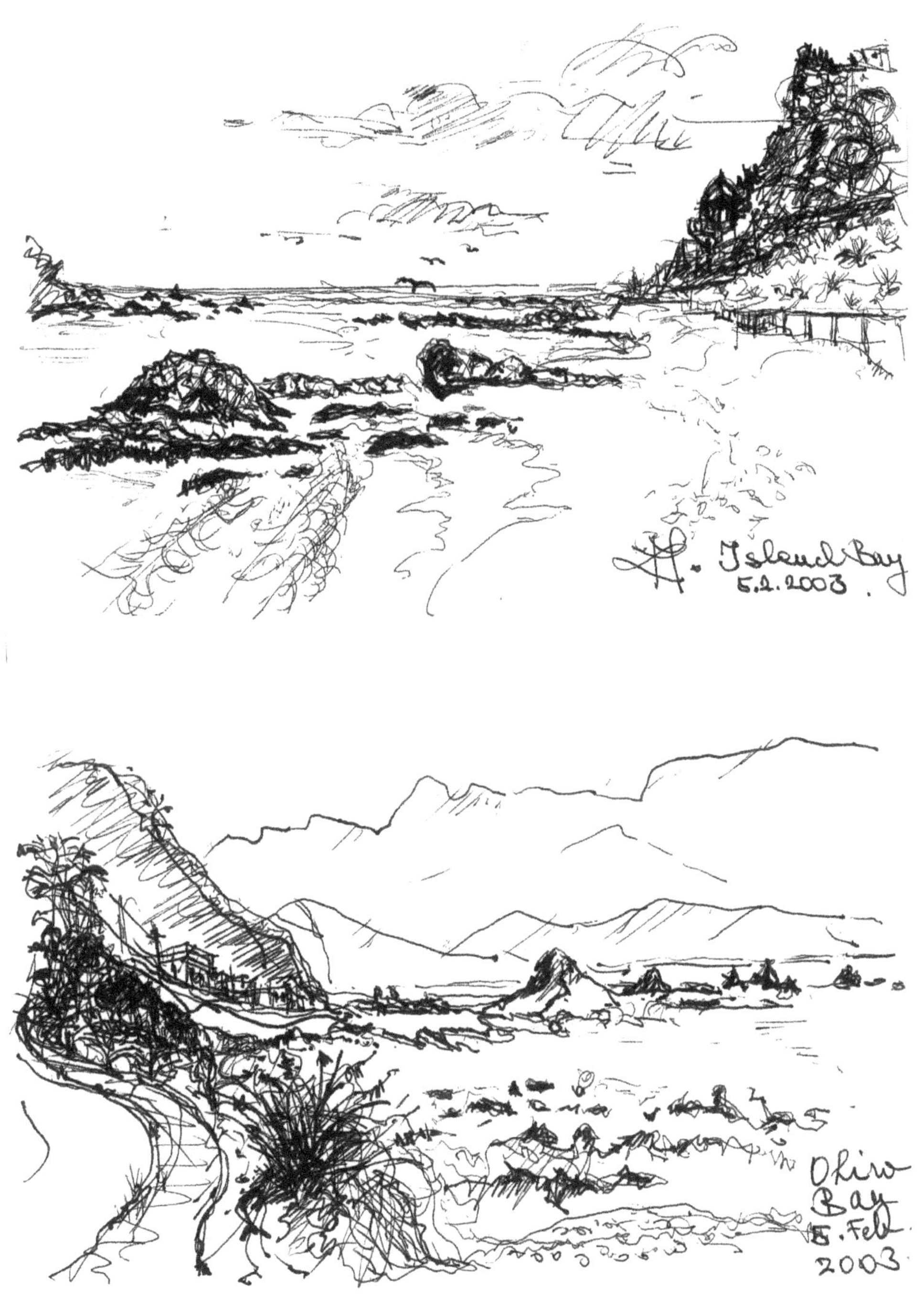
Island Bay
5.2.2003.
Okiw
Bay
5. Feb.
2003

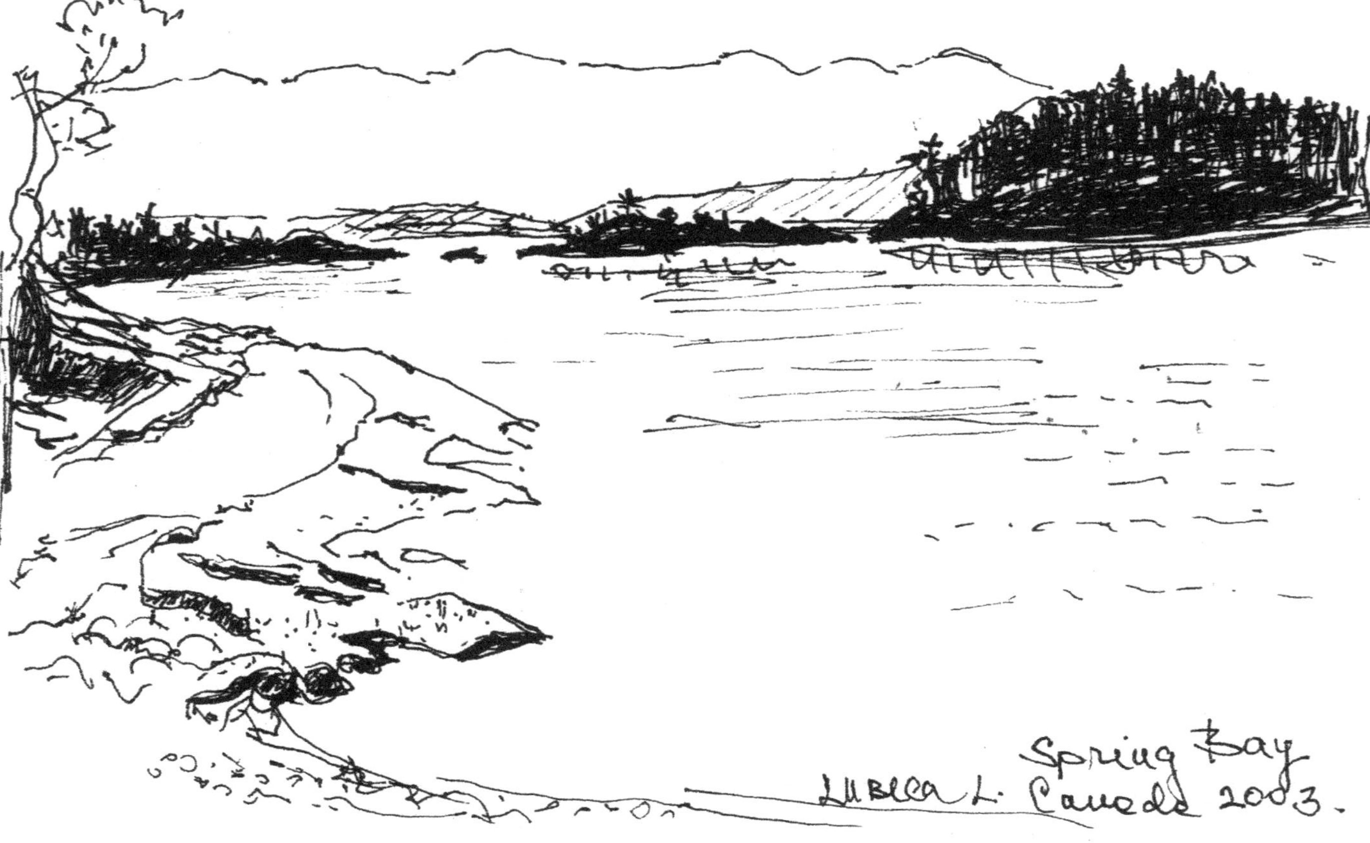

Spring Bay
Lubea L. Canada 2003.

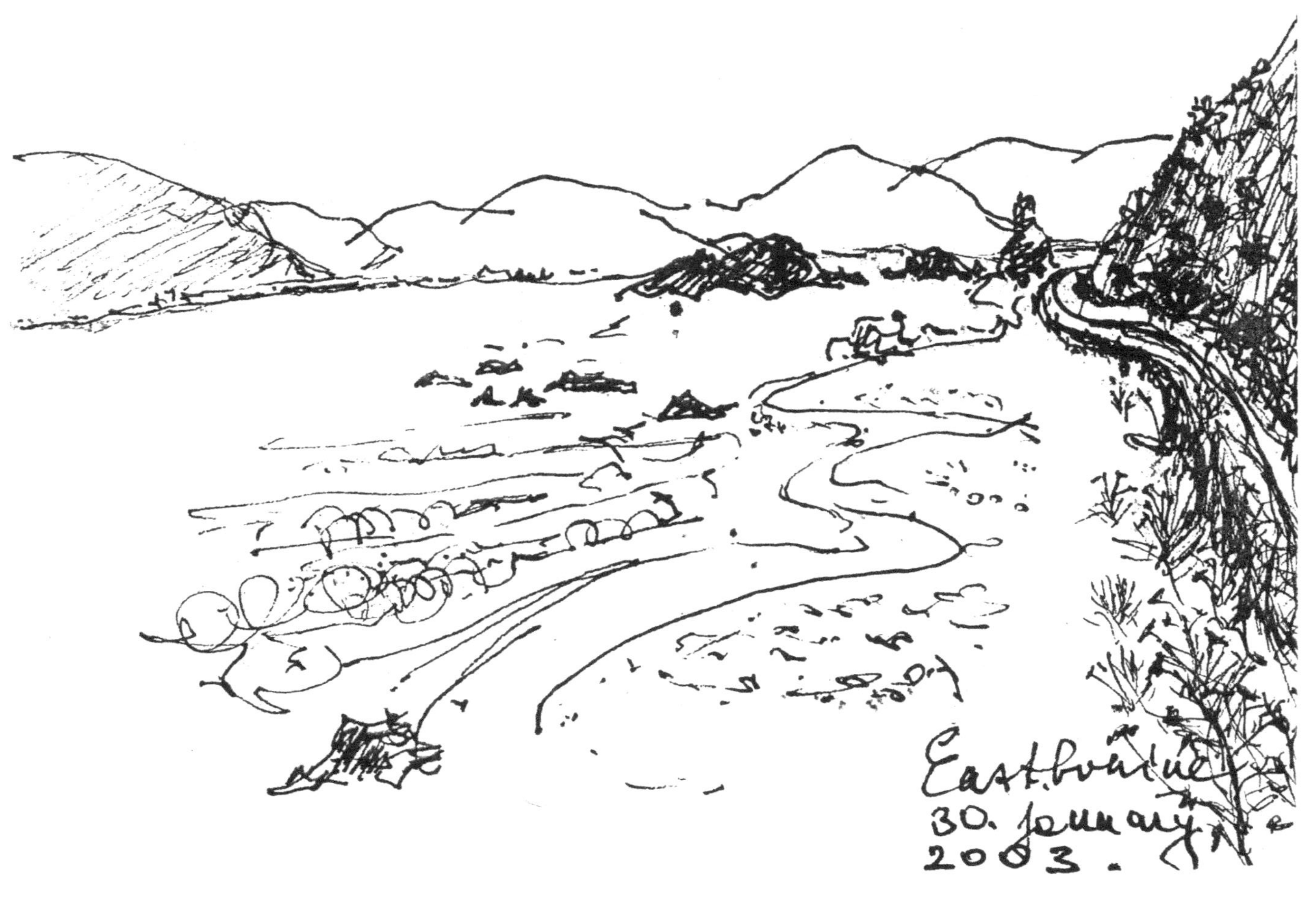

Eastbourne
30. January
2003.

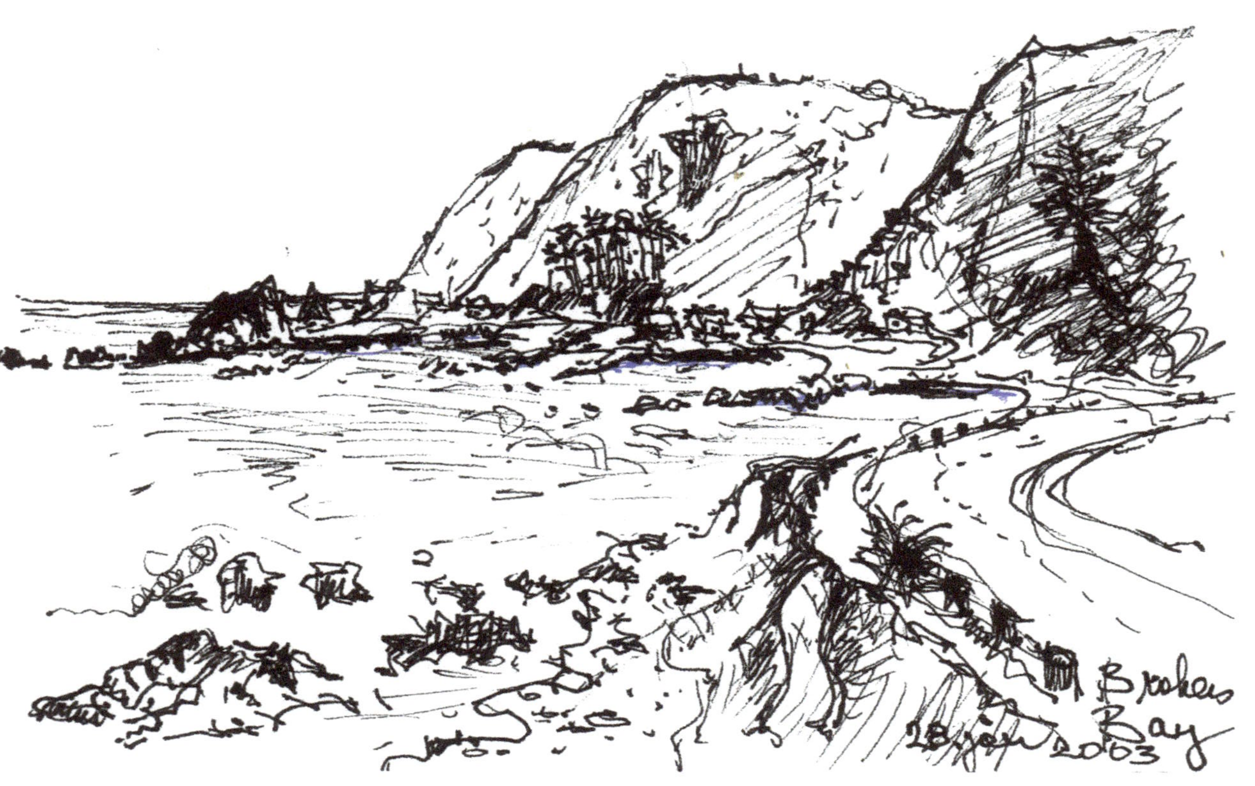

Brokers
Bay
2003

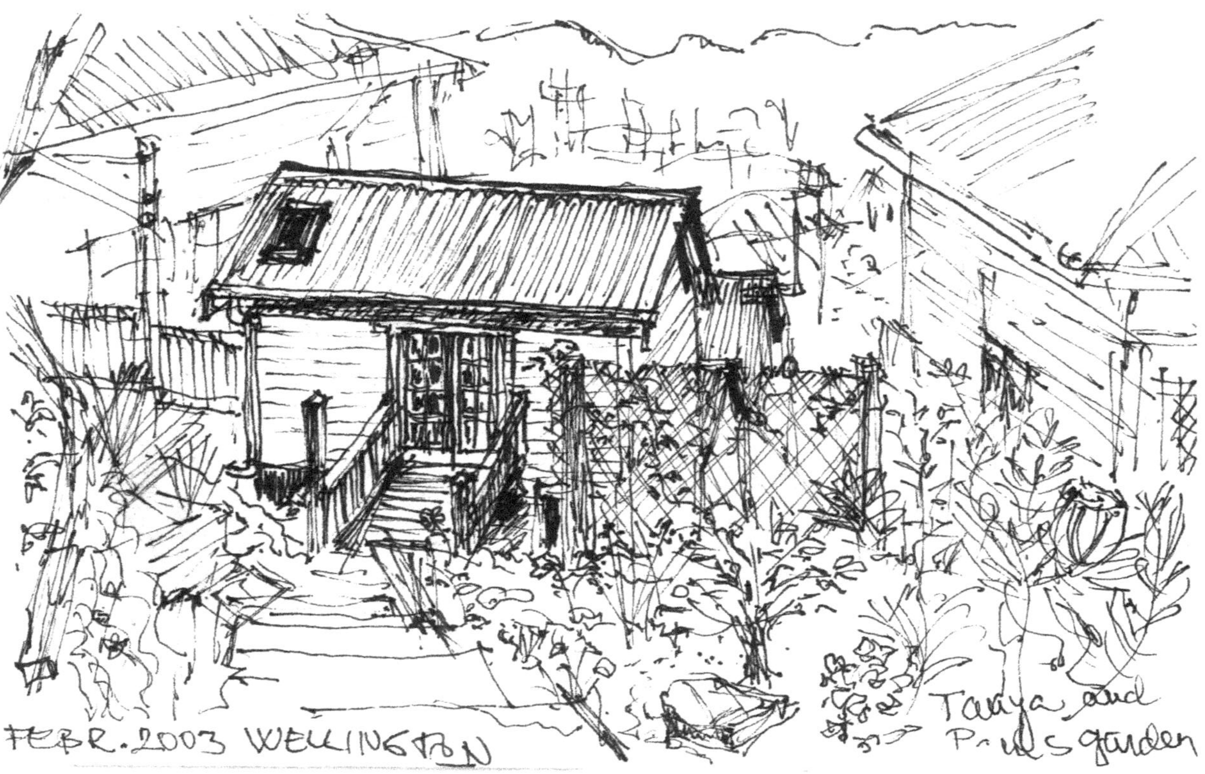

FEBR. 2003 WELLINGTON
Tanya and
Paul's garden

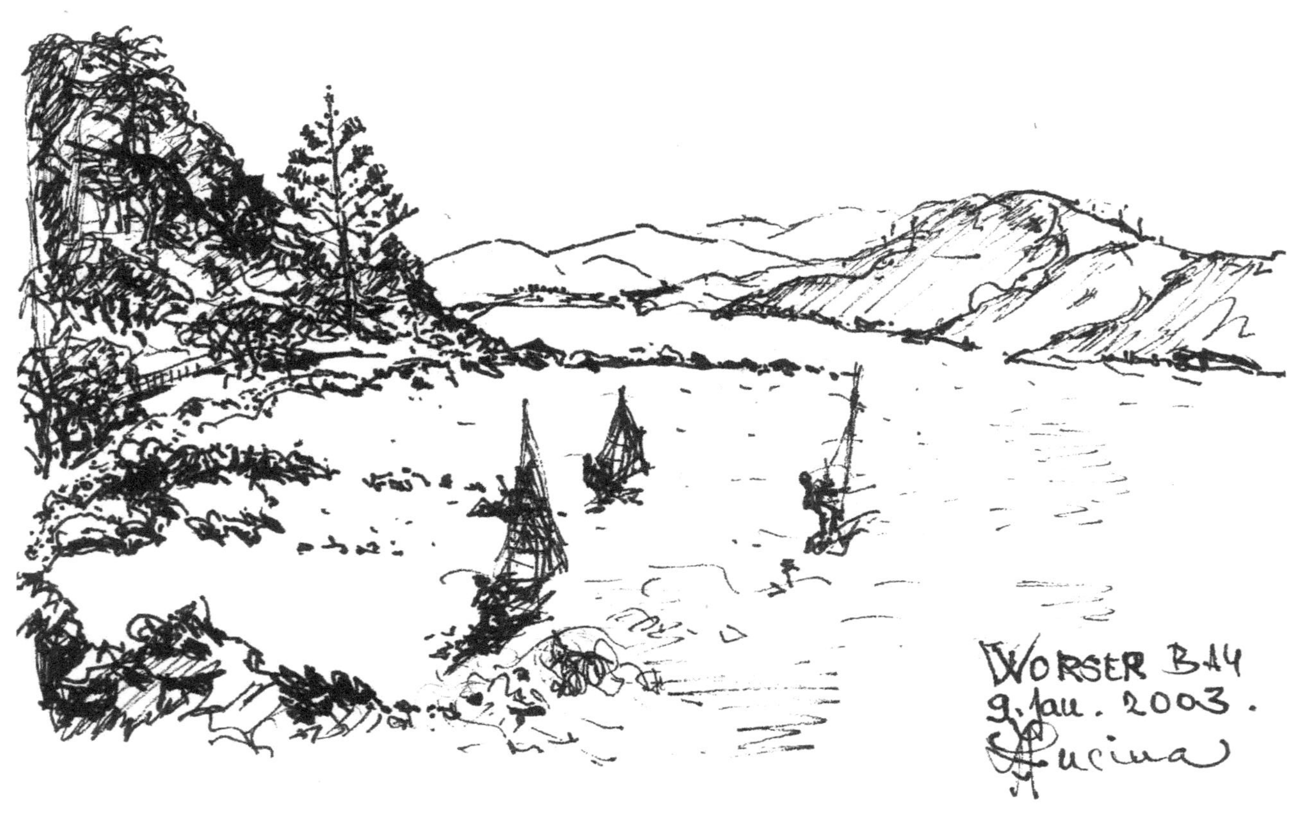

WORSER BAY
9. Jan. 2003.
Lucina

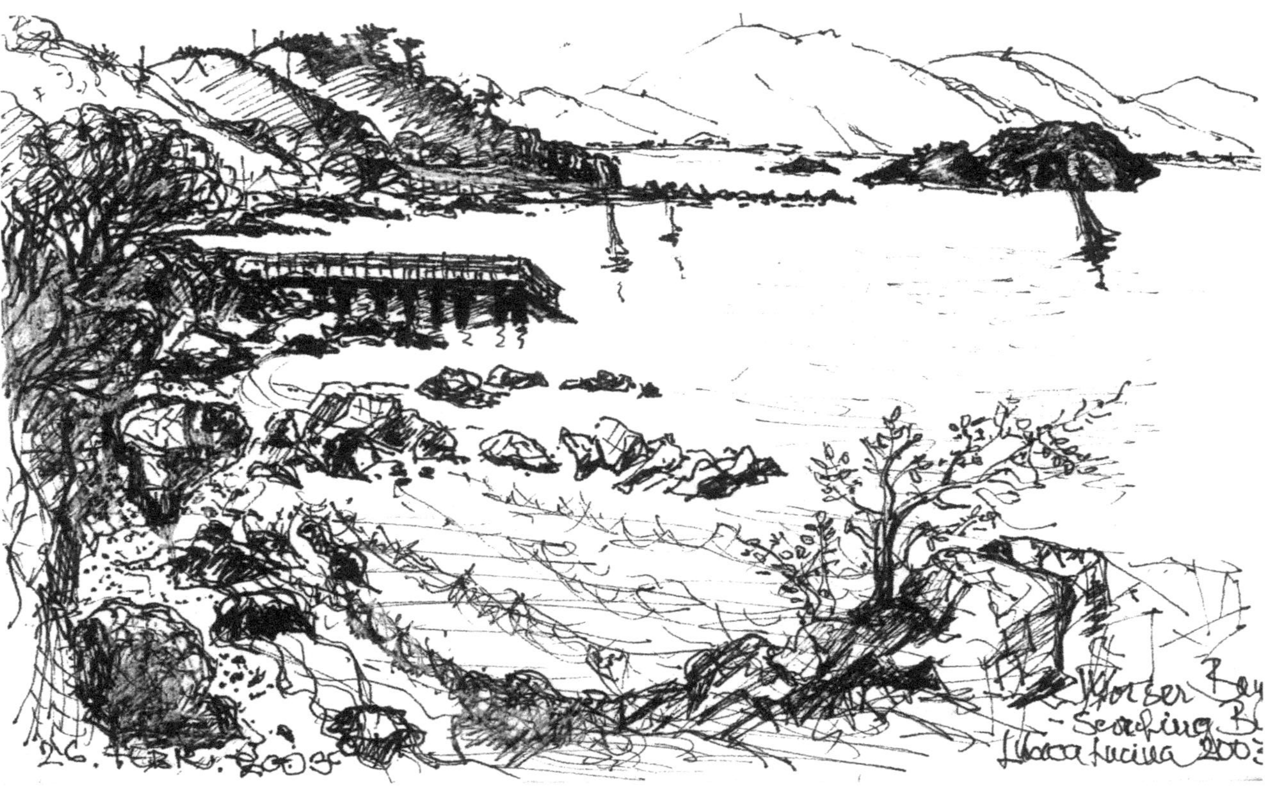

26. FEBR. 2005
Worser Bay
- Searching B
Ithaca Lucina 2003

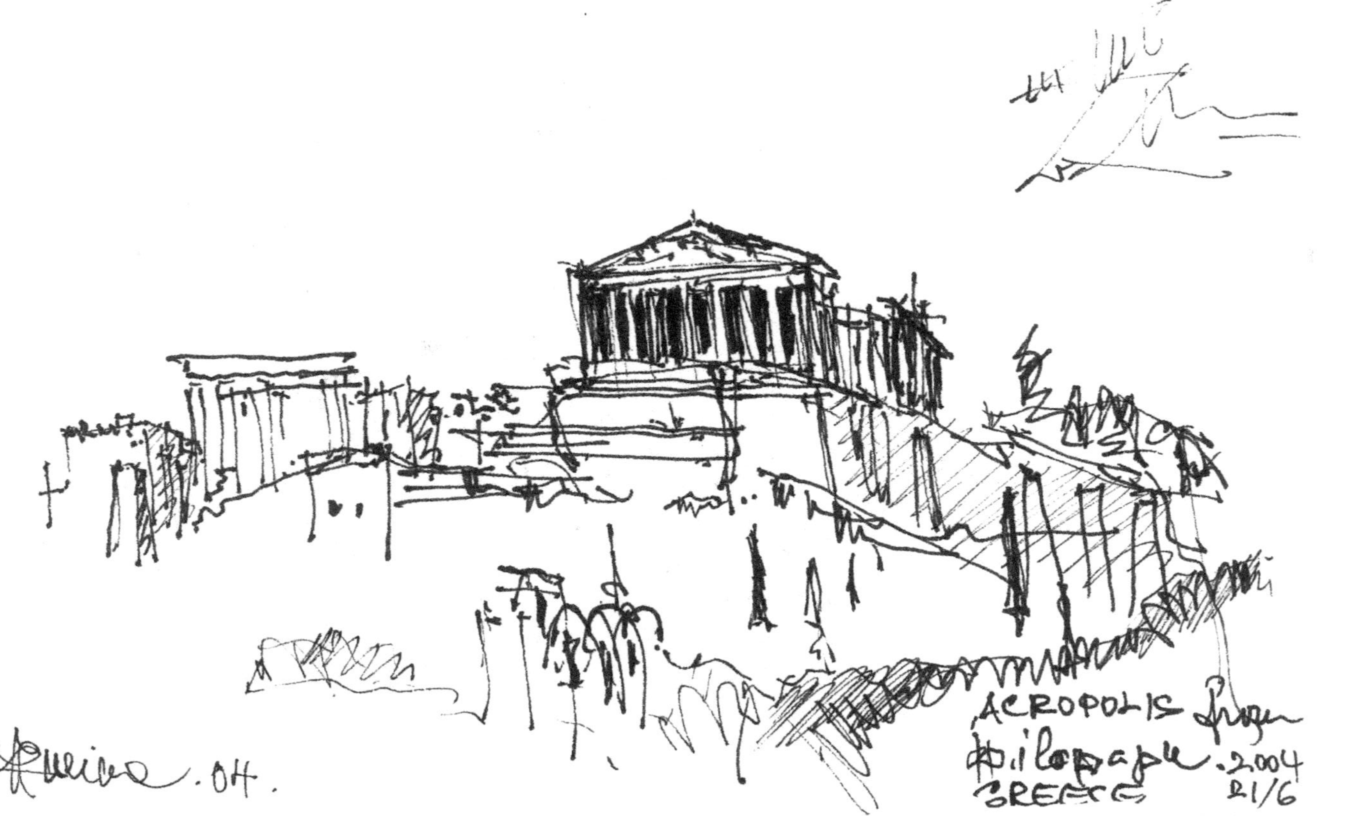
ACROPOLIS from
Φilopapu .2004
GREECE   21/6

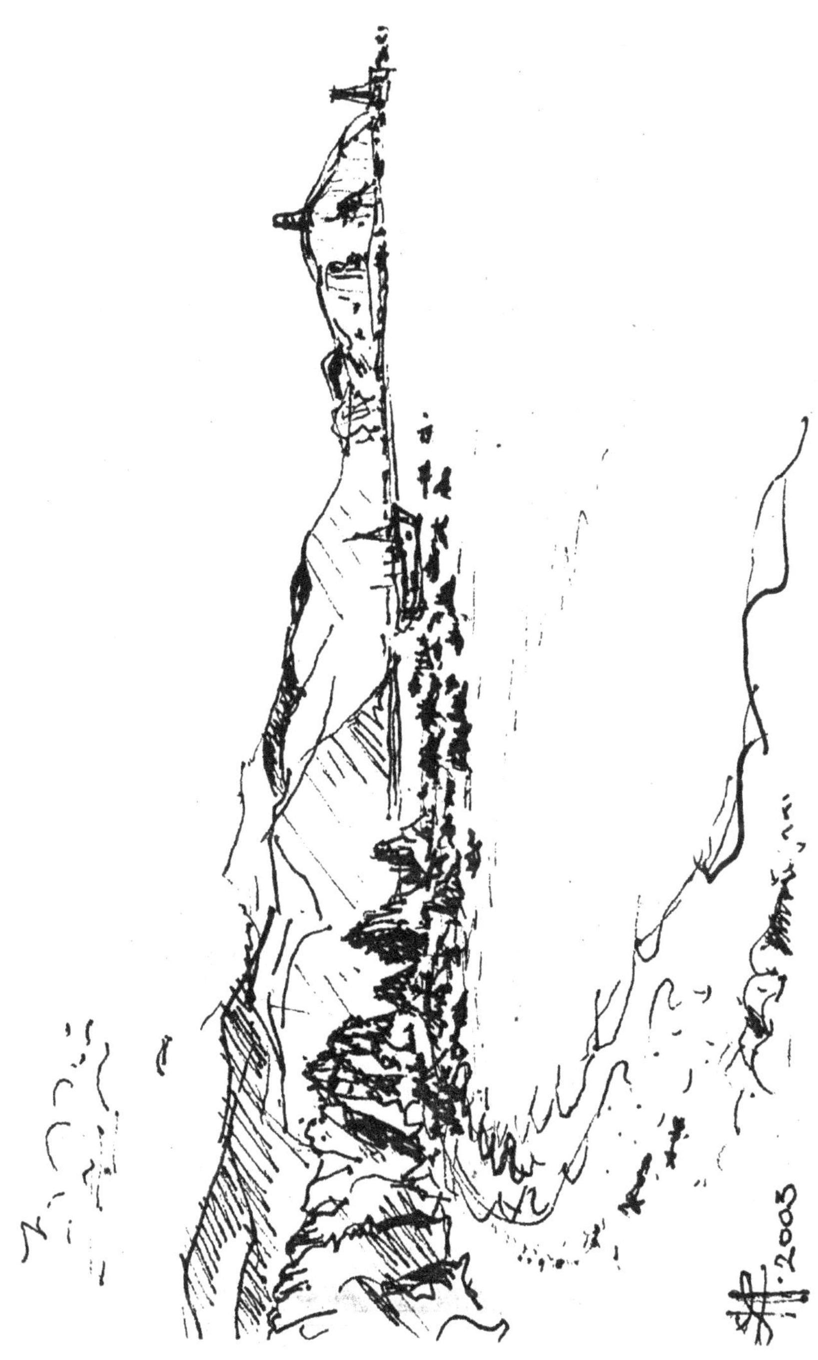

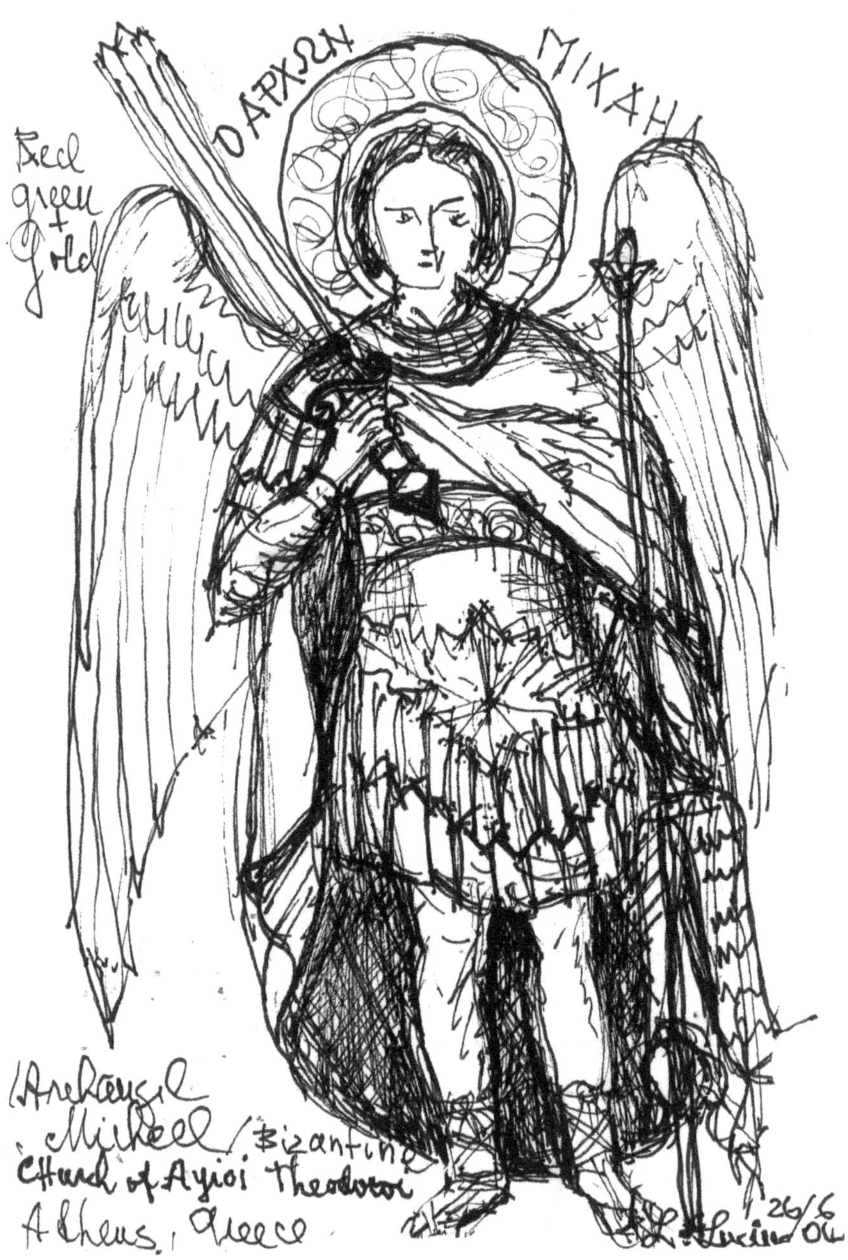

Red green + gold
Ο ΑΡΧΩΝ   ΜΙΧΑΗΛ
Archangel Michael / Byzantine
Church of Ayioi Theodoroi
Athens, Greece
26/6

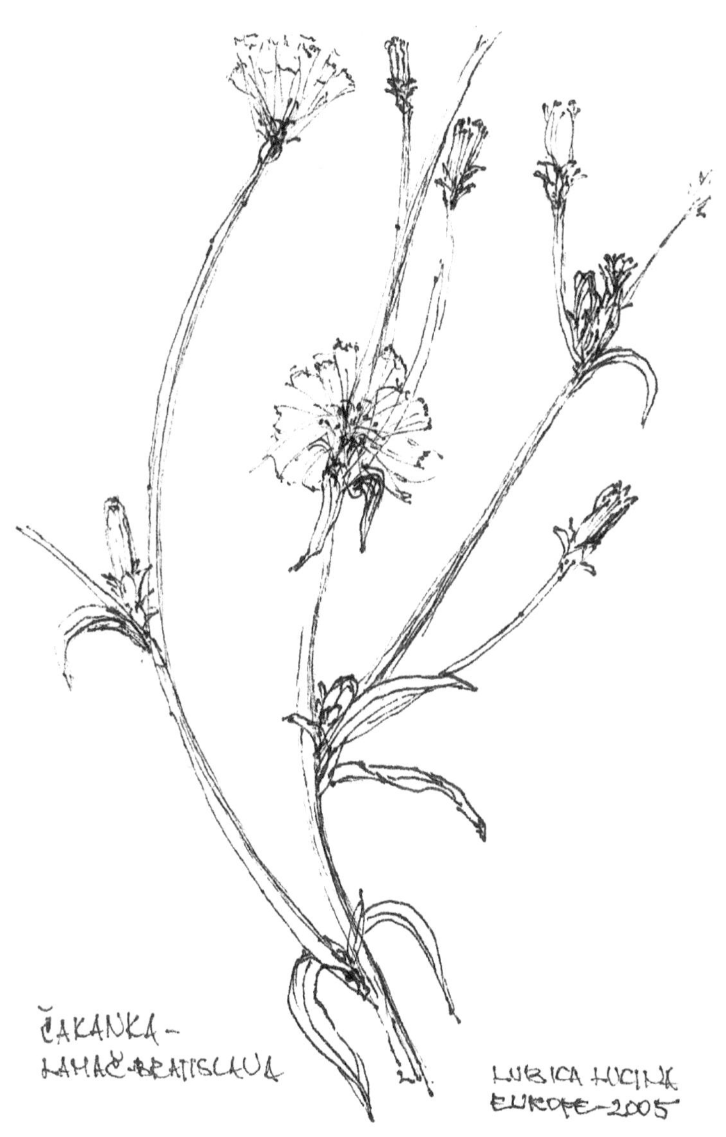

ČAKANKA —
LAMAČ-BRATISLAVA
LUBICA HUCINA
EUROPE-2005

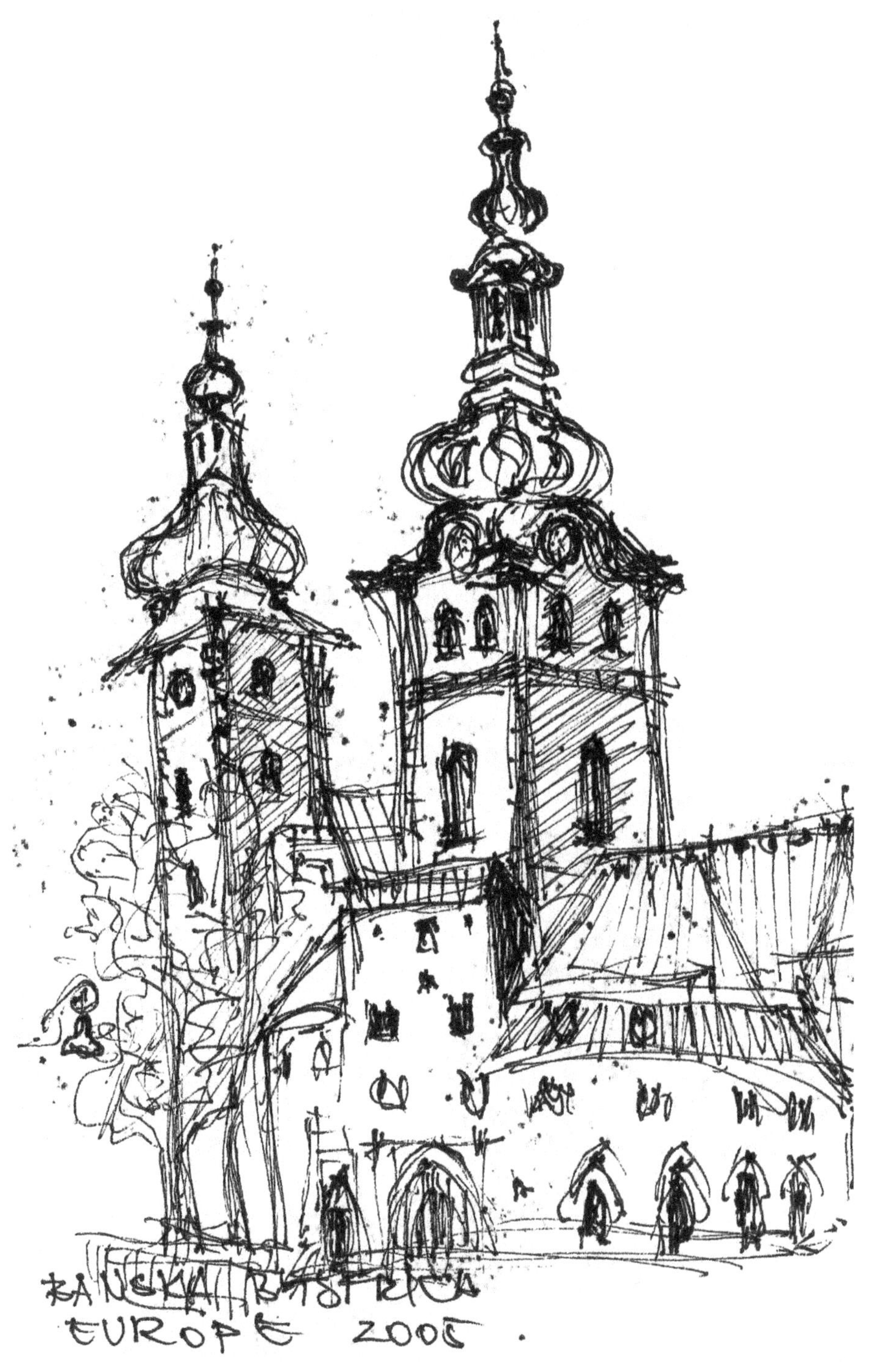

BANCKA BYSTRICA
EUROPE 2006.

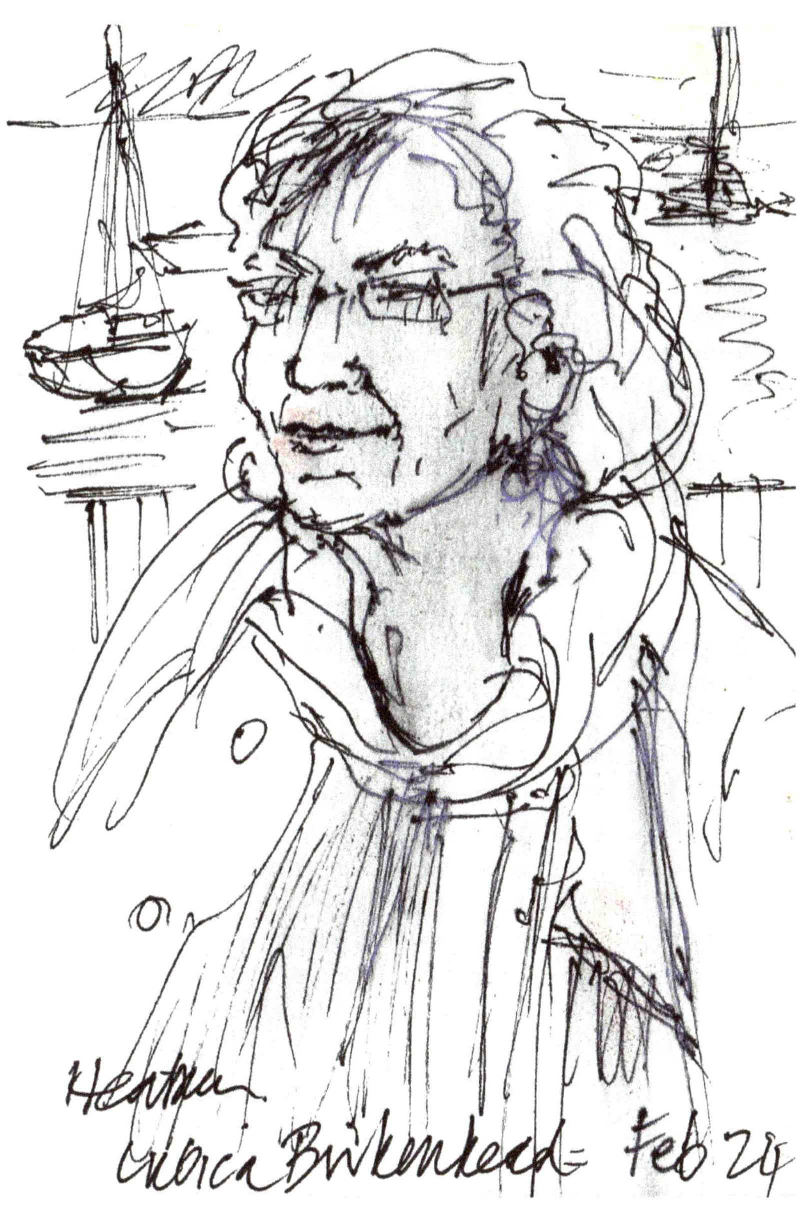

Heather
Monica Birkenhead - Feb 24

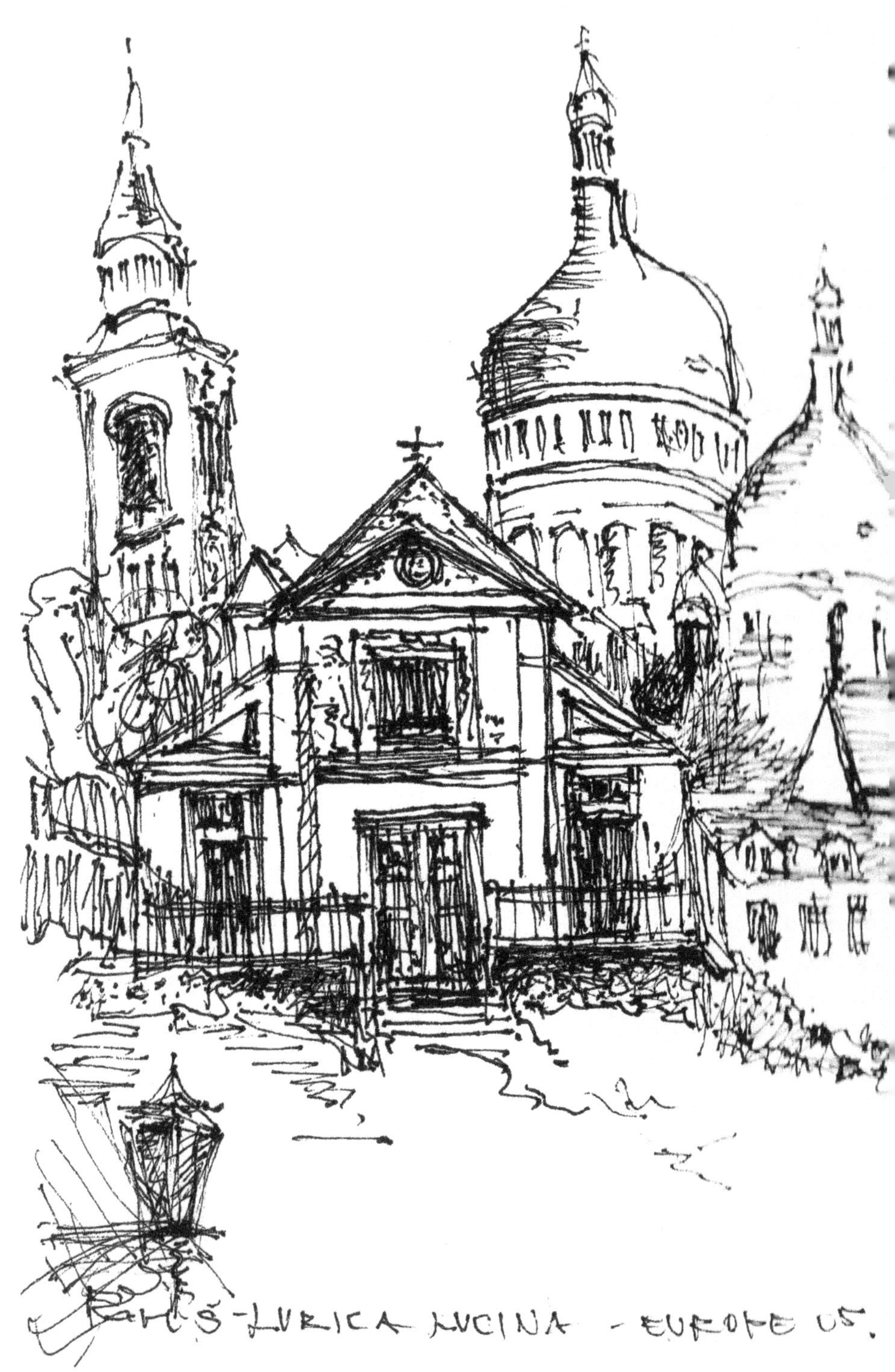
BARIŠ JURICA LUCINA - EUROPE 05.

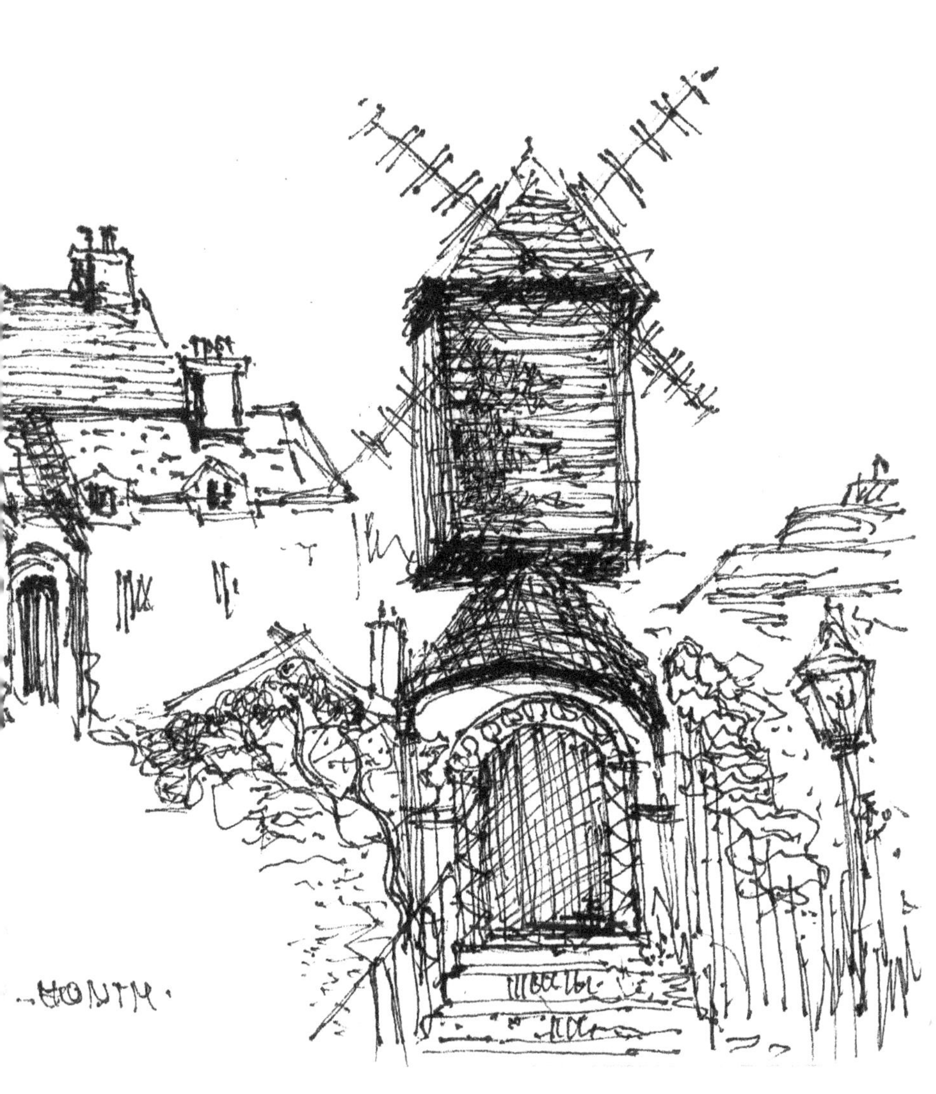

MONTM.

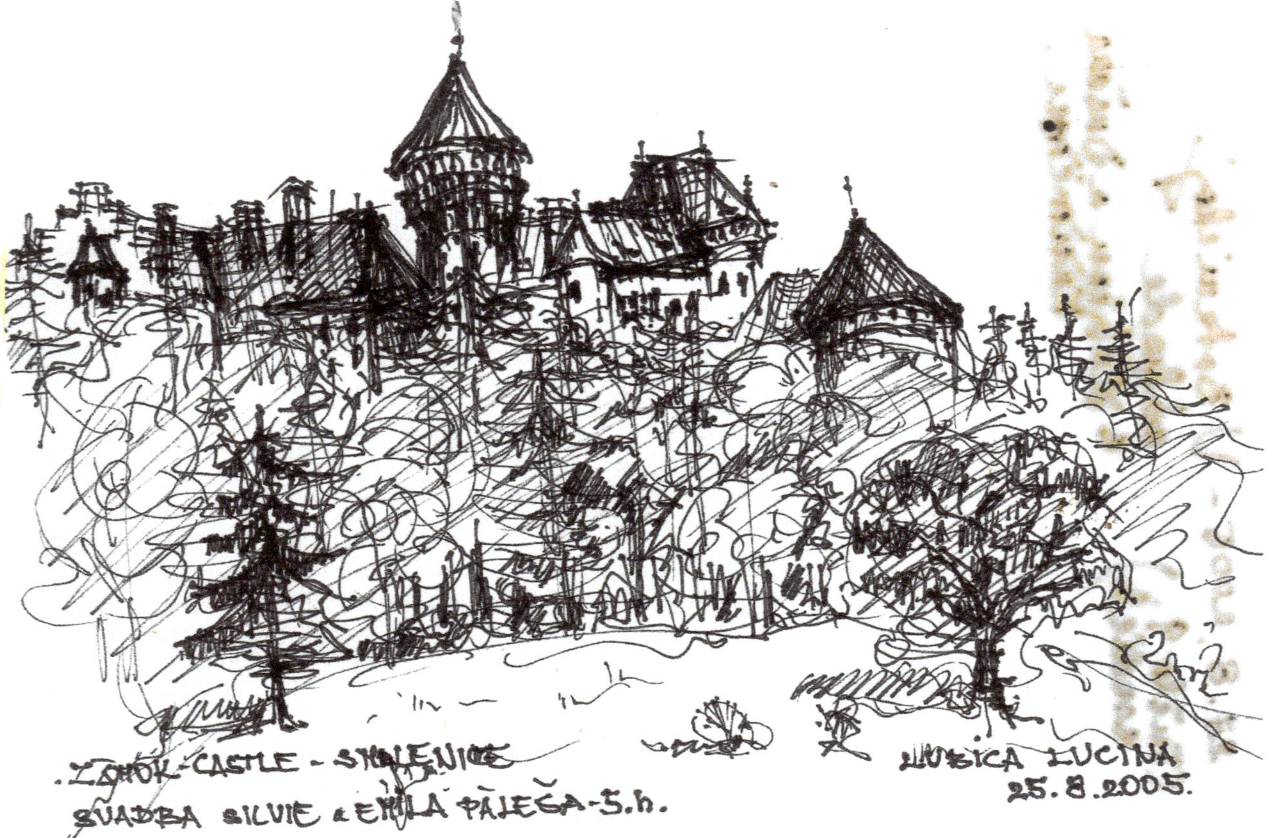

. ZAMOK - CASTLE - SMOLENICE
SVADBA SILVIE & EMILA PALEČA - S.h.
LJUBICA LUCINA
25. 8. 2005.

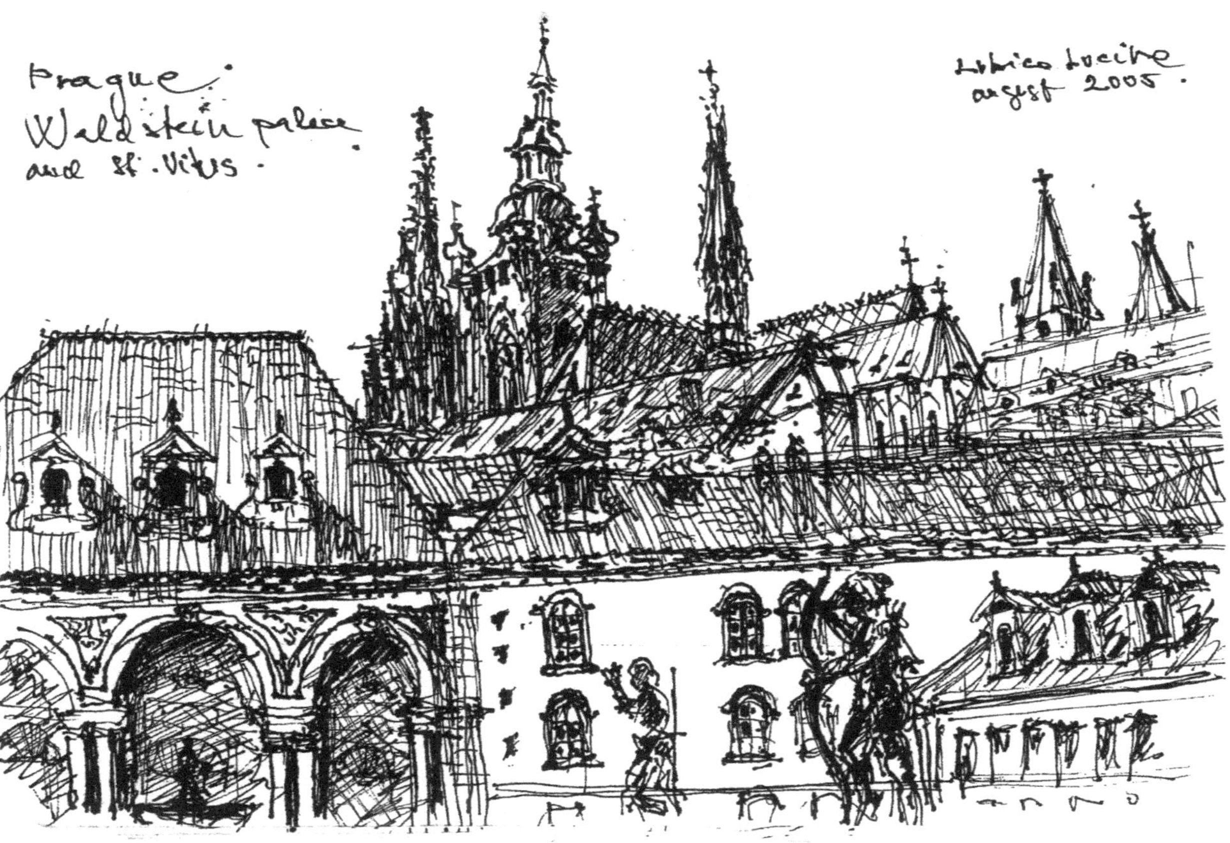

Prague.
Waldstein palace.
and St. Vitus.
Libice Lucie
august 2005.

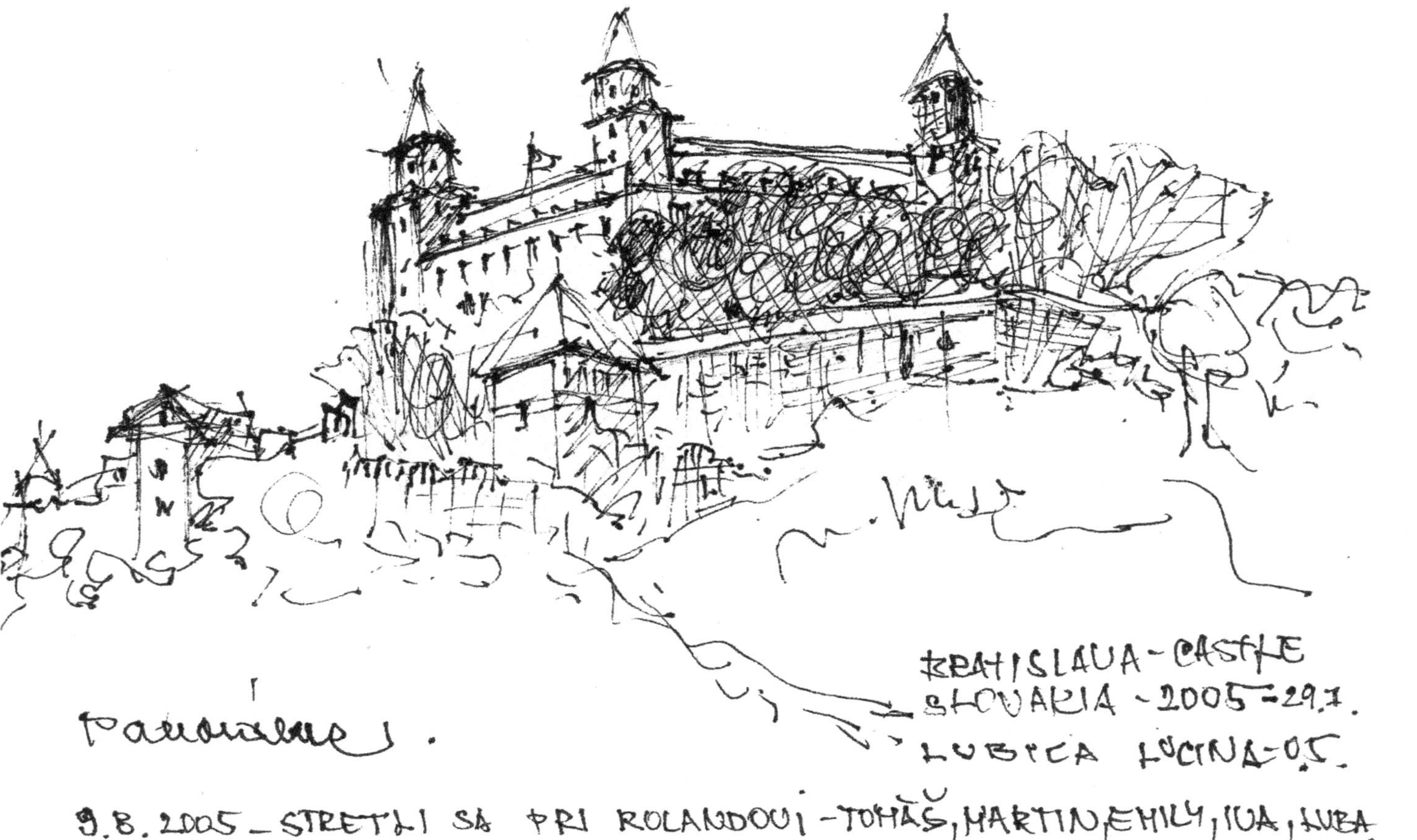

BRATISLAVA - CASTLE
SLOVAKIA - 2005 - 29.1.
LUBICA LUCINA - 05.
Panorame.
9. B. 2005 _ STRETLI SA PRI ROLANDOVI - TOMÁŠ, MARTIN, EMILY, IVA, LUBA

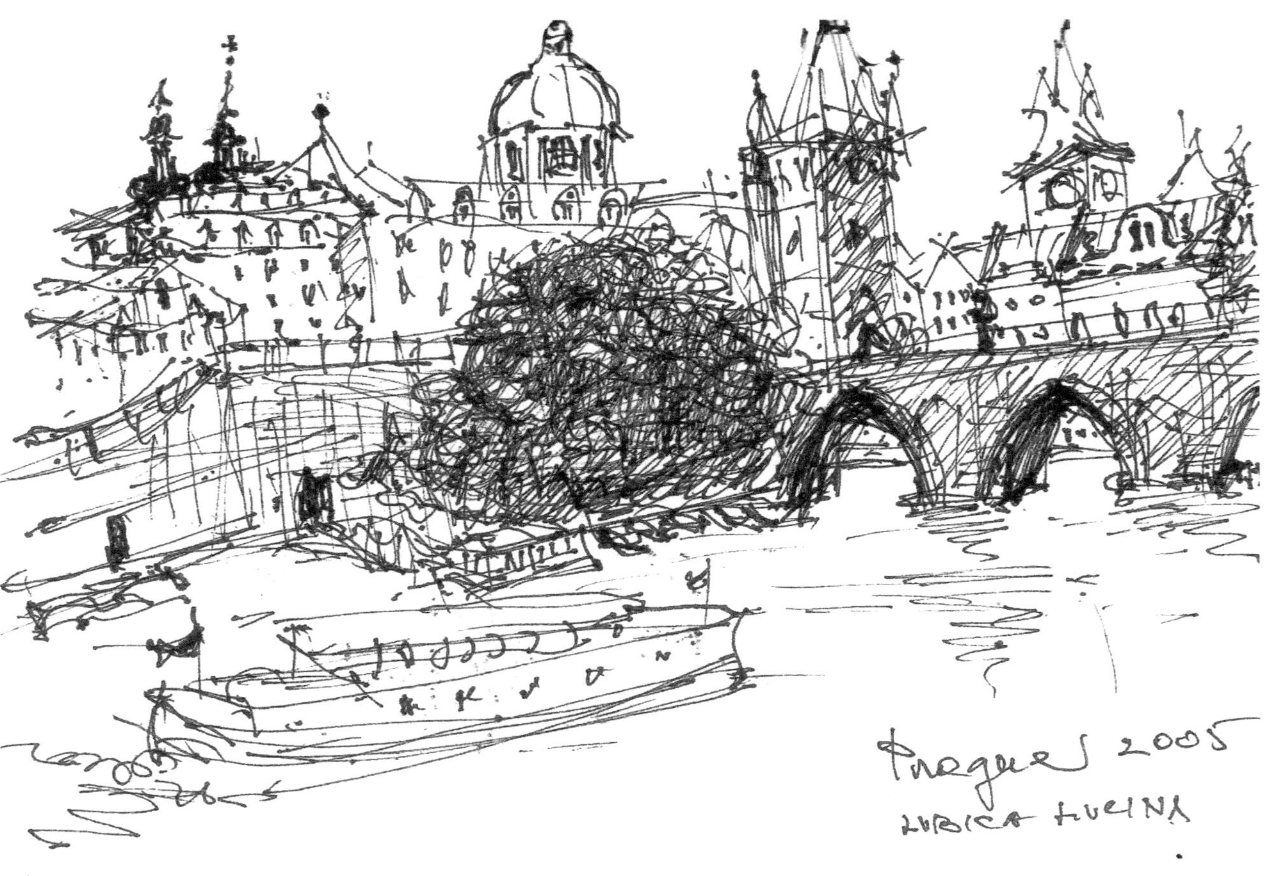

Prague 2005
LUBICA TUCINA

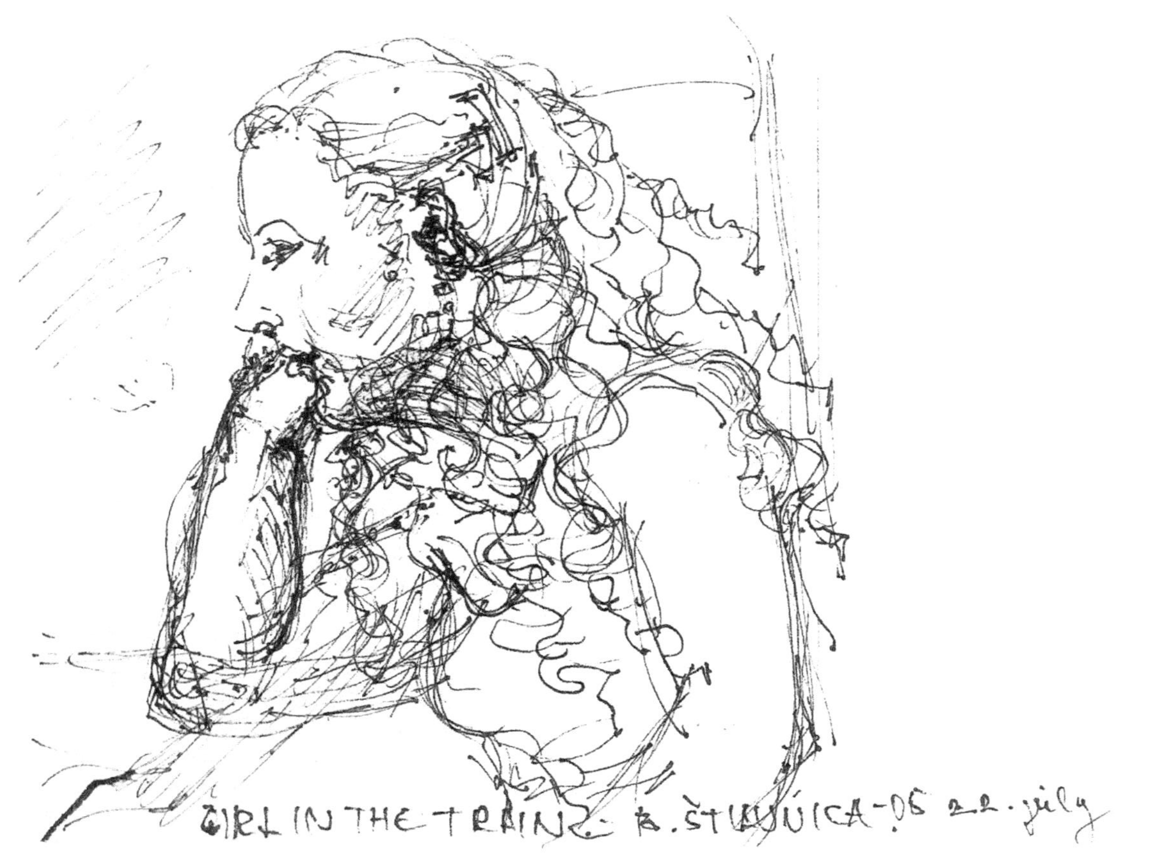

GIRL IN THE TRAIN. - B. ŠTIAVNICA-06 22. july

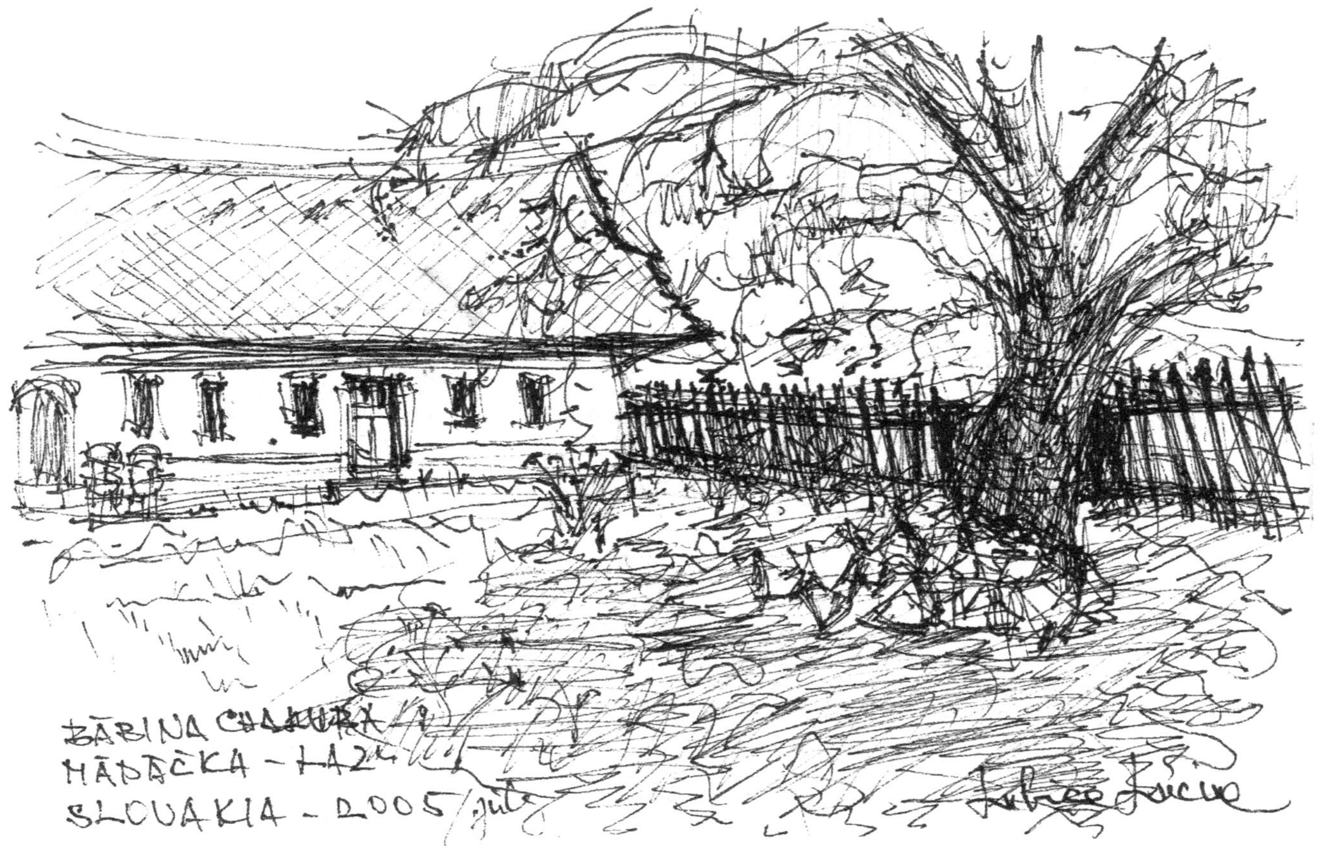

ŽABINA CHALUPA /?
HÁBĚCKA - LAZ
SLOVAKIA - 2005/jul

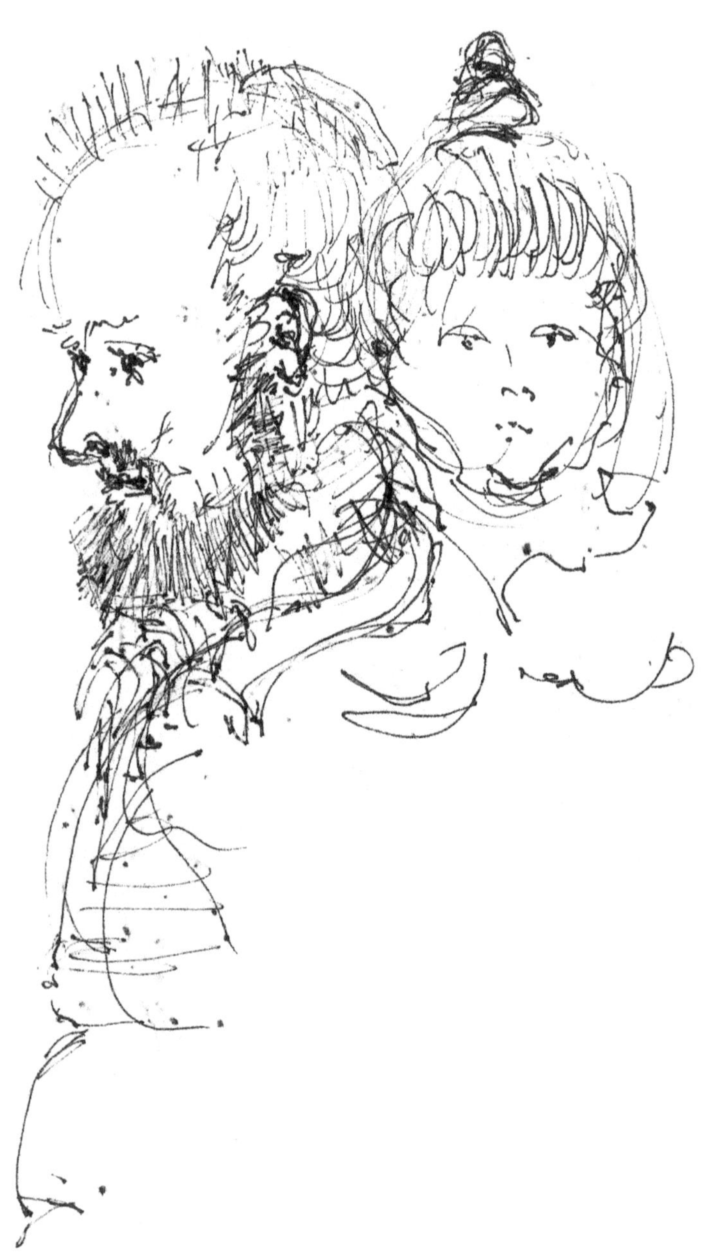

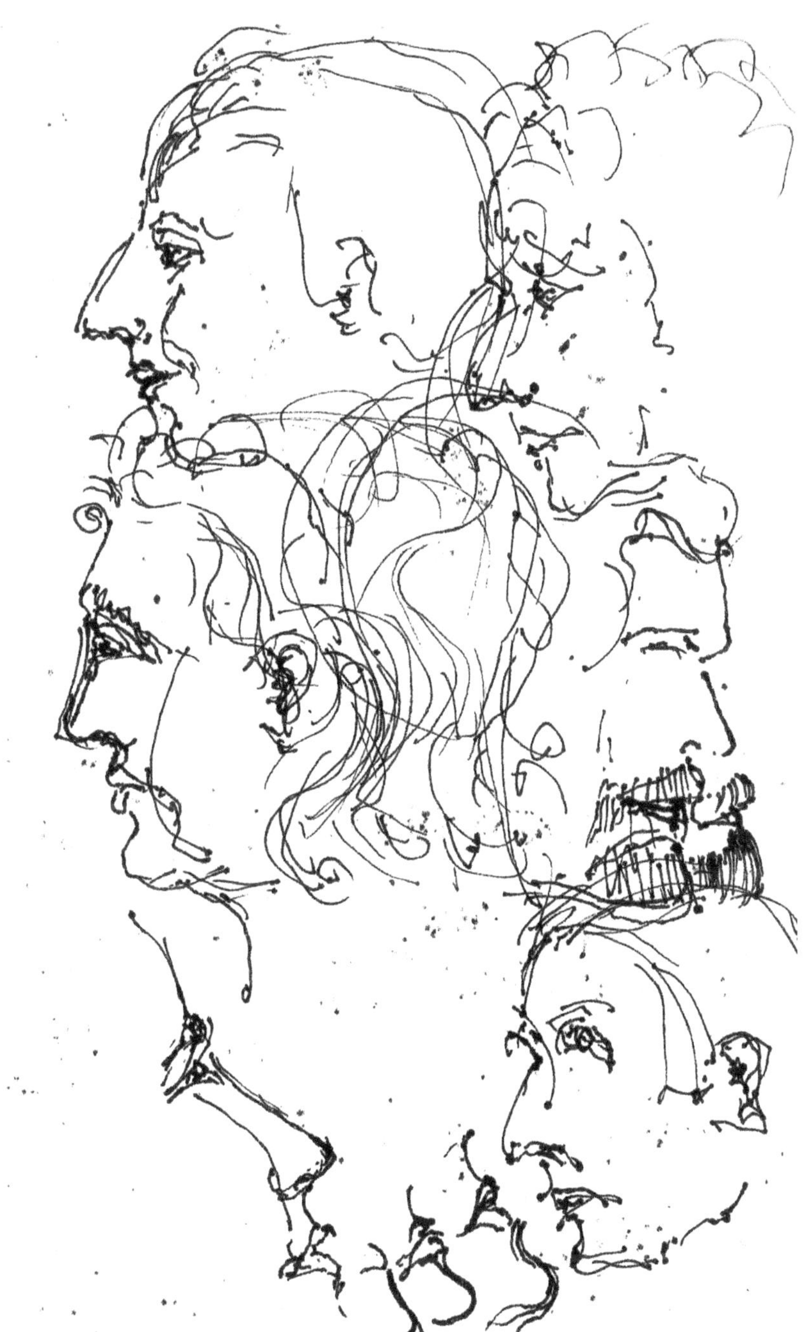

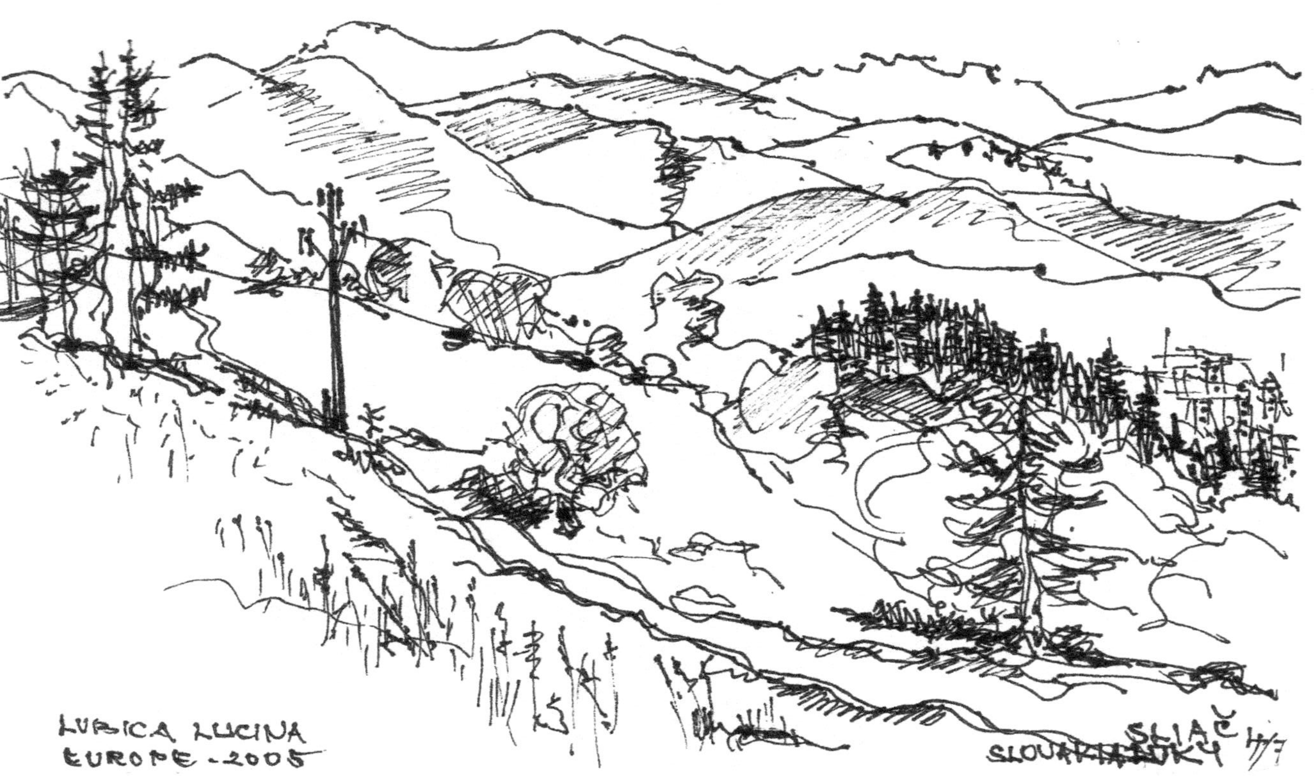
LUBICA LUCINA
EUROPE -2005
SLIAČ
SLOVAKIA -ONKY '77

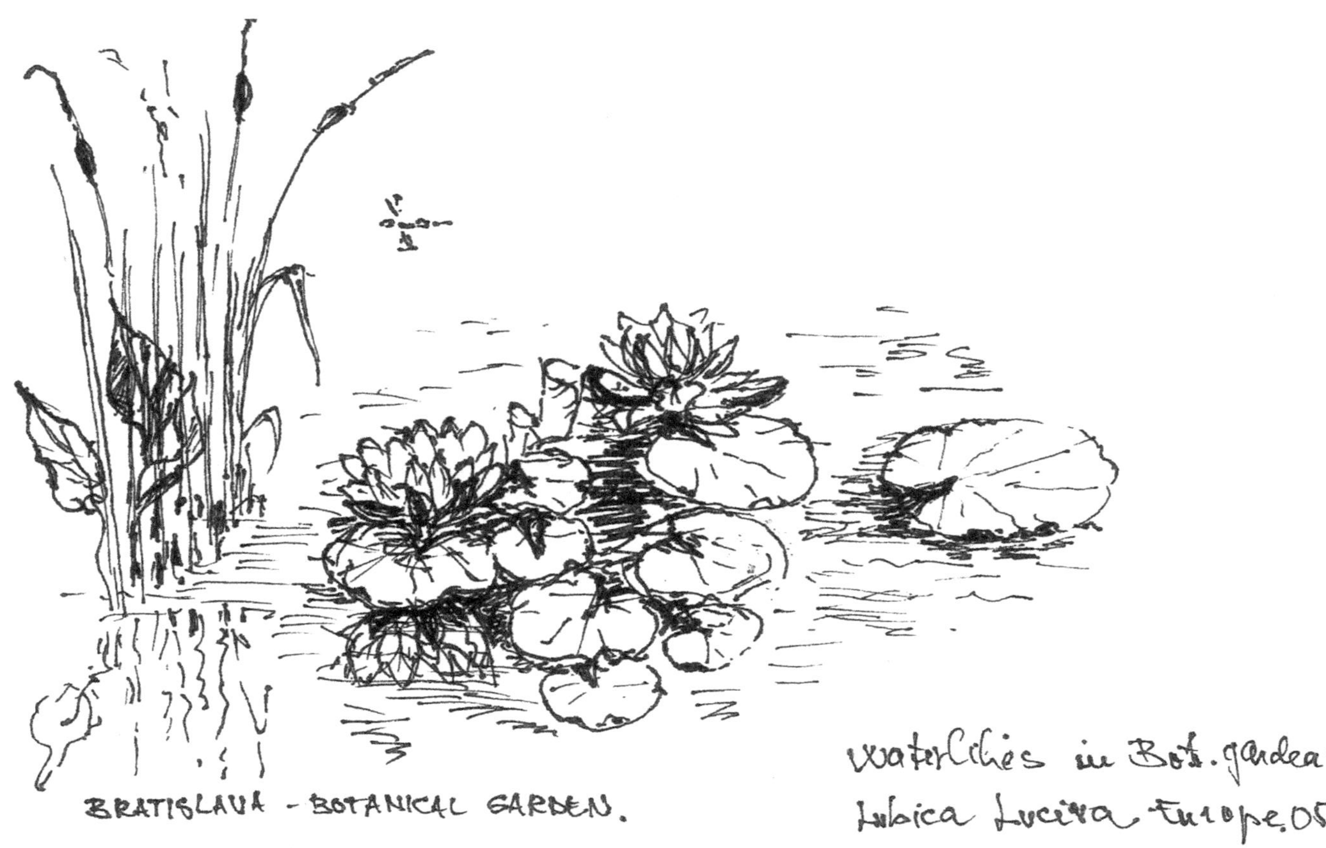

BRATISLAVA - BOTANICAL GARDEN.
waterlilies in Bot. garden.
Lubica Lucina Europe. 05.

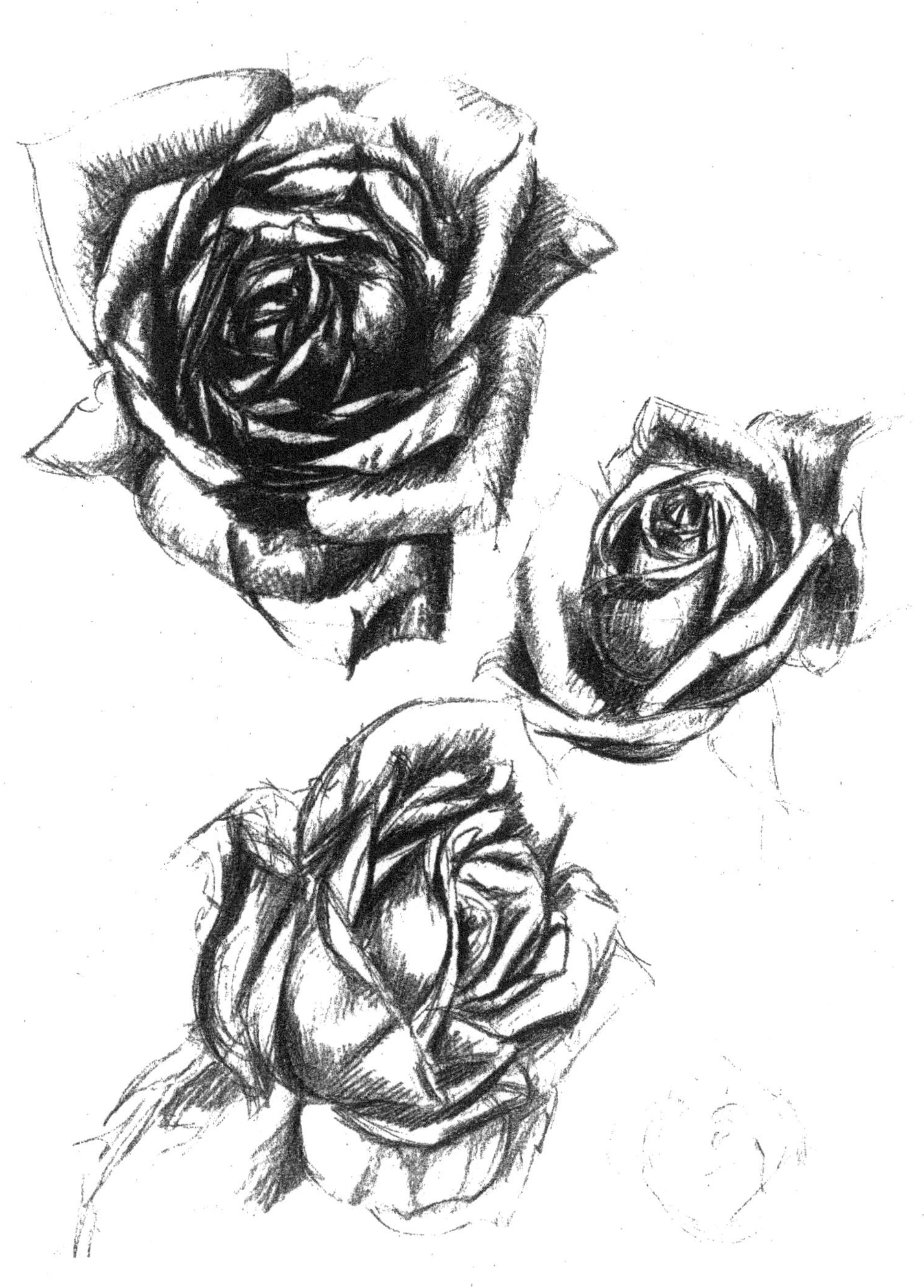

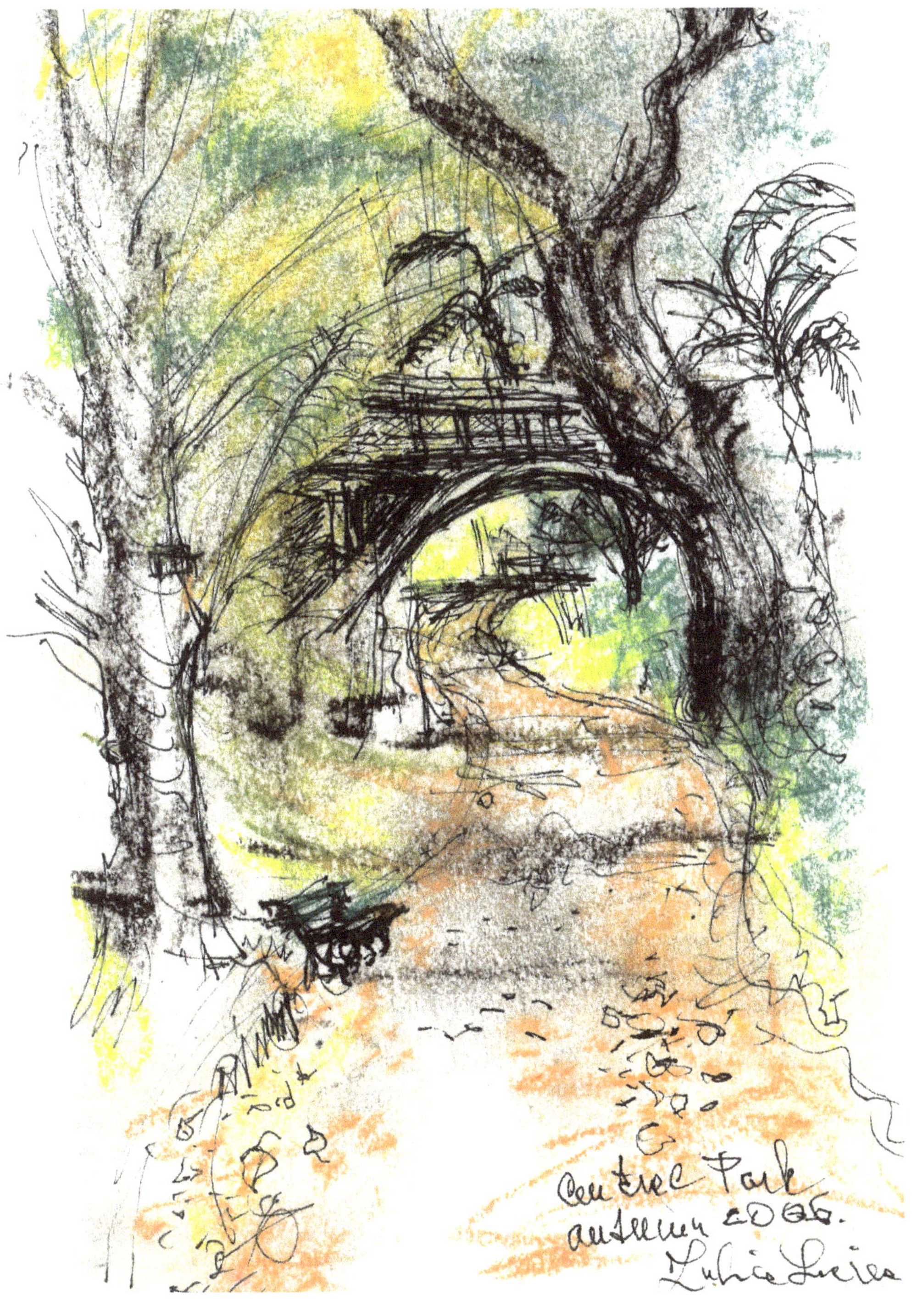

Centre Park
autumn 2006.
Lucia Lucies

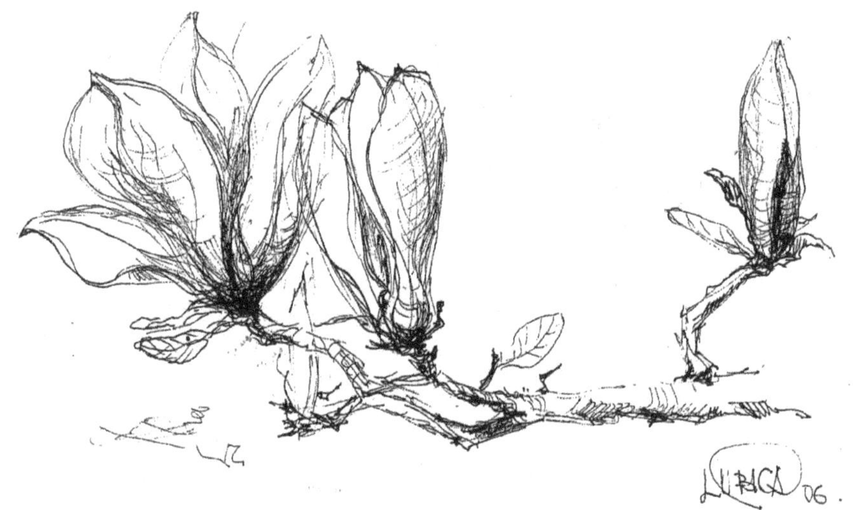
LUBAGA 06.
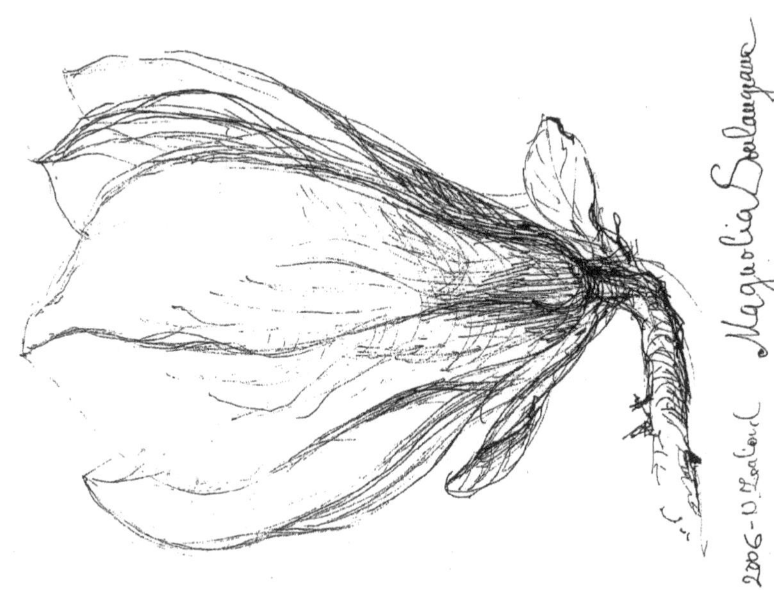
Magnolia Soulangean
2006 - U Mealone

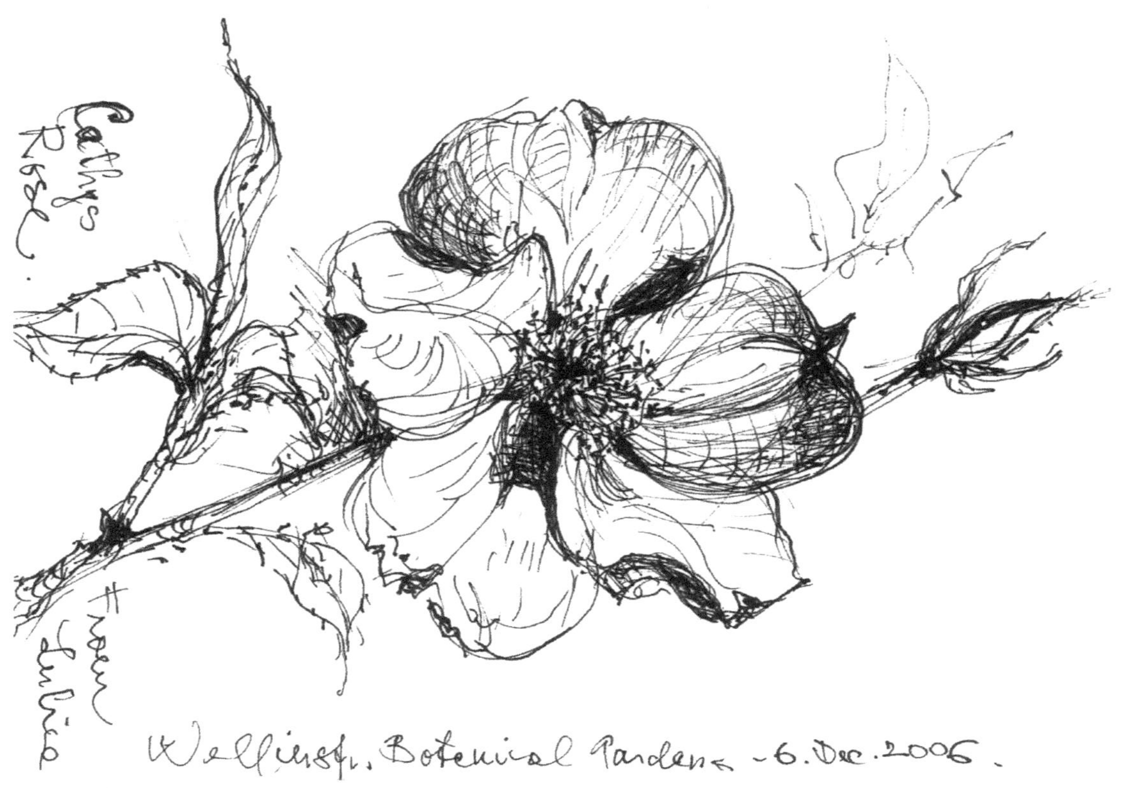

Cathys
Rose.
From
Lubica
Wellington, Botanical Gardens ~ 6. Dec. 2006.

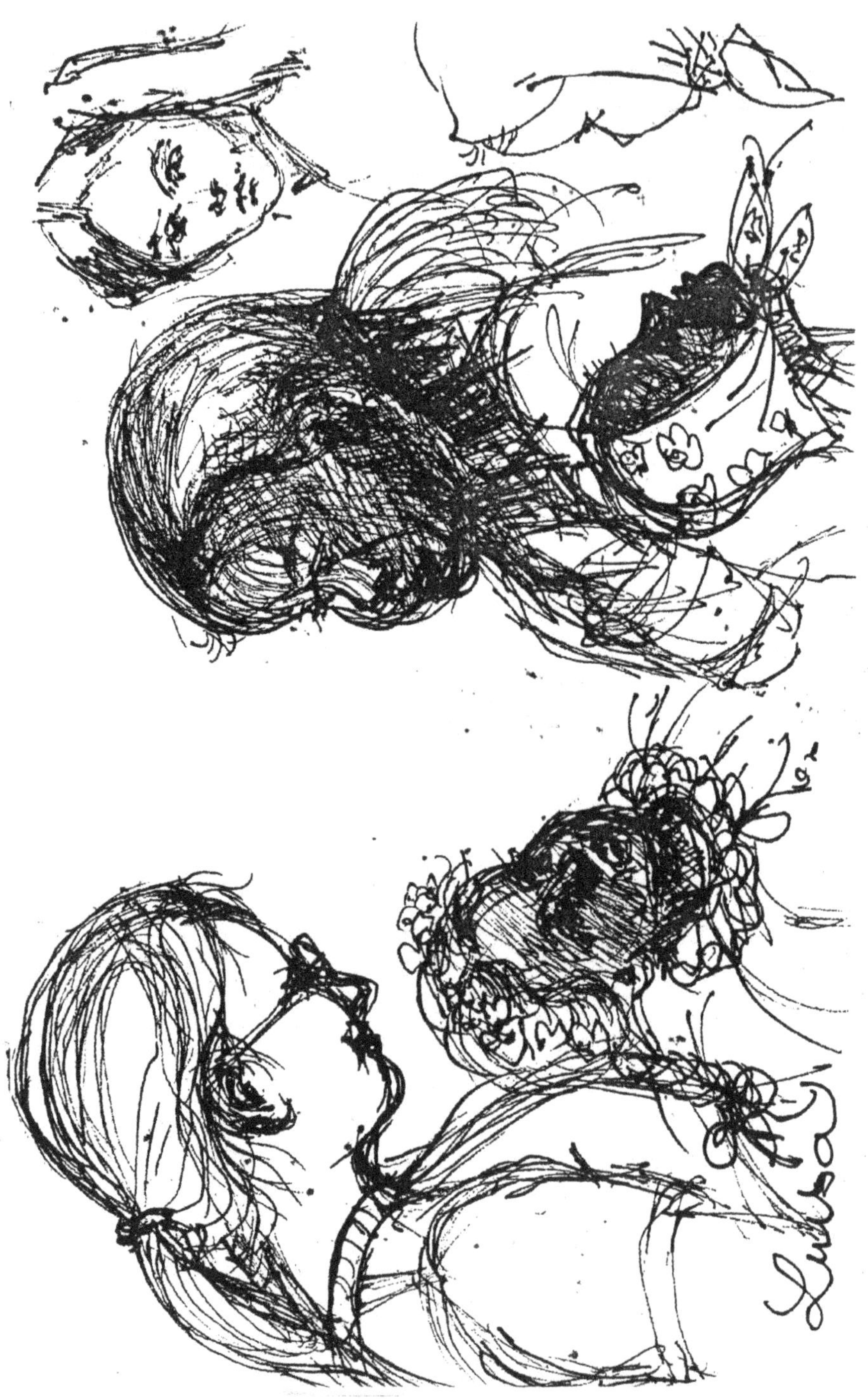

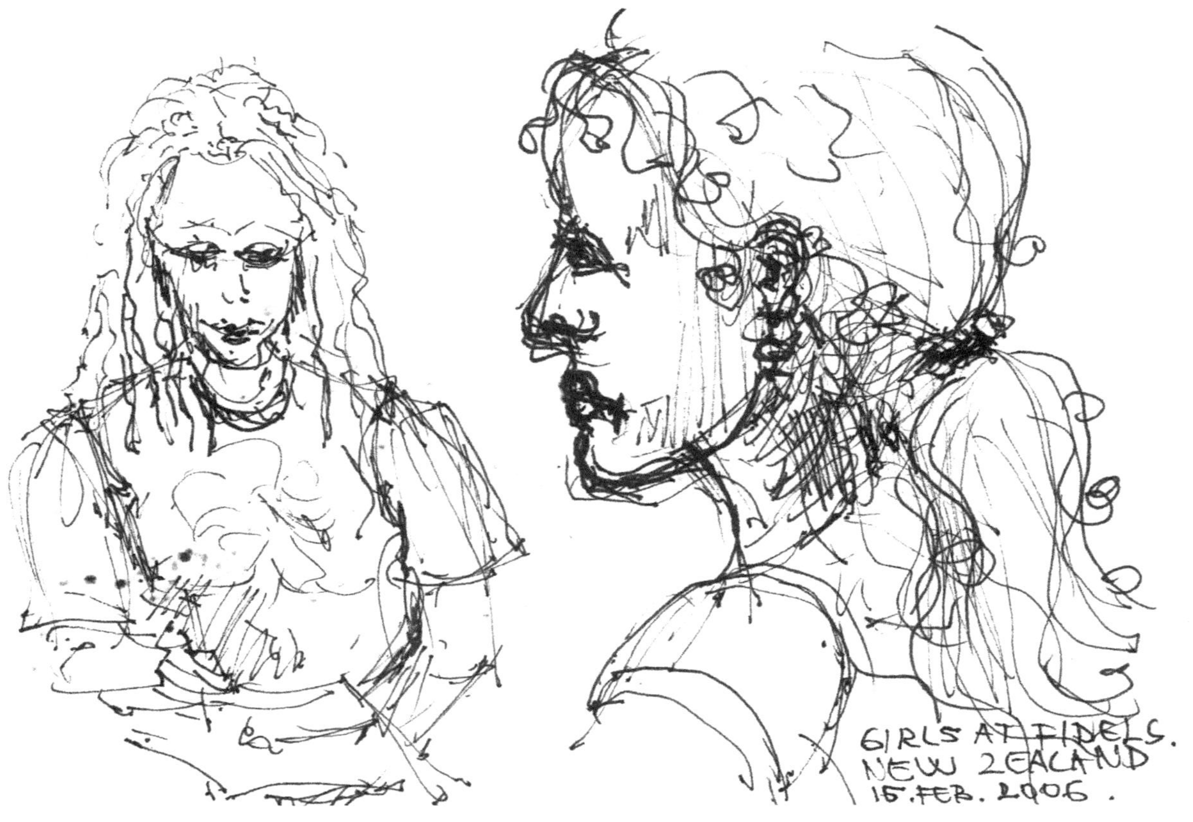
GIRLS AT FIDELS.
NEW ZEALAND
15. FEB. 2006.

Sailing Marlborough   6–10. jan
.... Sounds.   2007.

* * ORION

1. Day – Picton
Night at Picton SUNNY
Wharf

Sured: Fishing boat (charters)
GENEZIS boat – a din. ps
LOD – TE PATU
DINGI
PIPITEA
!! I Forgot SANDALS (in to water
POLY PROP underw.
Felcko + gue t. jote pe.

• TANIA
• PAUL
• BREKEN
LUBA
CHRISTMAS TREE
PICTON

2. DAY   PICTON – LOCHMARA BAY
7. jan. 02   CLOUDS

WEST BAY
KARAKU BAY
EAST BAY

• GROVE ARM

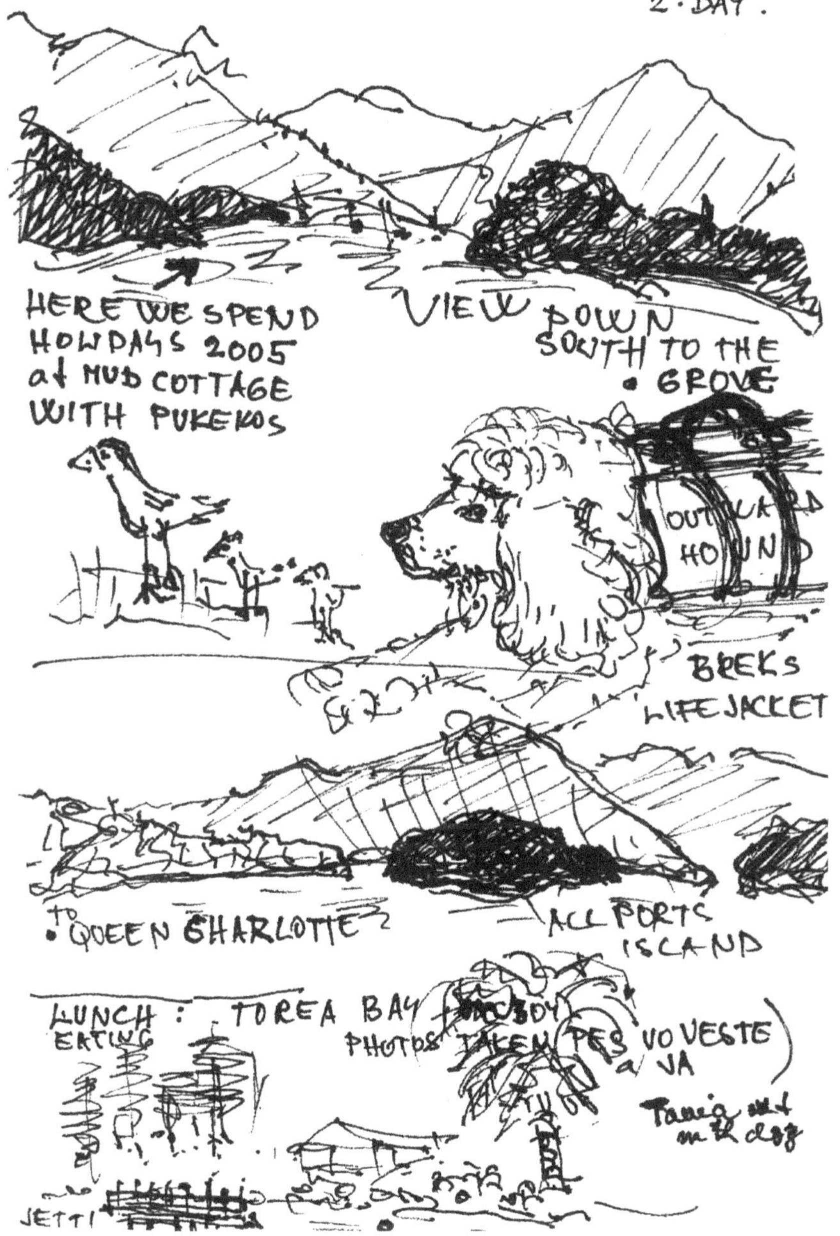

2. DAY.
HERE WE SPEND
HOWDAYS 2005
at MUD COTTAGE
WITH PUKEKOS
VIEW DOWN
SOUTH TO THE
GROVE
OUTWARD
HOUND
BREKS
LIFE JACKET
to QUEEN CHARLOTTE
ALL PORTS
ISLAND
LUNCH: TOREA BAY
EATING
PHOTOS TAKEN (PES VO VESTE)
a VA
JETTI

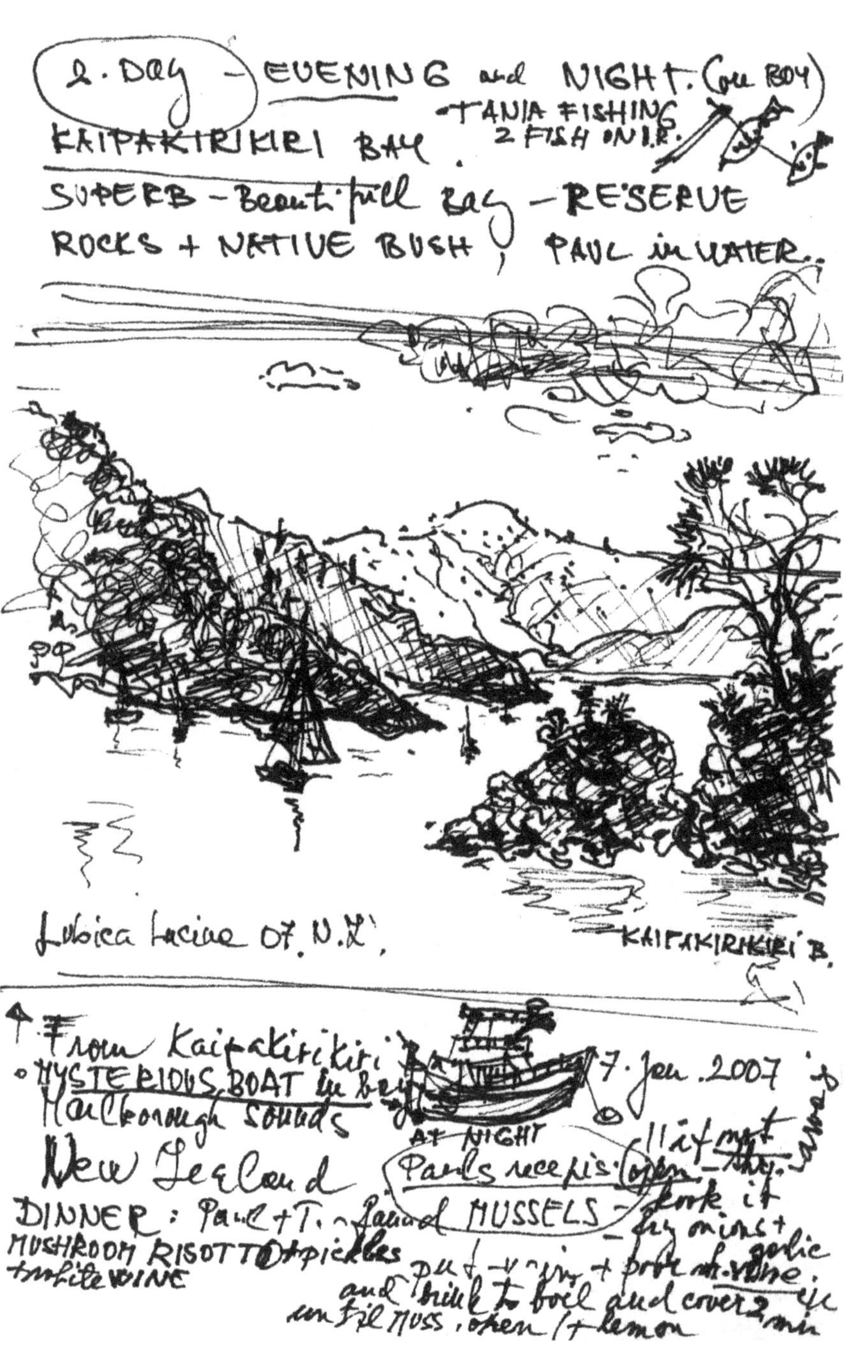

2. DAY — EVENING and NIGHT. (on BOY)
TANIA FISHING.
KAIPAKIRIKIRI BAY. 2 FISH ON I.R.
SUPERB — Beautifull Bay — RESERVE
ROCKS + NATIVE BUSH, PAUL in WATER.

Lubica Lucine 07. N.Z.

KAIPAKIRIKIRI B.

From Kaipakirikiri.
MYSTERIOUS BOAT in bay
Marlborough Sounds
New Zealand

7. Jan. 2007

AT NIGHT
Pauls recepis (open
DINNER: Paul + T. ~ found MUSSELS — fork it
MUSHROOM RISOTTO + pickles
+ white WINE
and bring to boil and cover 2 min
until muss. open / + lemon

4. Day Sailing (MOTOR) 9.1.07. (TUESD.)

MORNING in Chance Bay

Breakfast: toast + avocado, garlic
+ coffee. 4? Pearls

cloudy, DRIZZLE
no wind
20°C RAIN

Tanist + Paul out on PIPIT.
+ Rich — on beach
gone
coffe

Motoring Shru Queen Charlotte towards
Endevoure Inlet. (1am first time
skipper on TILLER
!!! (see photo)

Drizzle
>>> TOWARDS OPEN SEA
C.WAS to NELSON ... SHIP
MAP: RESO COVE
ENDEV LUTION CAPT.
INLET COOK

DOLPHINS
3. Dolphins

TOWARDS THE END
OF QUEEN CHAR

LONG ISLAND   BROTHERS
(TWINS)

IN RESOLUTION BAY : STOP on BOY
                              - MORING

BEAUTIFULL, gentle hills of native bush and
(resort + school house camp side .) TURQOISE
· Big sailing boat there .   WATER

LITTLE BEACH
SCHOOL HOUSE BAY
IN
RESOLUTION BAY   CCAMP SIDE

· WE HAD TEA BREAK HERE AND   TANIA, PAUL & BO6
· RAINING for afternoon   WENT FOR WALK
   stay on boat - reading books   IN RAIN (2 hours)
                                     + CAFE

RAIN

THE MAP :   · FISHING -
        ENDEVOUR   RESOLUTION SHIPCOVE   I caught first
              QUEEN SHARLOTE   fish (no bite
                                         + let her go.

· Weather forecast : 3 DAYS RAIN
EVENING :   PAULS DINNER :
         RAIN   GNOKI WITH EGGPLANT
                             AND FETTA (ONION
NIGHT :   GARLIC)
  RAIN, RAF sea swell   = YANN ! ! !
  WERY NOISY NIGHT   REMEMBER ! ! !
  DINGY FULL of water .   TO DO IT HOME
  FOG . . .

5.th DAY Sailing (Resolved.)

MORNING in Resolution Bay - rain + fog ?
- long sleep - (10. am.)   very beautiful
shag all time around   all reliefs visible
- fishing .
Tania goes ashore
with Bracken - on beach
Breakfast : Pauls coffee
and eggs haloumi cheese
on toast! = yammi .

Sailing away 12. am - (little wind)
on both sails - in Queen Charlottes
to Endevore Inlet

MAP :

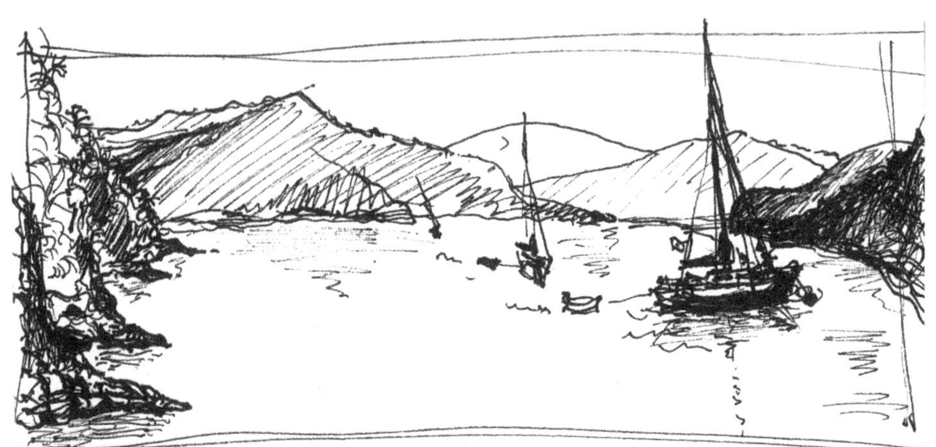

VIEW FROM RESOLUTION BAY
MARLBOROUGH SOUNDS NEW ZEALAND.
LUBICA LUCINA 2007 jar.

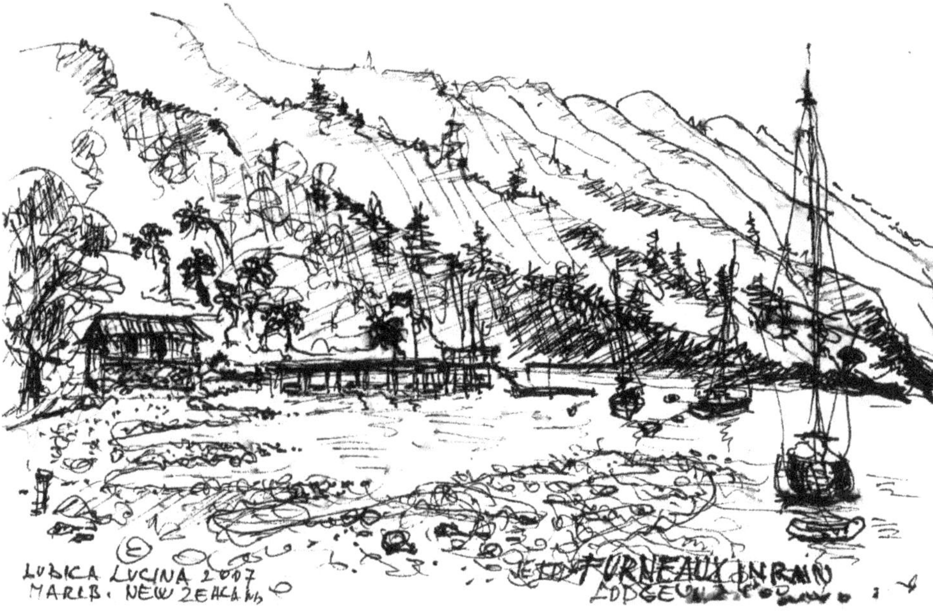

LUBICA LUCINA 2007
MARLB. NEW ZEALAND
FURNEAUX INRAN
LODGE

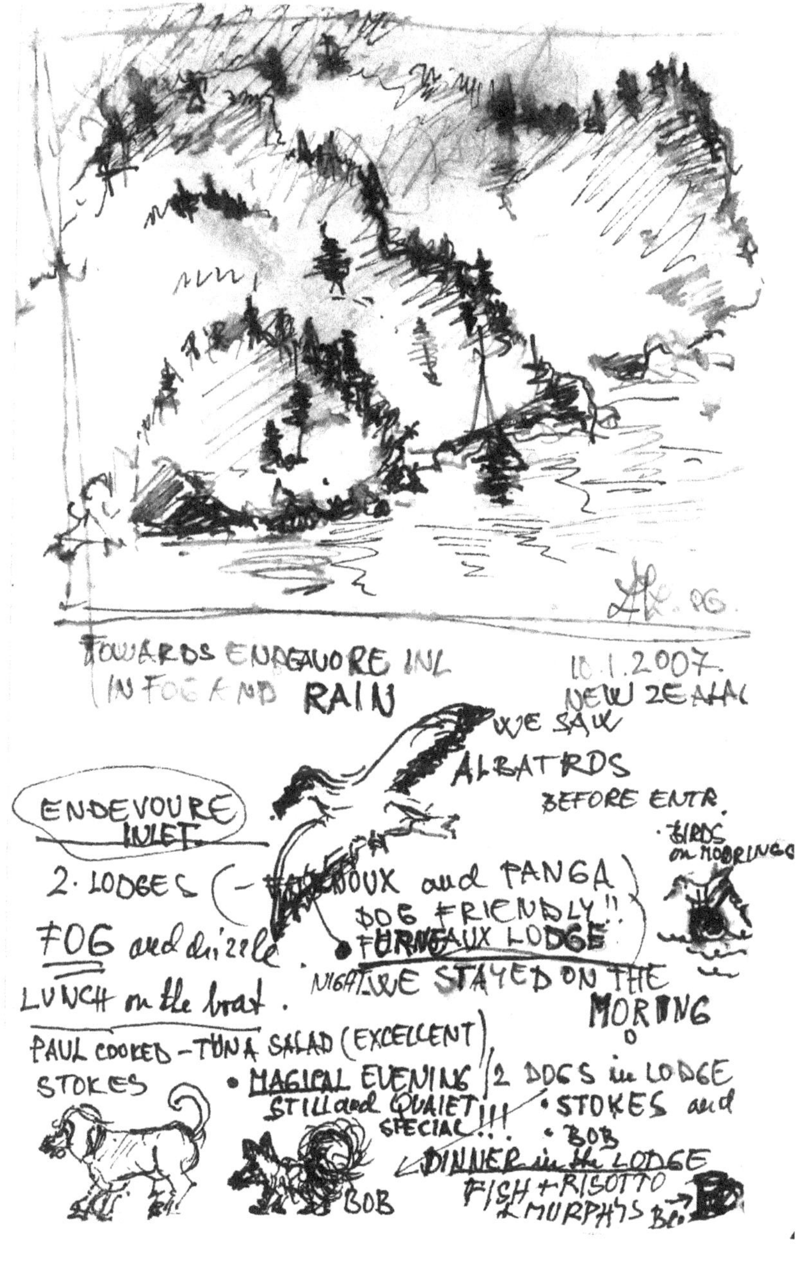

TOWARDS ENDEAVORE INL
IN FOG AND RAIN
10.1.2007.
NEW ZEALAC
WE SAW
ALBATRDS
BEFORE ENTR.
BIRDS
ON MOORINGS
ENDEVOURE
INLET
2. LODGES (- RENOUX and PANGA)
DOG FRIENDLY !!
FURNEAUX LODGE
FOG and drizzle.
NIGHT WE STAYED ON THE
LUNCH on the boat.
MORNING
PAUL COOKED - TUNA SALAD (EXCELLENT)
STOKES
• MAGICAL EVENING
STILL and QUAIET !!!
SPECIAL !!!
2 DOGS in LODGE
• STOKES and
• BOB
DINNER in the LODGE
FISH + RISOTTO
& MURPHYS Be.
BOB

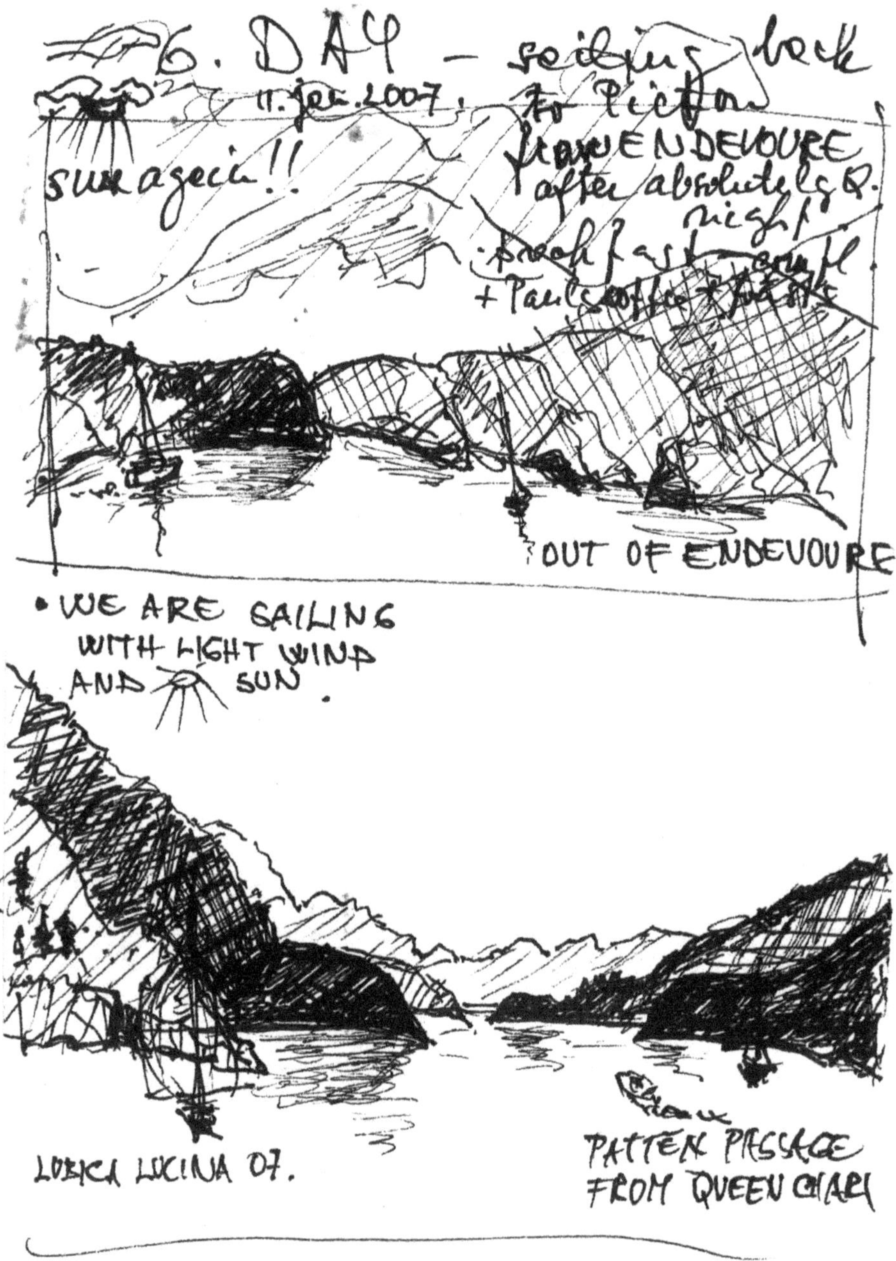
6. DAY - sailing back
11. Jan. 2007, to Picton
from ENDEVOURE
after absolutely R.
night
+ Paul coffee
OUT OF ENDEVOURE
• WE ARE SAILING
WITH LIGHT WIND
AND SUN.
sun again!!
LUBICA LUCINA 07.
PATTEN PASSAGE
FROM QUEEN CHARL

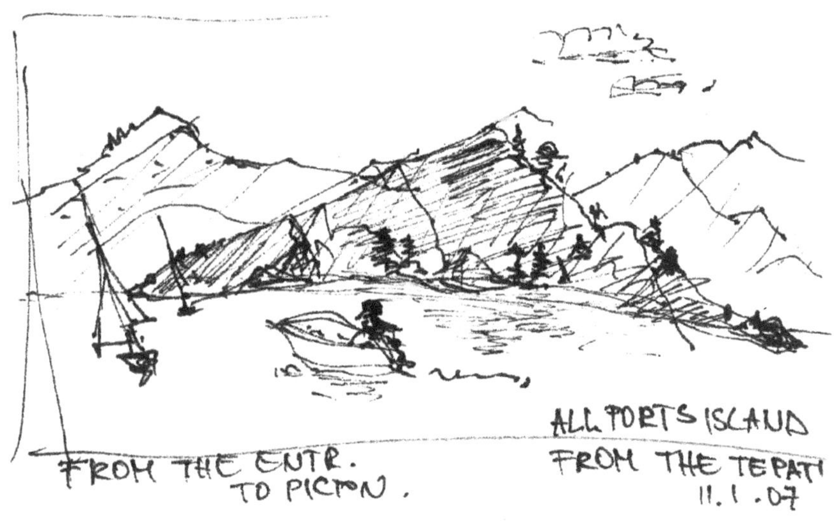

· AND LUBICA BACK TO WELLINGTON
ON THE BLUEBRIDGE FERRY
SANTA REGINA ·

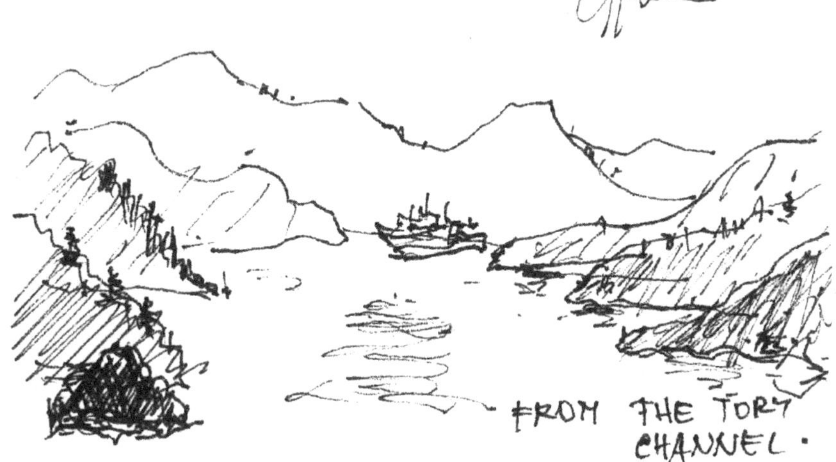

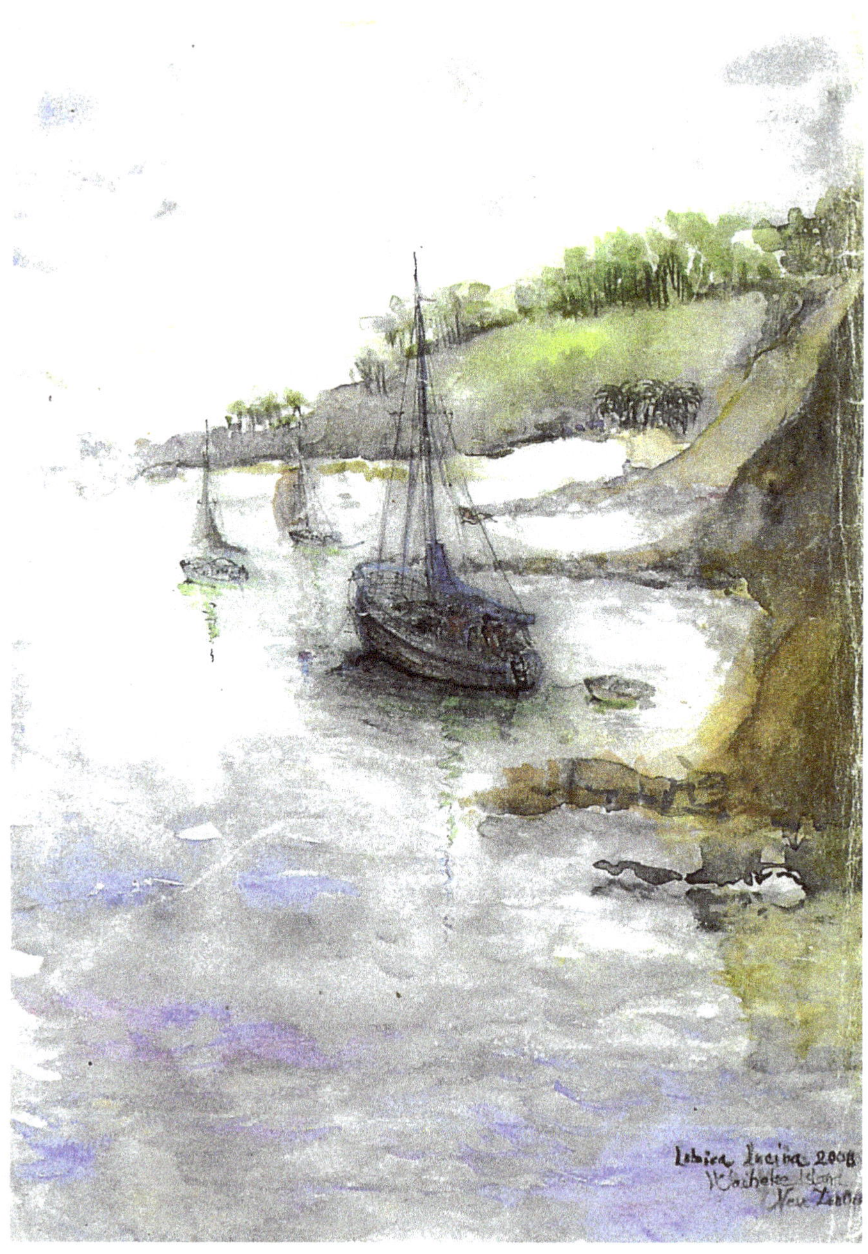

Lobica Incina 2008
Waiheke Island
New Zealand

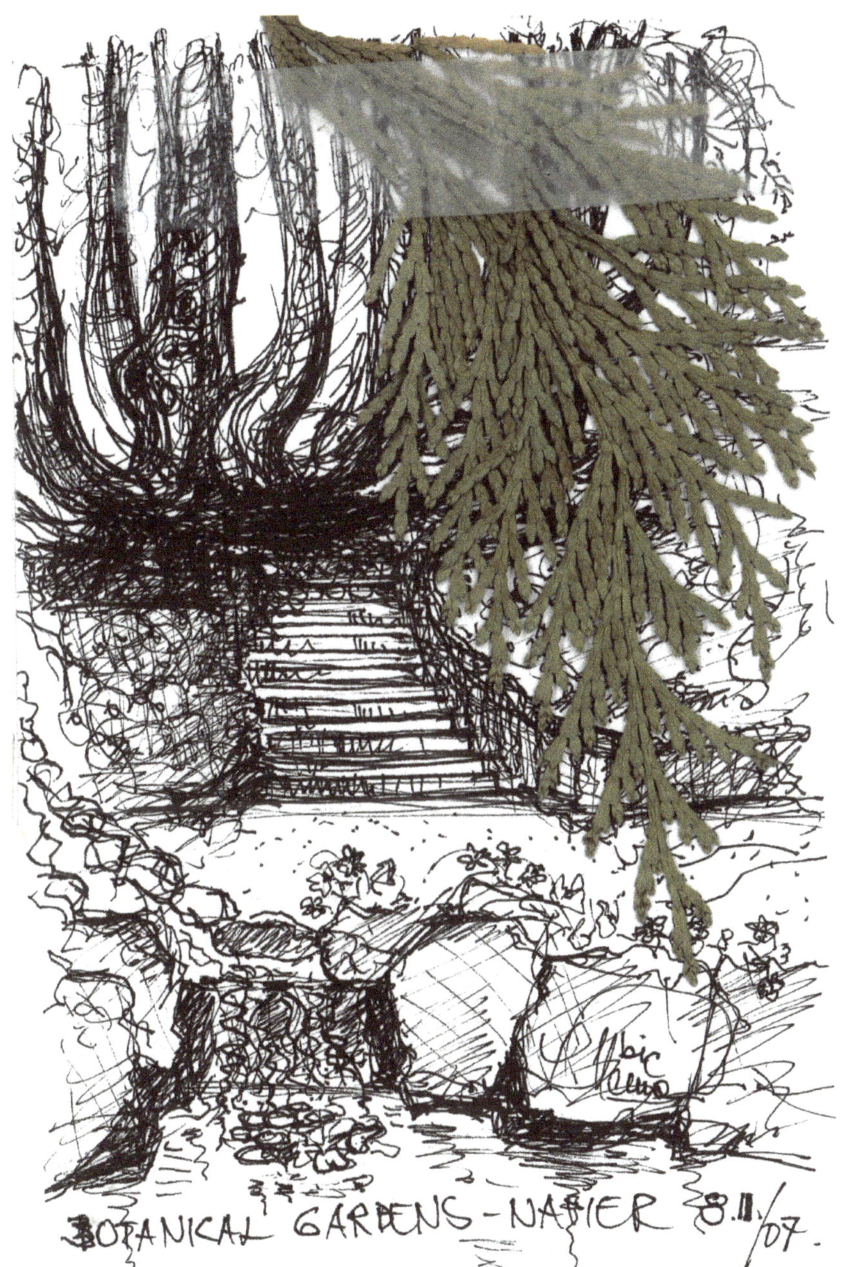

BOTANICAL GARDENS - NAPIER 8.11/07.

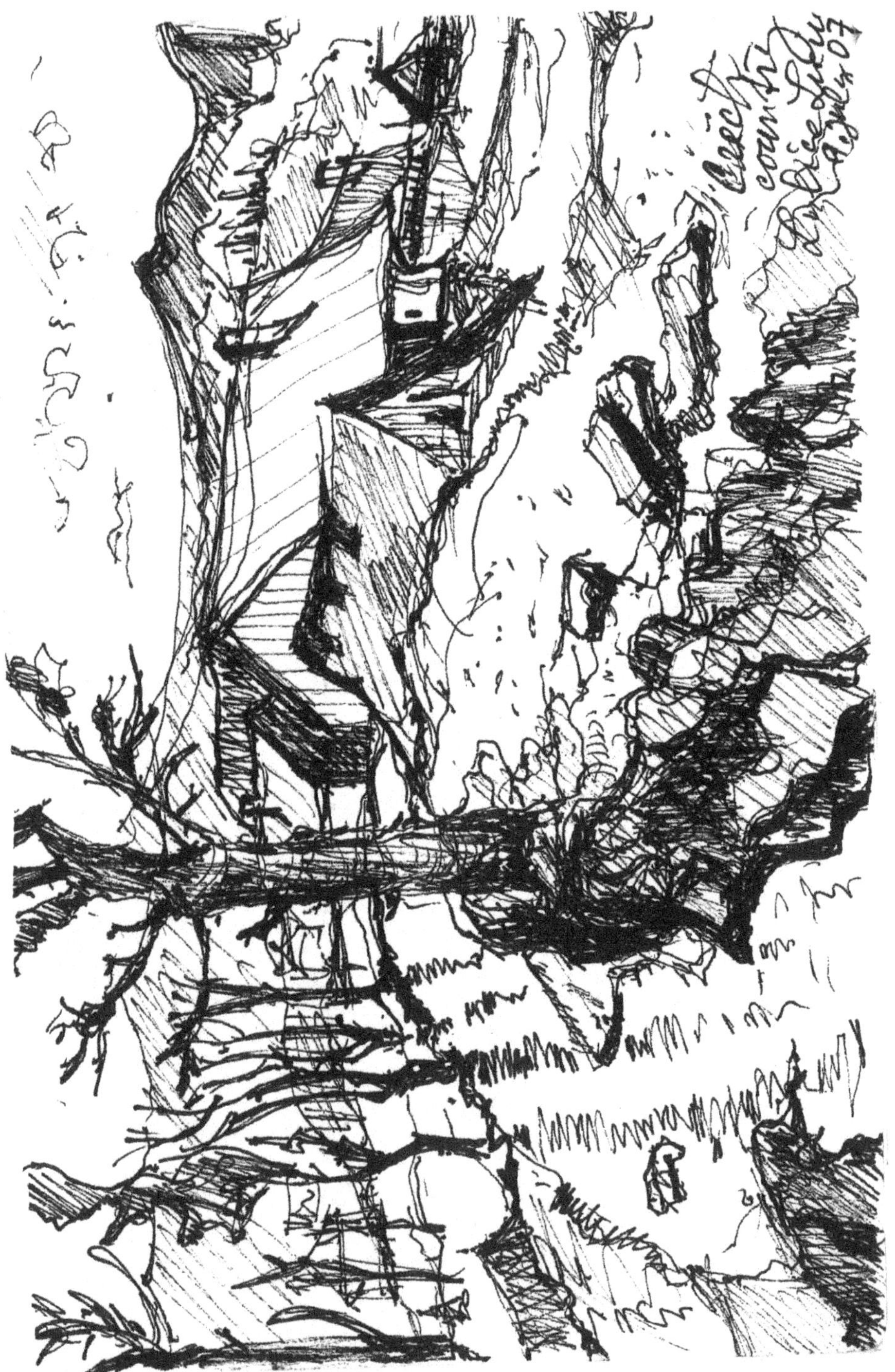

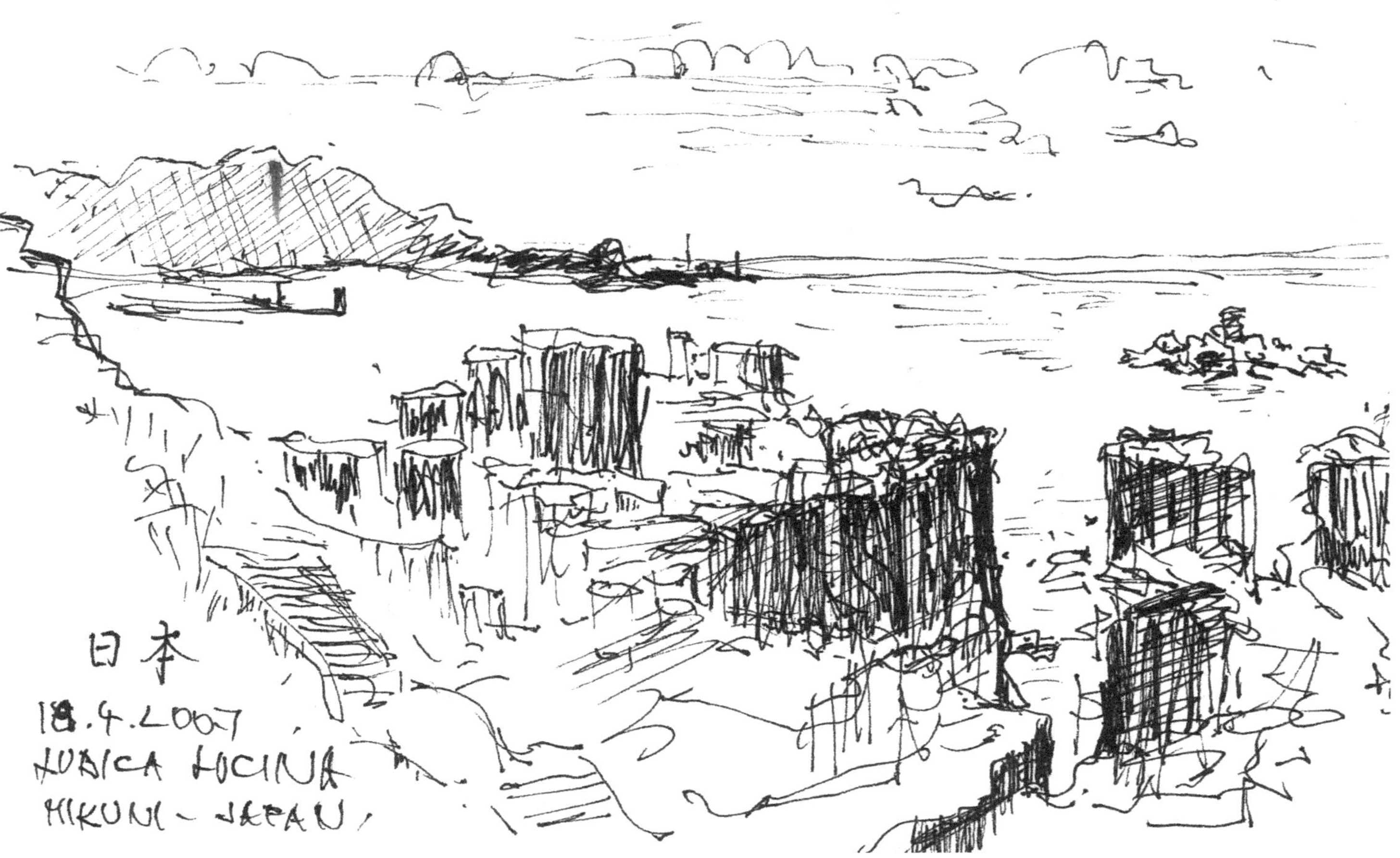

日本
18.4.2007
LUBICA HOCINA
MIKUNI - JAPAN

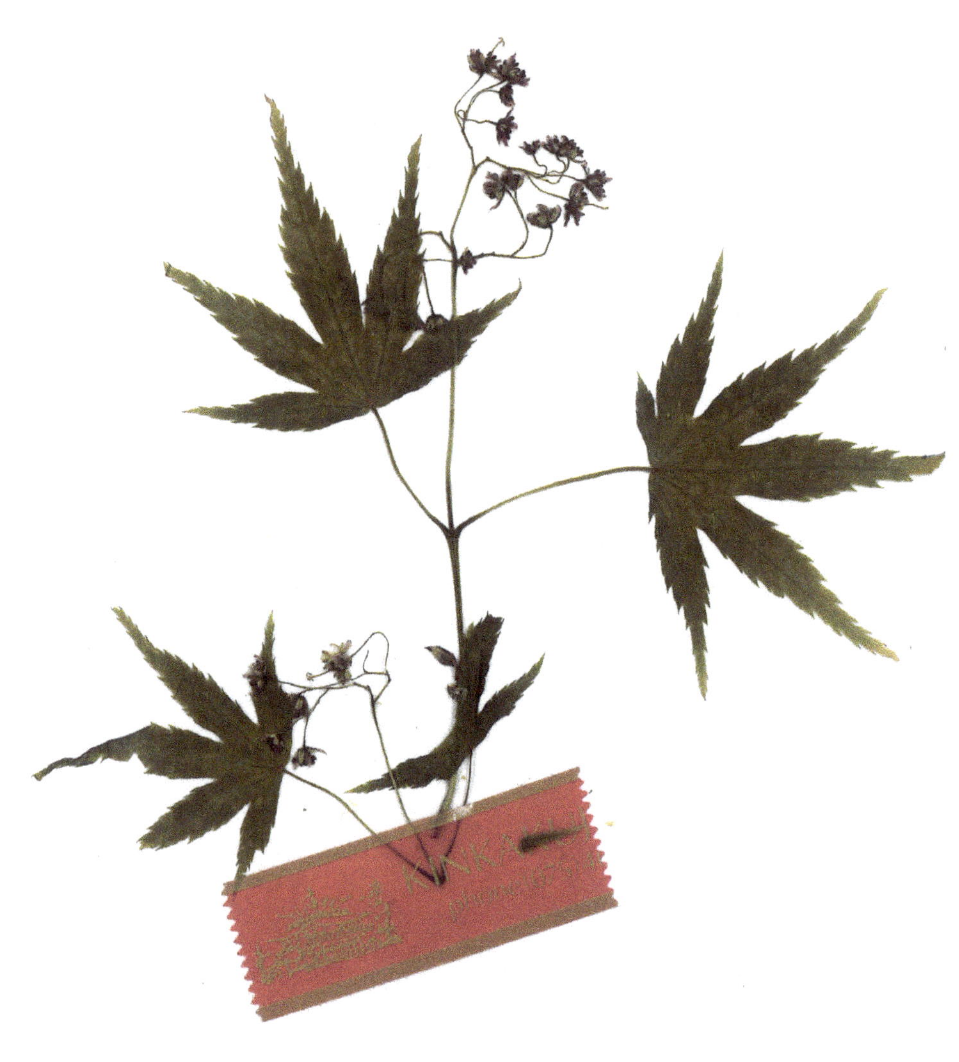

THE GOLDEN PAVILION
ROKUON-JI TEMPLE   23.4.2007

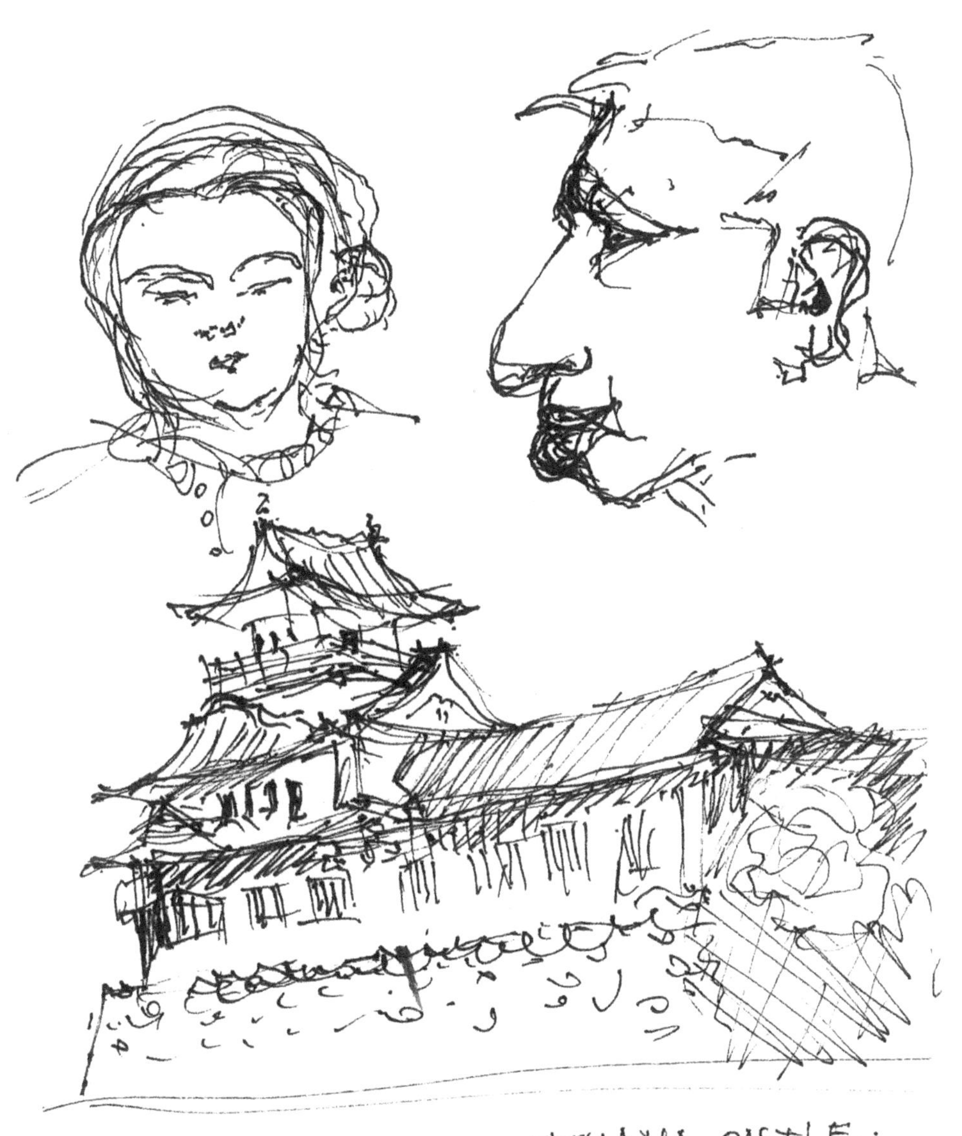

TOYAMA CASTLE.
21. 4. 2004.

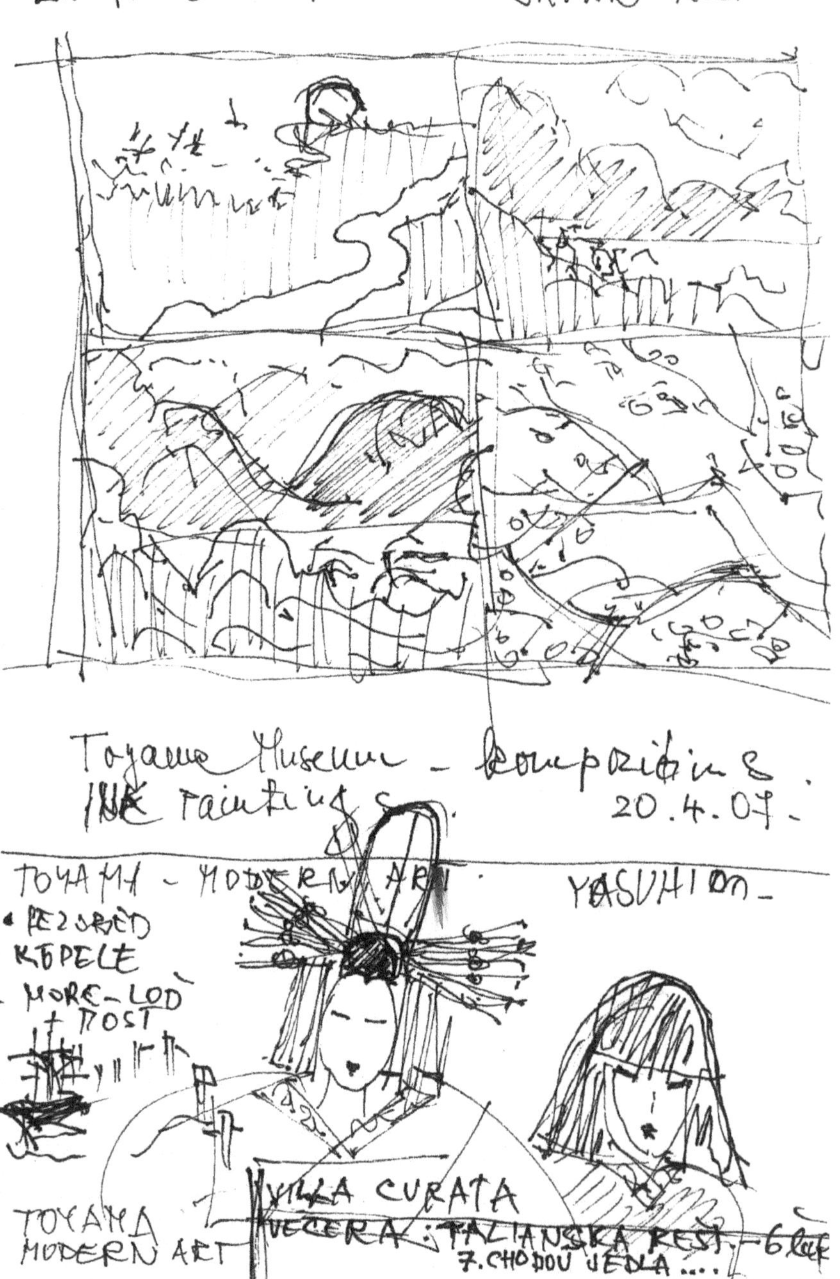
Toyama Museum — Kompozicie.
INK Painting.
20.4.07 —
TOYAMA — MODERN ART.   YASUHION —
• PEZOBED
  KÚPELE
• MORE — LOĎ
  + MOST
TOYAMA
MODERN ART
VILLA CURATA
VEČERA : TALIANSKA REST. — 6 let
7. CHODOU JEDLA ….

Kyoto –

① Hongwanji temple
subsect of the Jodo Shinshu sect
of Buddhism founded by Shinran 1173 –
1263
+ gardens of Momoyama
culture

– Ne wadim 2x obrastené gynkia
22.4.2007 – Pri tomto komplexe dve
budovi v hoteli SPŪTNIKMI

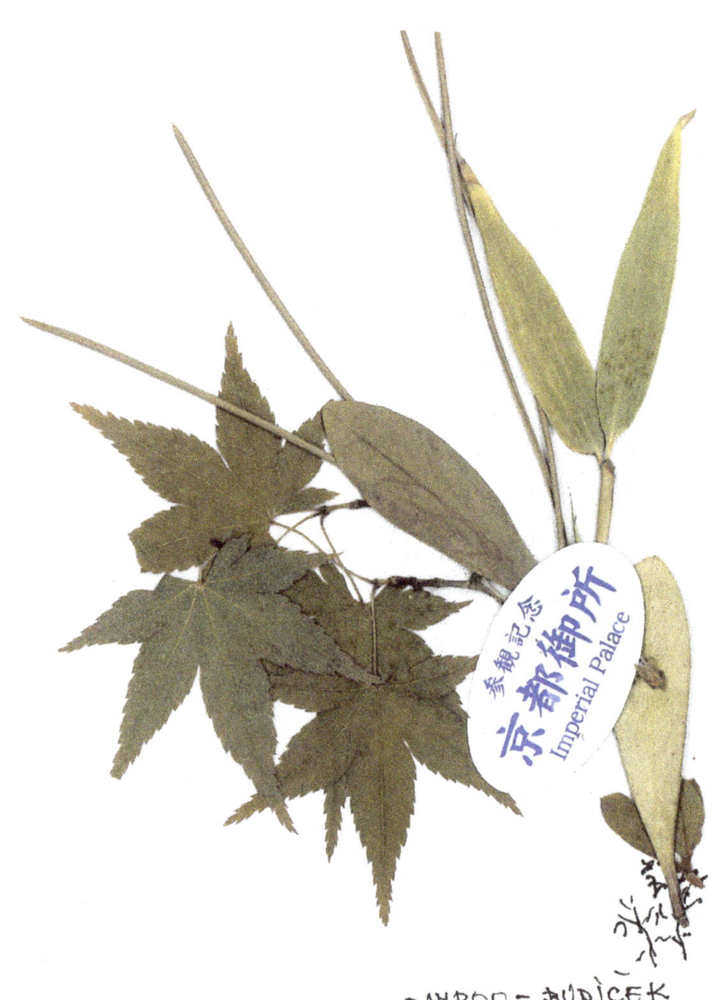

THE BAMBOO = BUDICEK

KYOTO 24.4.2007

Hei-an Shrine
(SHINTO)

平
安
神
宮

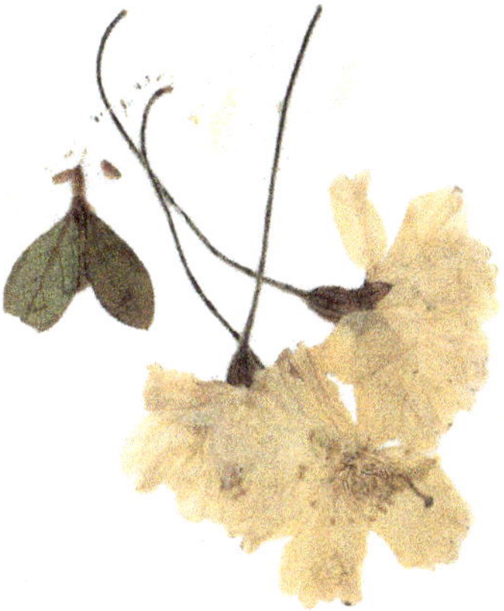

(14.) 少十四當
中吉

MIDDLE
GOOD LUCK

24.4.2007

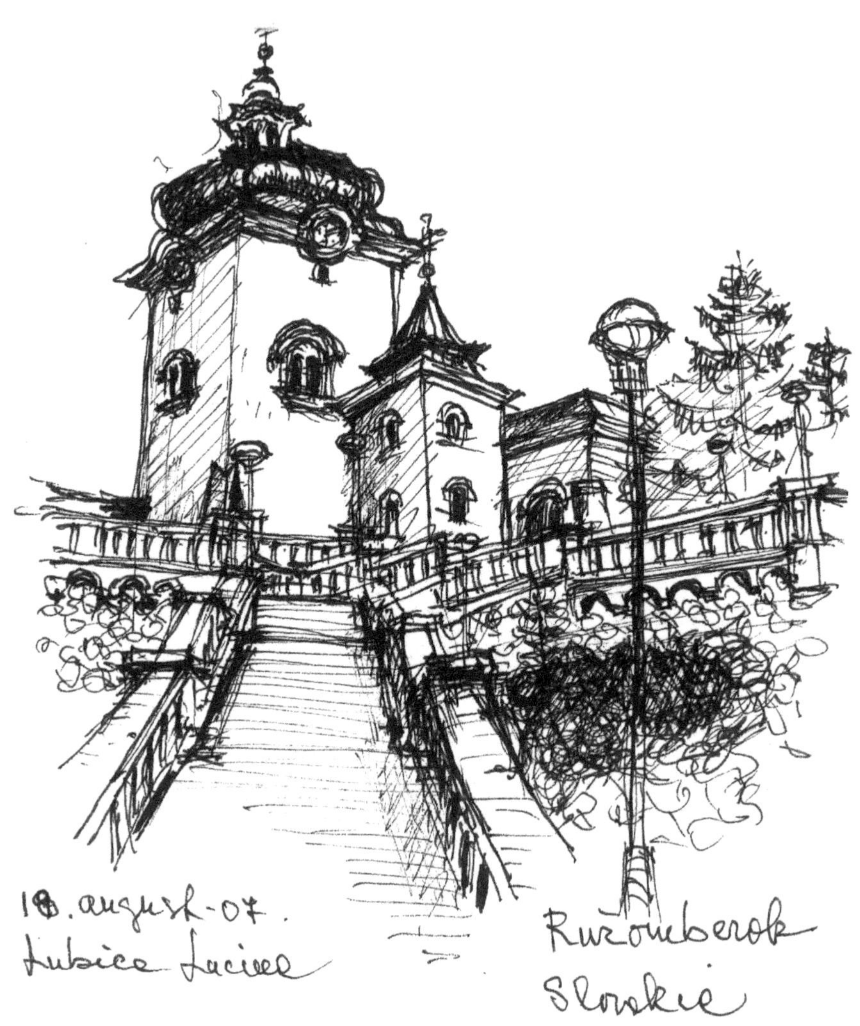
18. august -07.
Lubica Lucivec
Ruromberok
Slovakia

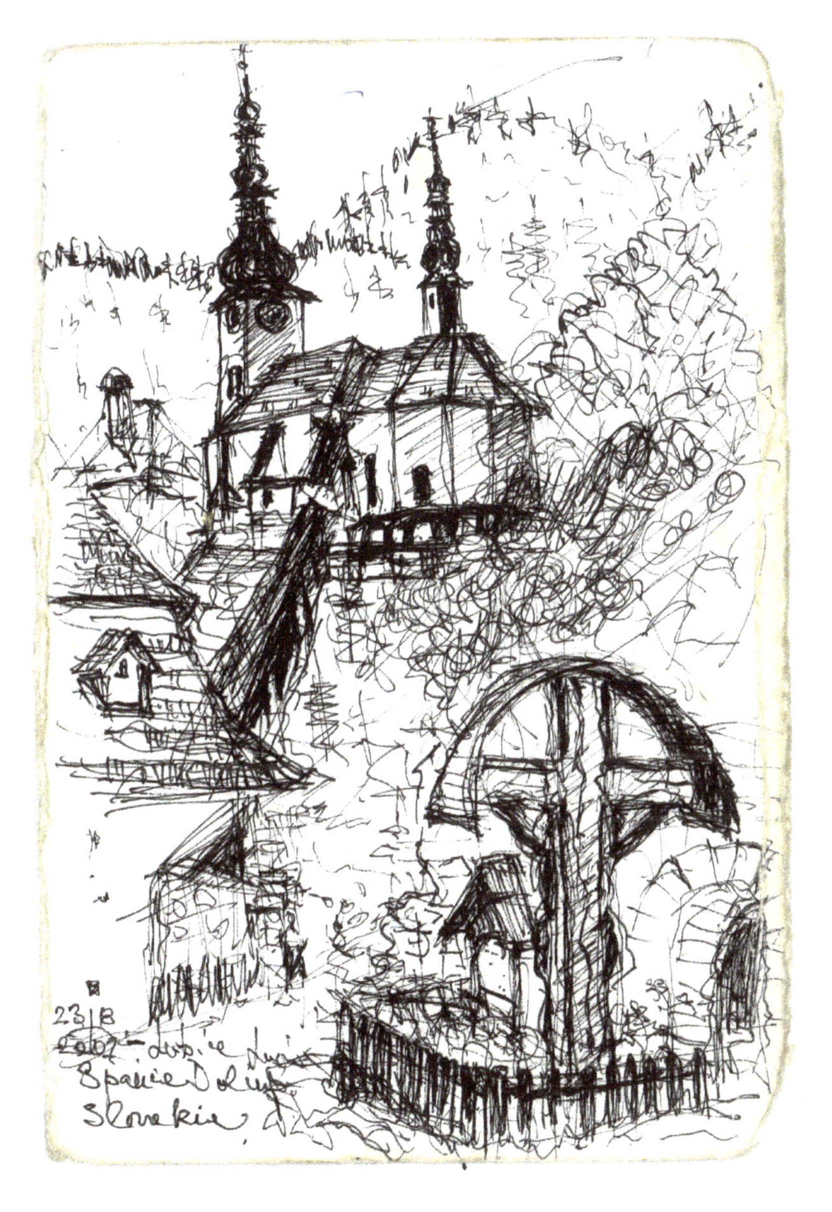

23/B
2007 - dubiče
Špania Dolina
Slovakia

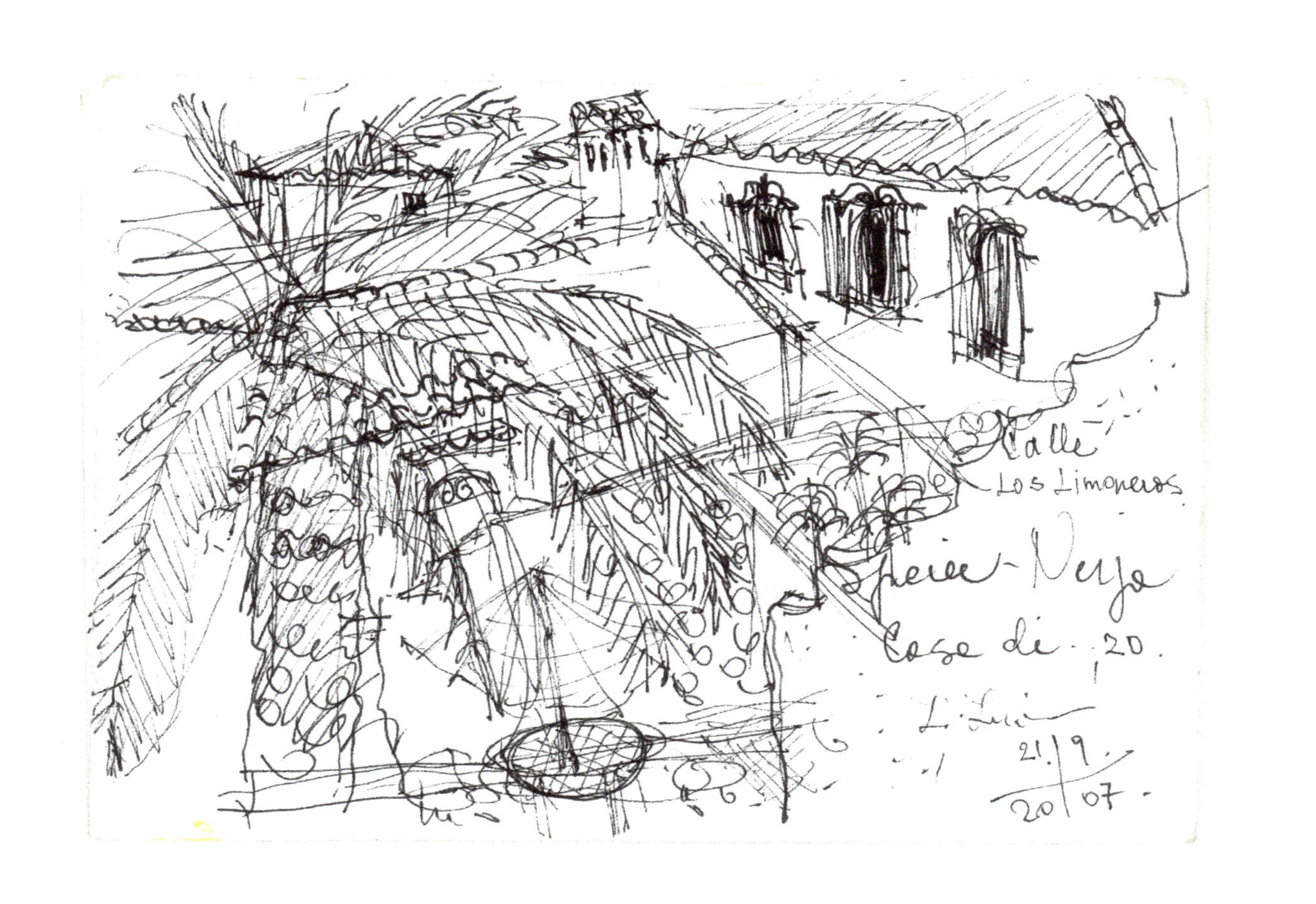
Calle
Los Limoneros
Nerja
Casa de . 20.
21/9
20/07

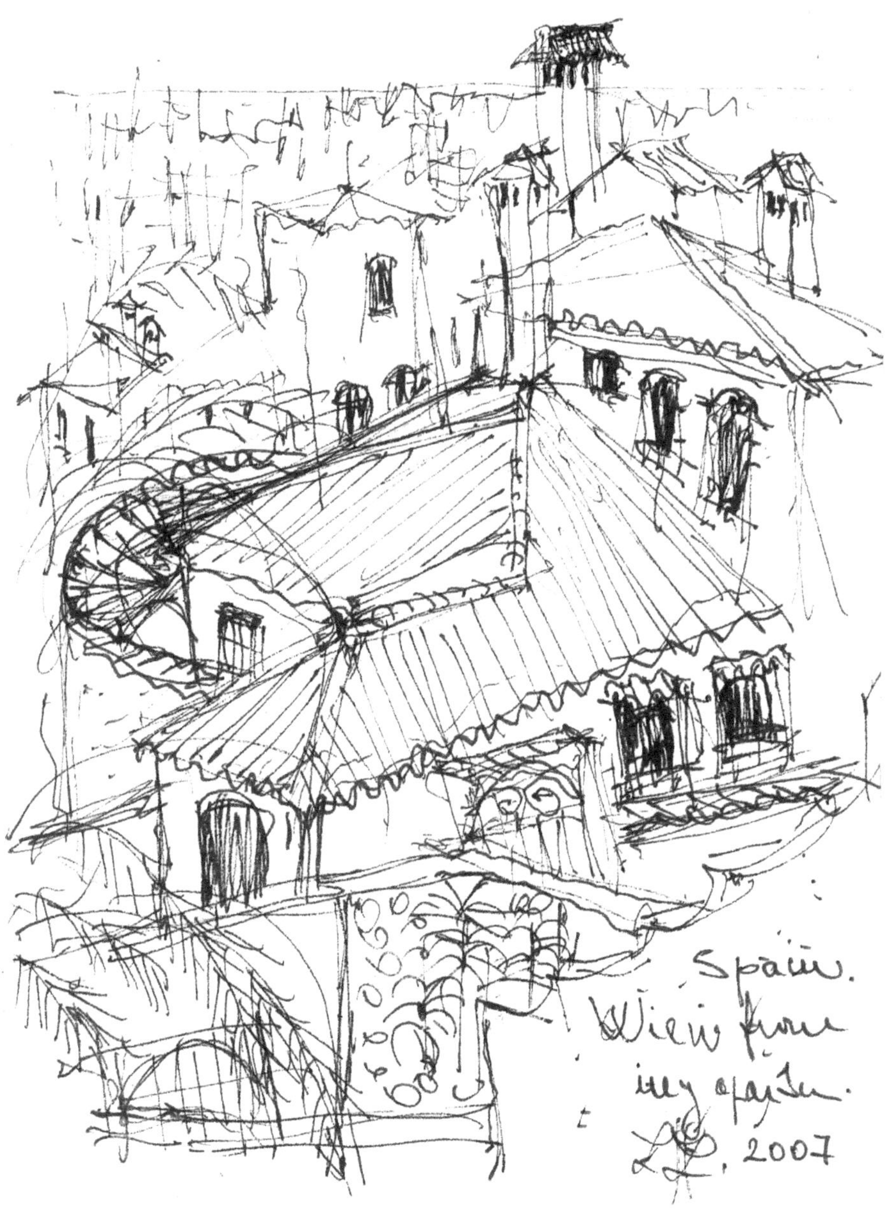
Spain.
View from
my garden.
2007

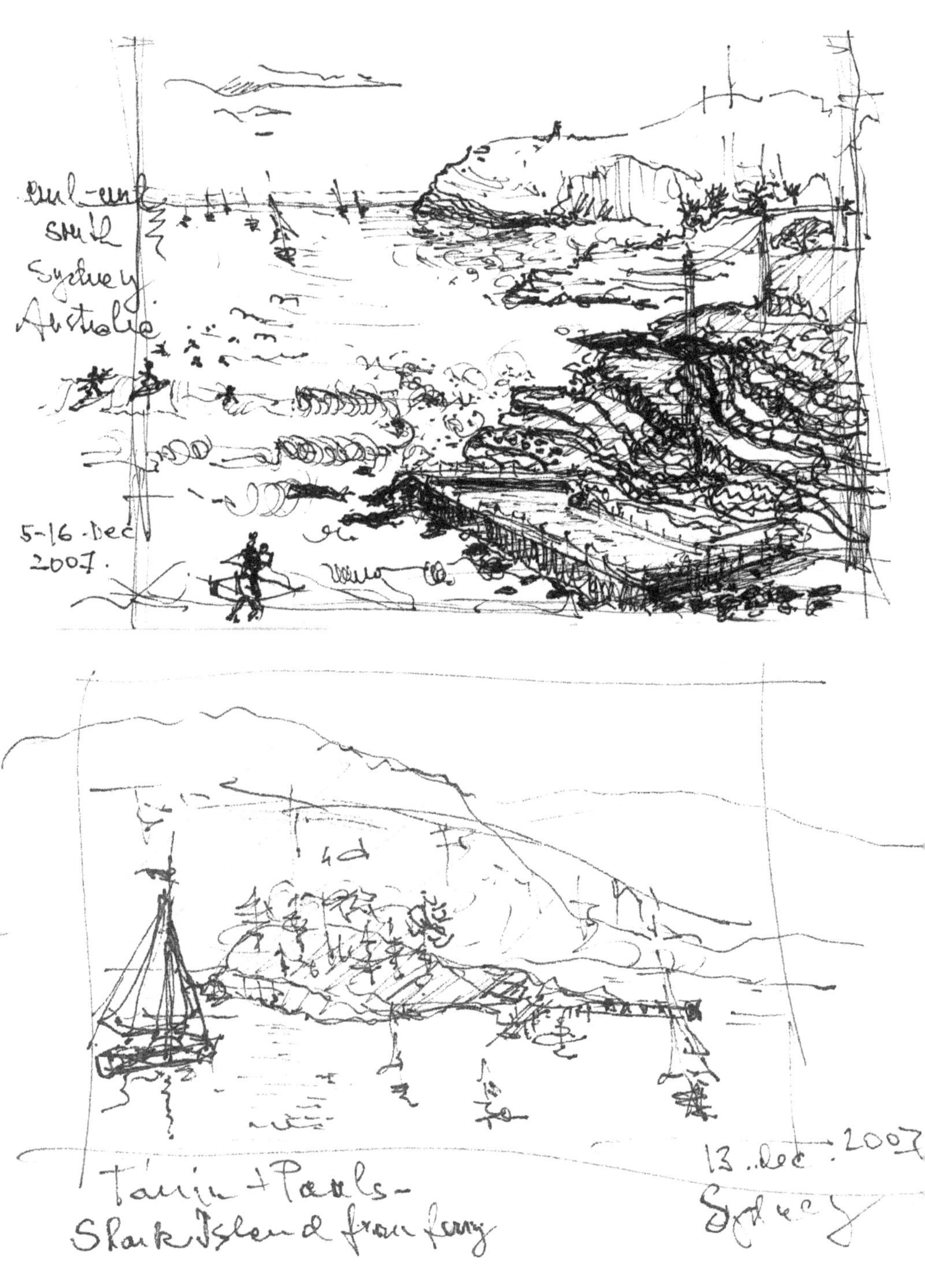

out-cur
smik
Sydney
Australia
5-16. Dec
2007.
Tanja + Pauls-
Shark Island from ferry
13. Dec. 2007
Sydney

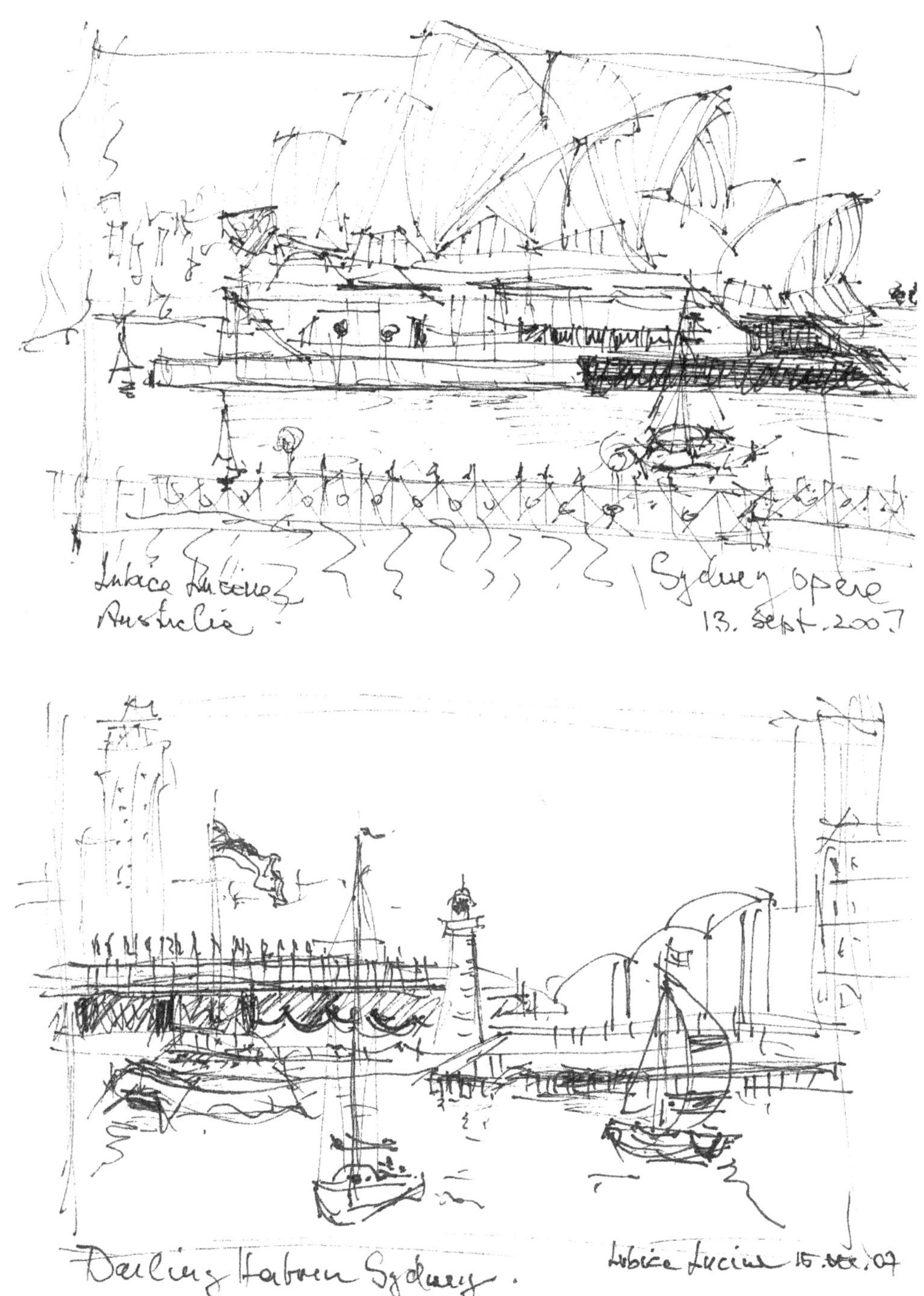

Lubica Lucius
Australia
Sydney opera
13. Sept. 2007
Darling Harbour Sydney.
Lubica Lucius 15. Dec. 07

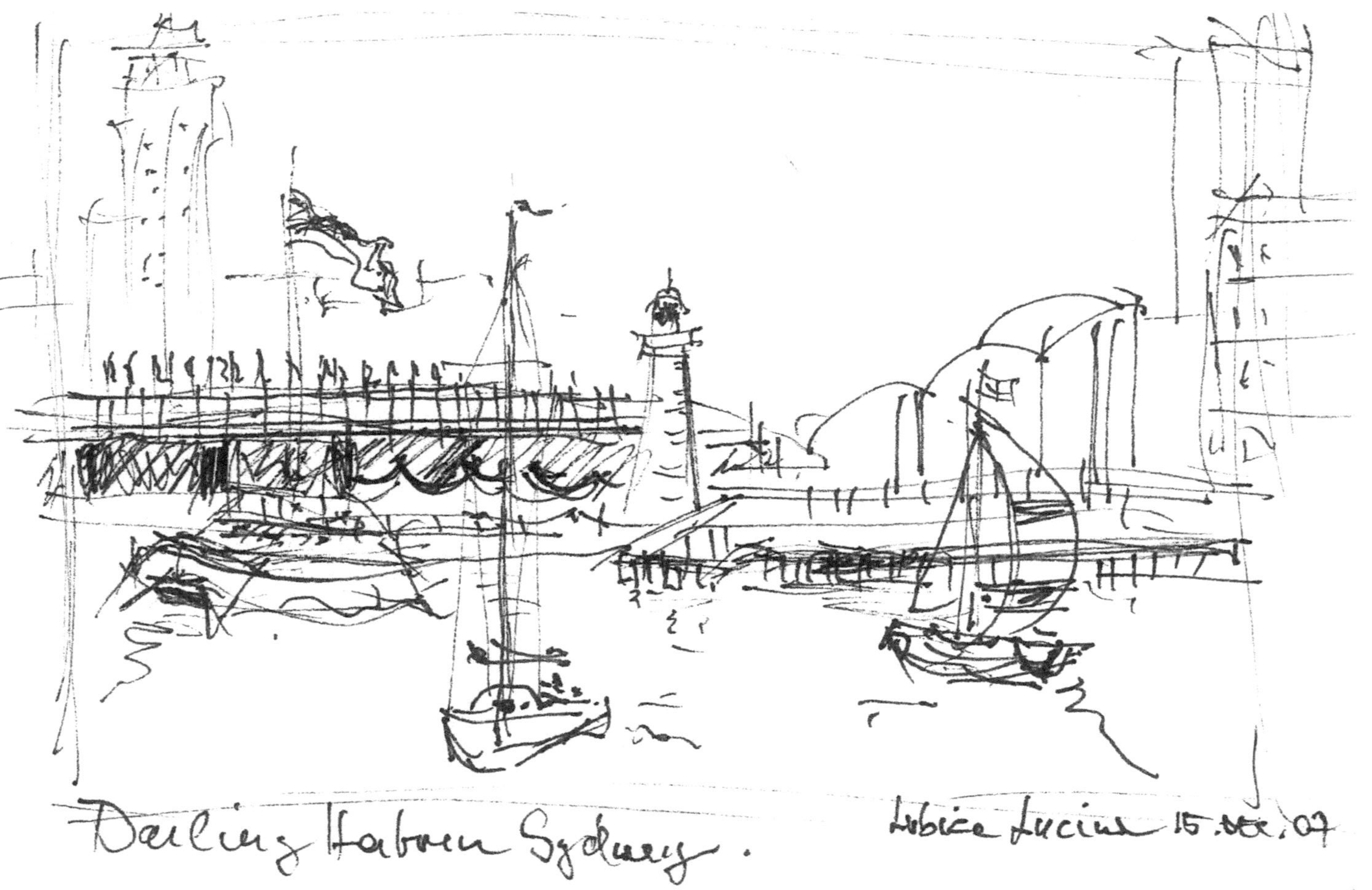

Darling Habour Sydney .
Lubica Lucius 15. Dez. 07

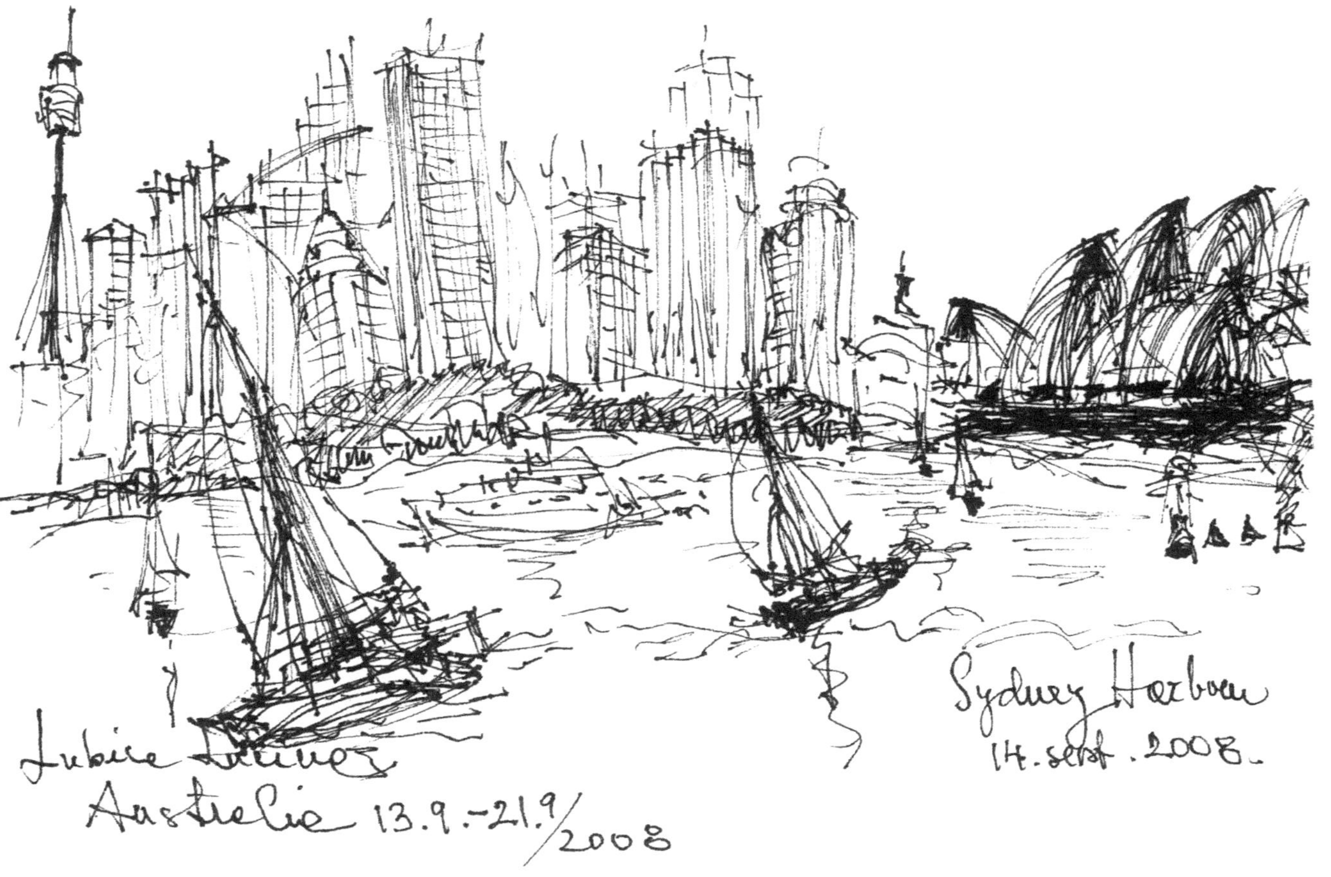

Jubice Sailing
Australie 13.9.–21.9/2008
Sydney Harbour
14. sept. 2008.

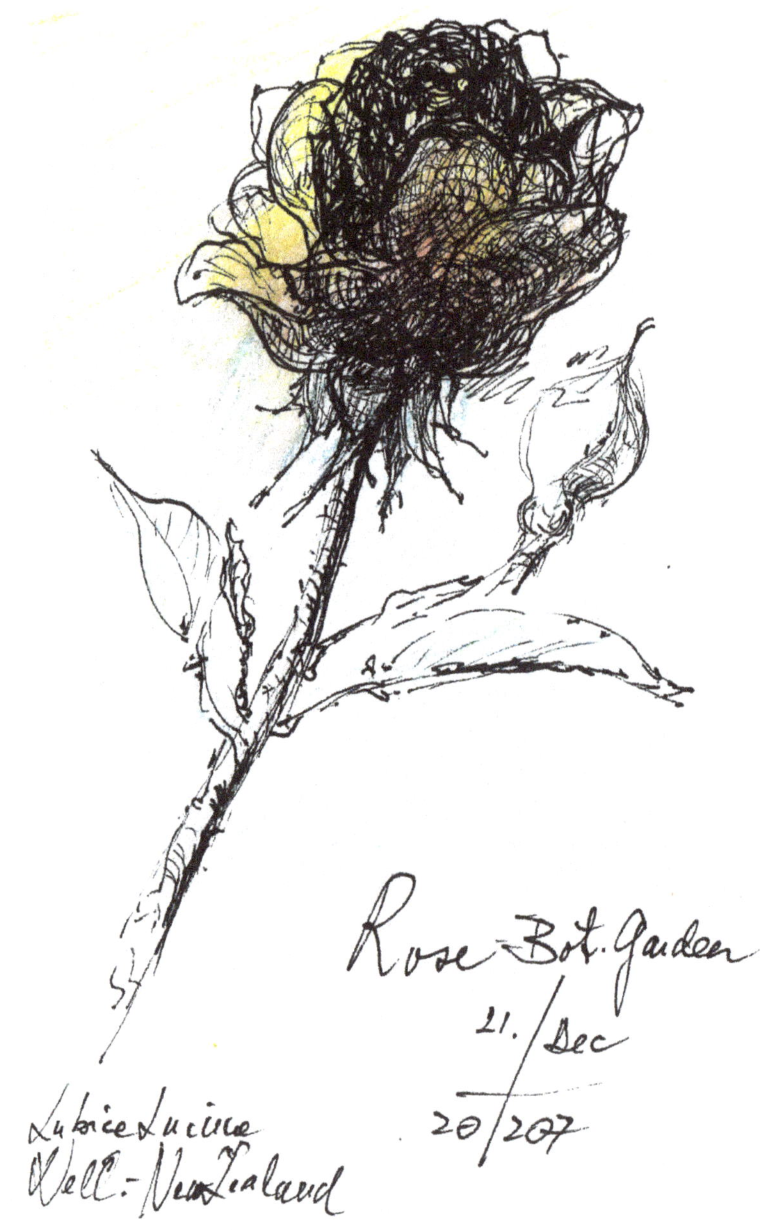

Rose - Bot. Garden
21. / Dec
20/207
Lubice Lucine
Well - New Zealand

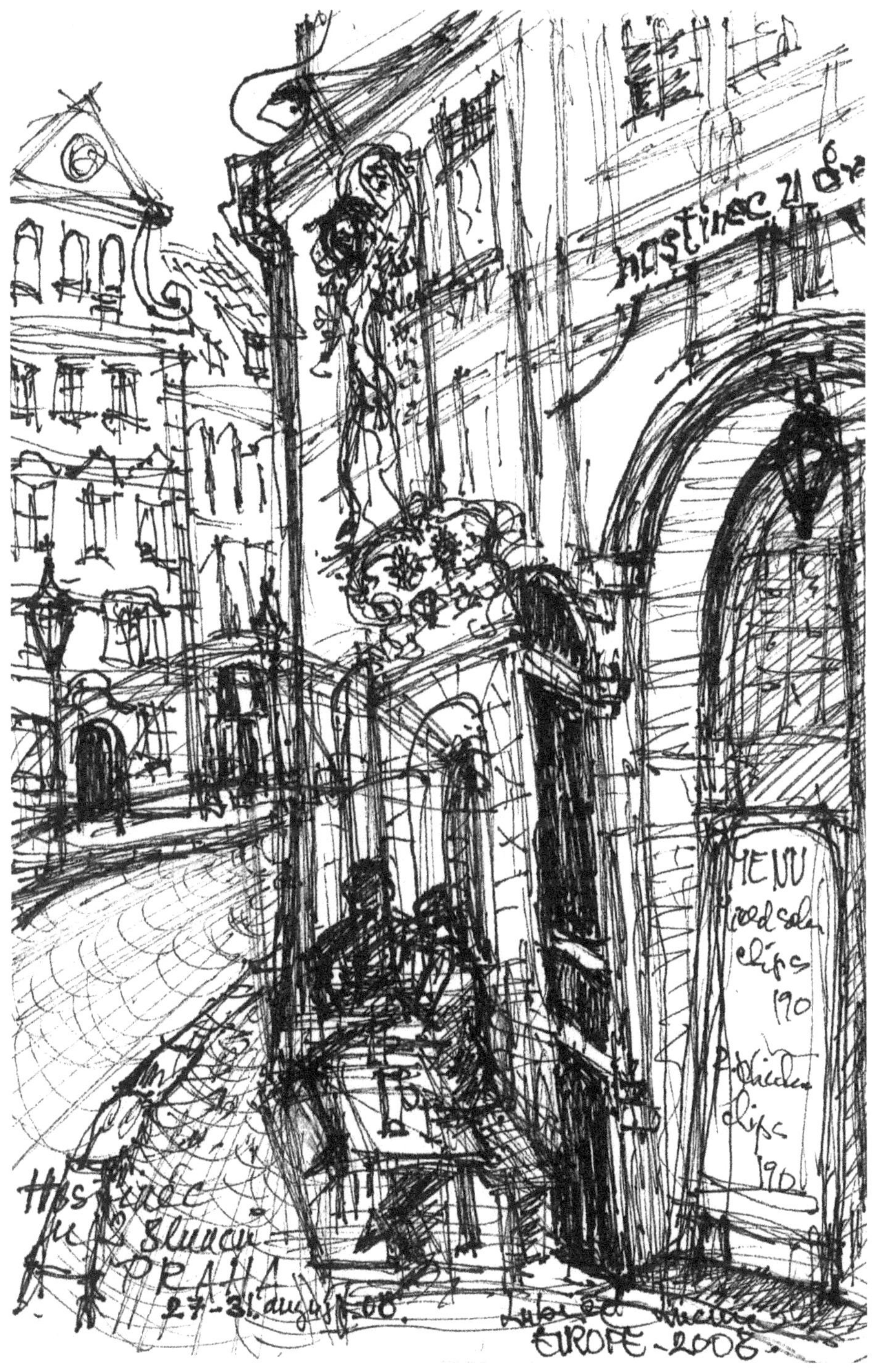

hostinec 21 dr
MENU
190
190
Hostinec
u 3 Slunec
PRAHA
27-31 august 08
EUROPE - 2008

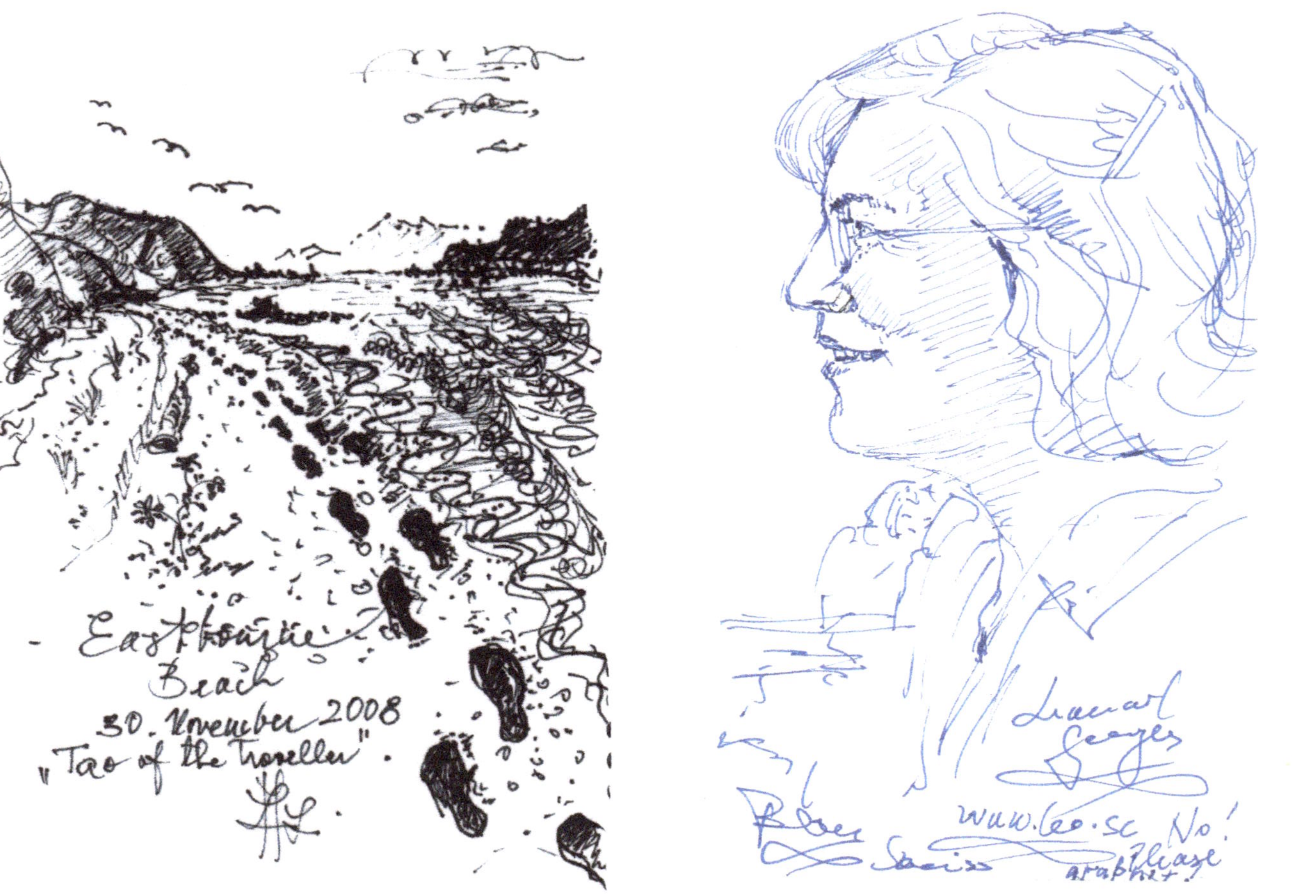

- Eastbourne
Beach
30. November 2008
„Tao of the Traveller"

www.leo.se No!

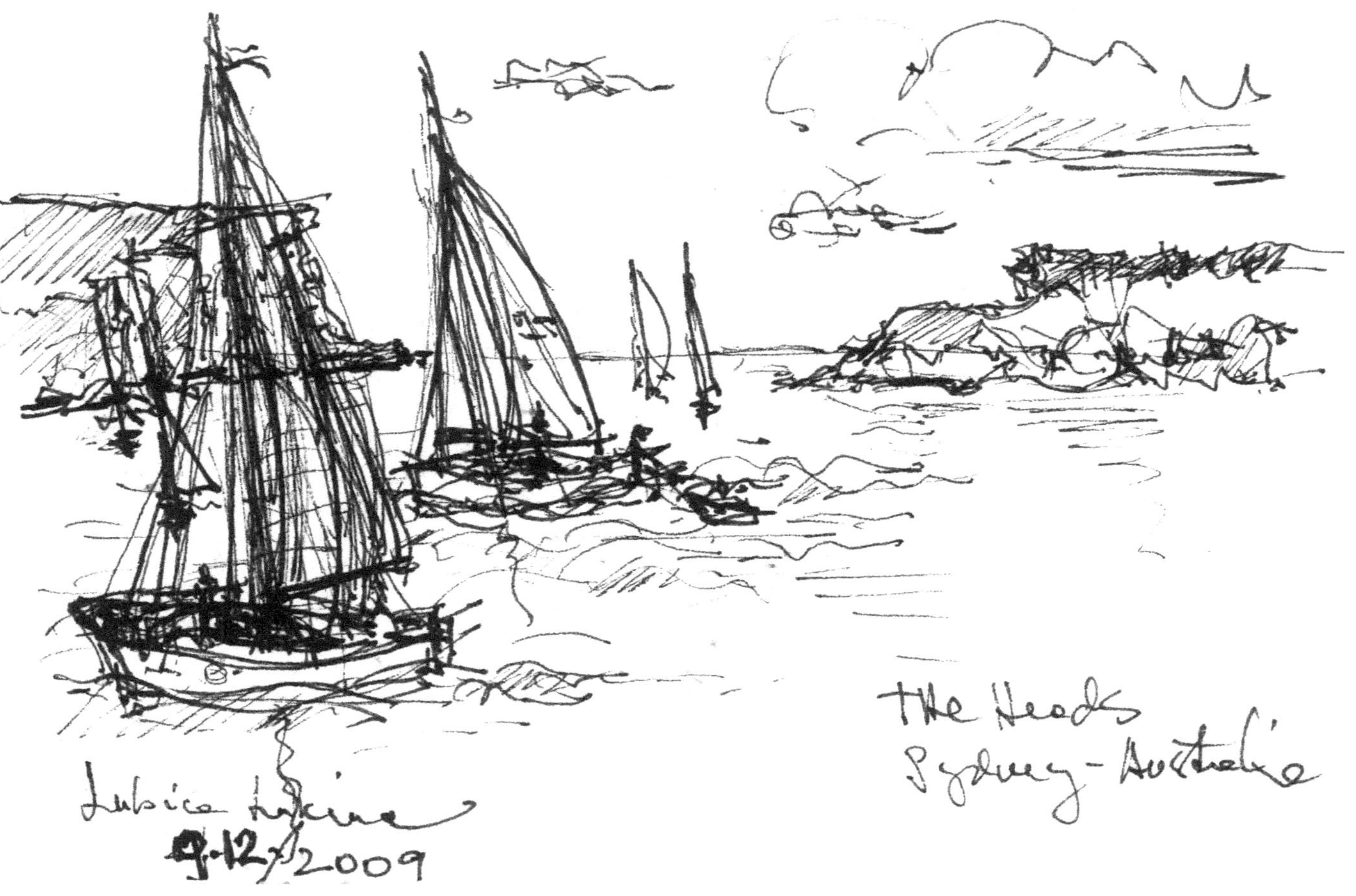

Lubica Irkine
9-12-2009
The Heads
Sydney - Australia

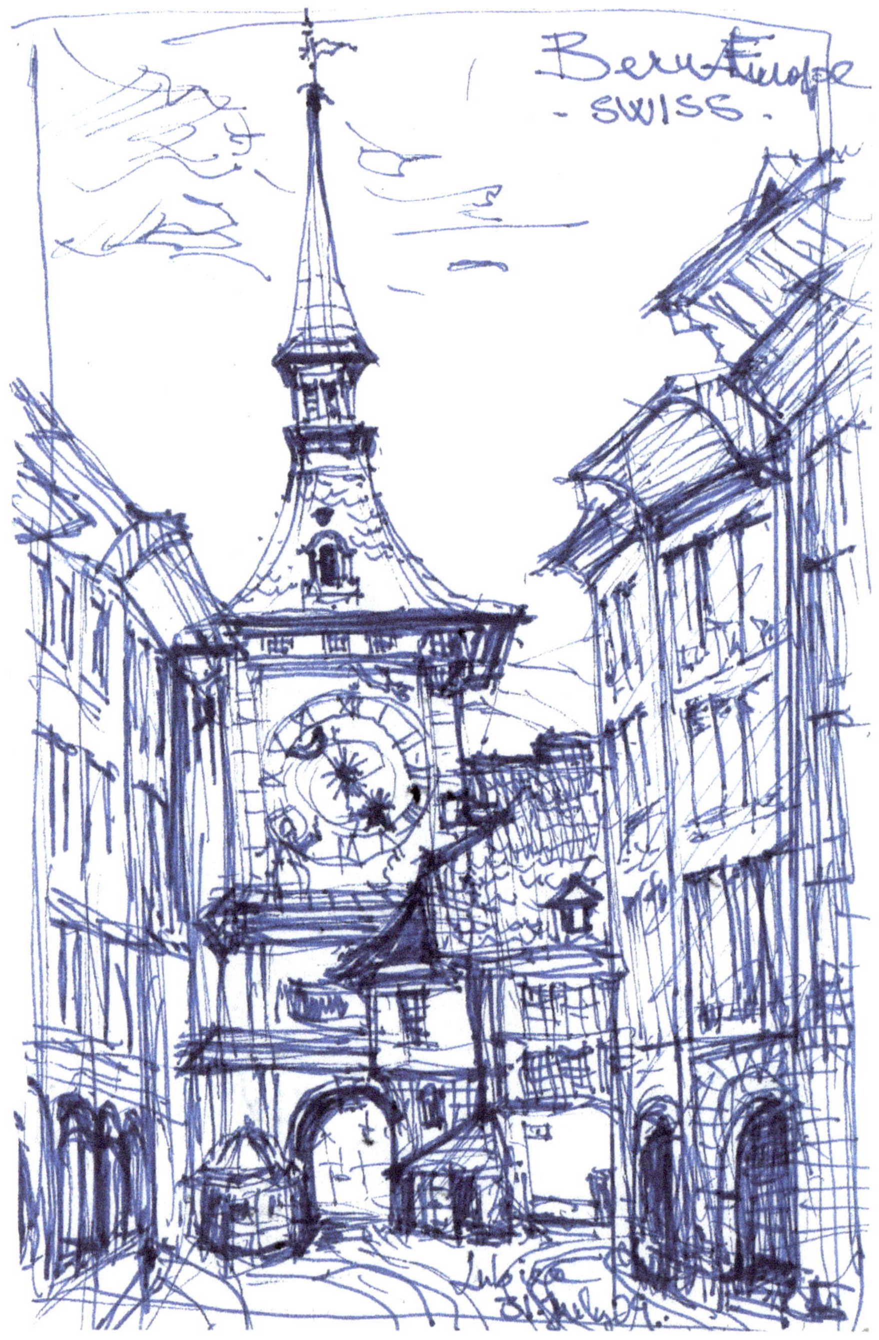

Bern-Europe
- SWISS -

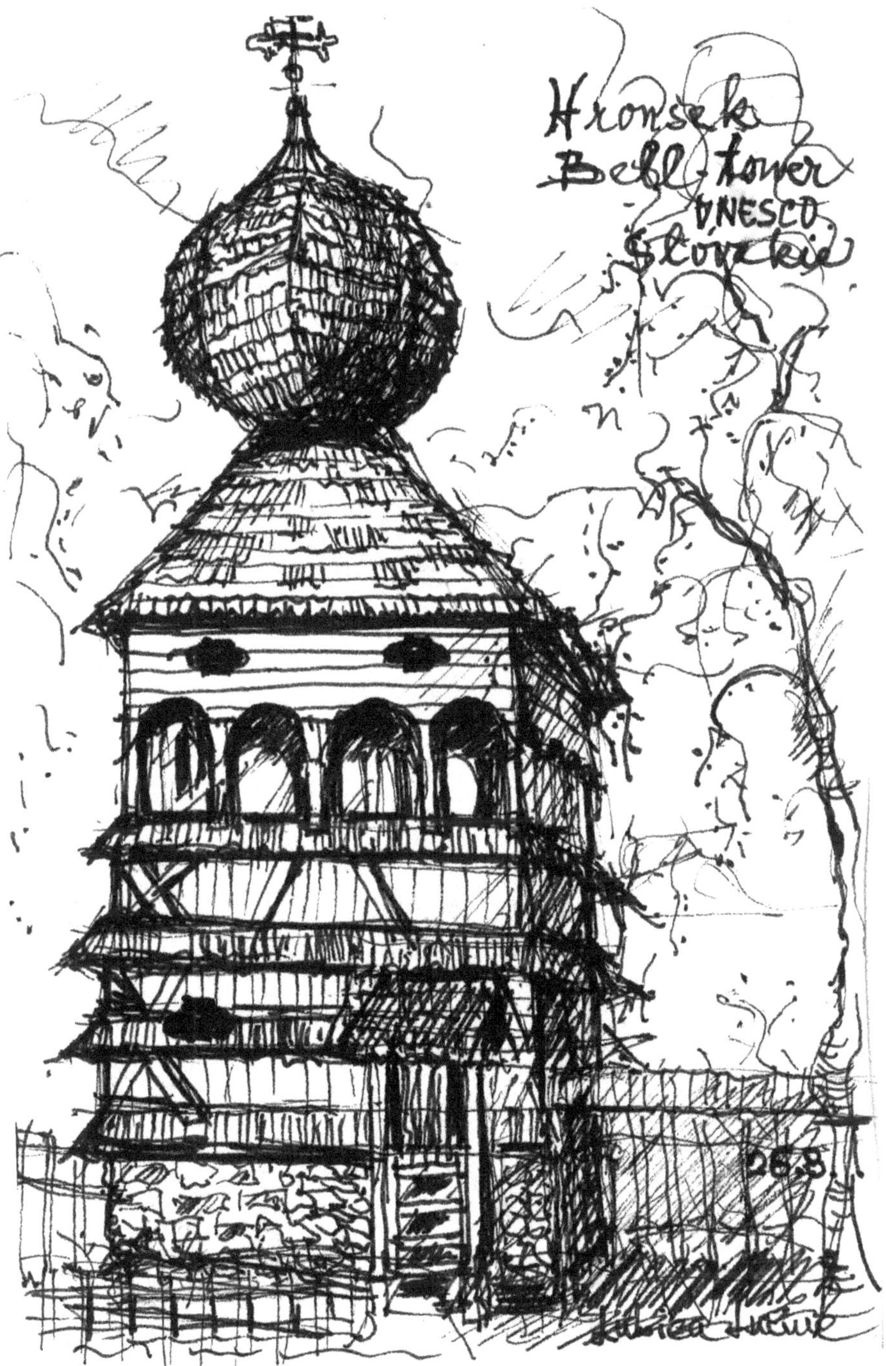

Hronsek
Bell-tower
UNESCO
Slovakia

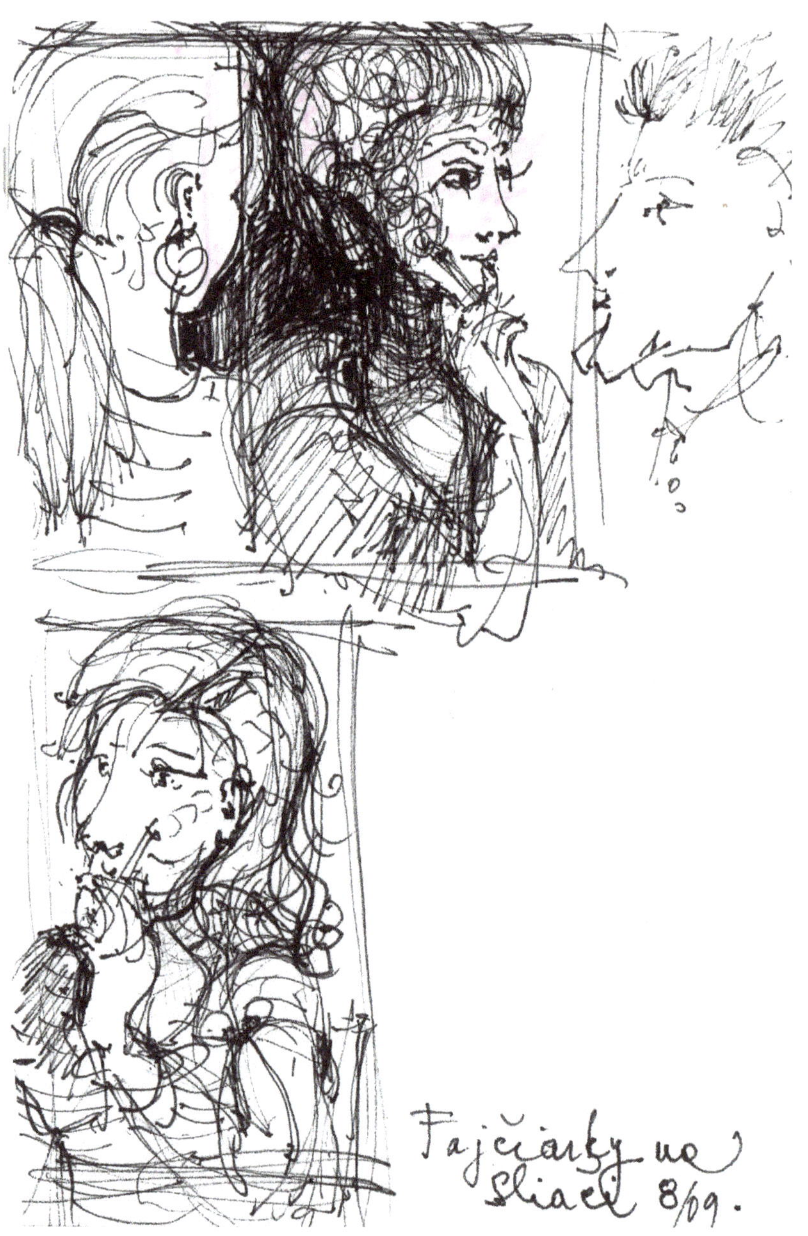

Fajčiarky na
Sliači 8/09.

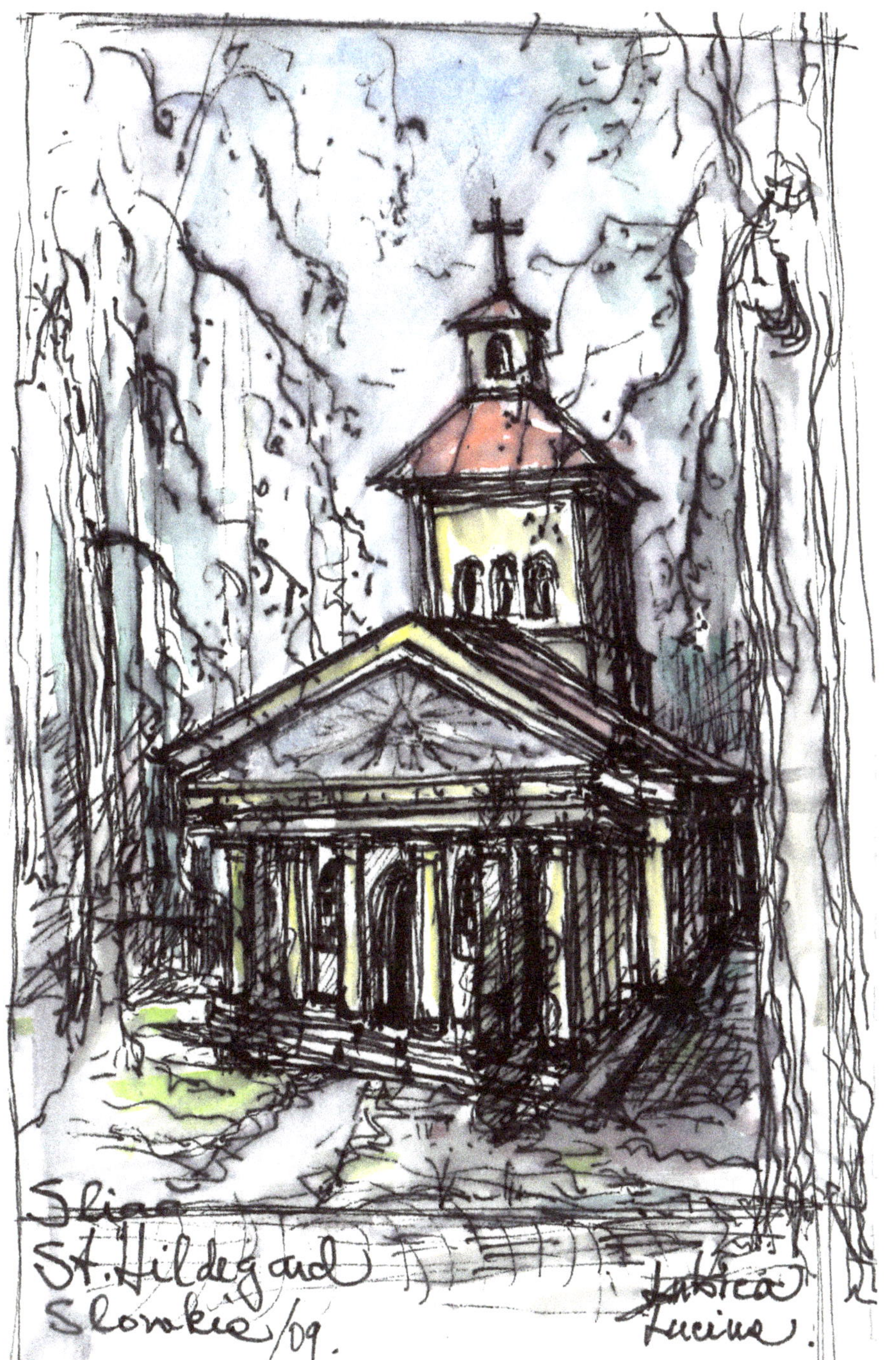

Slina
St. Hildegard
Slovakia /09.

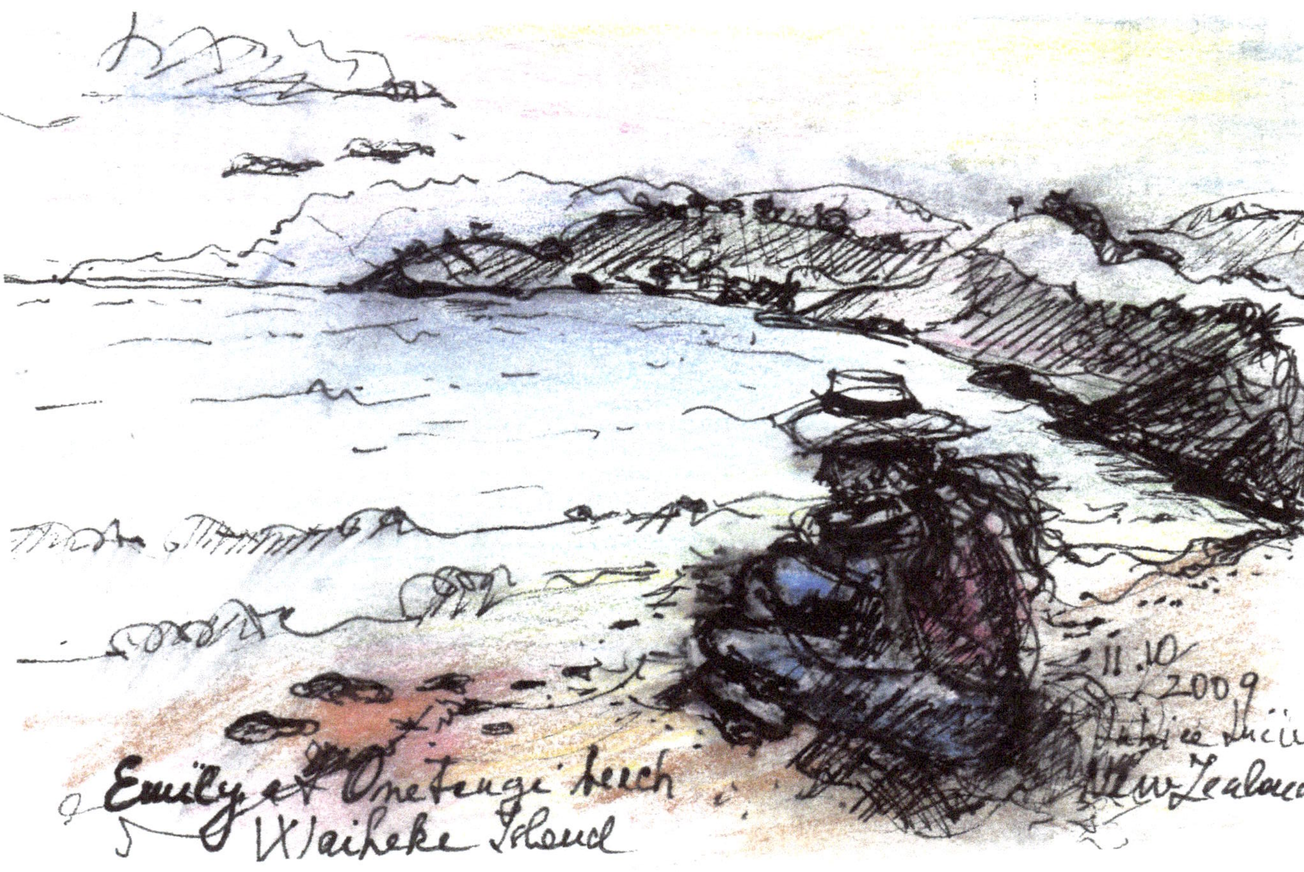

Emily & Onetangi beach
Waiheke Island
11.10
2009
New Zealand

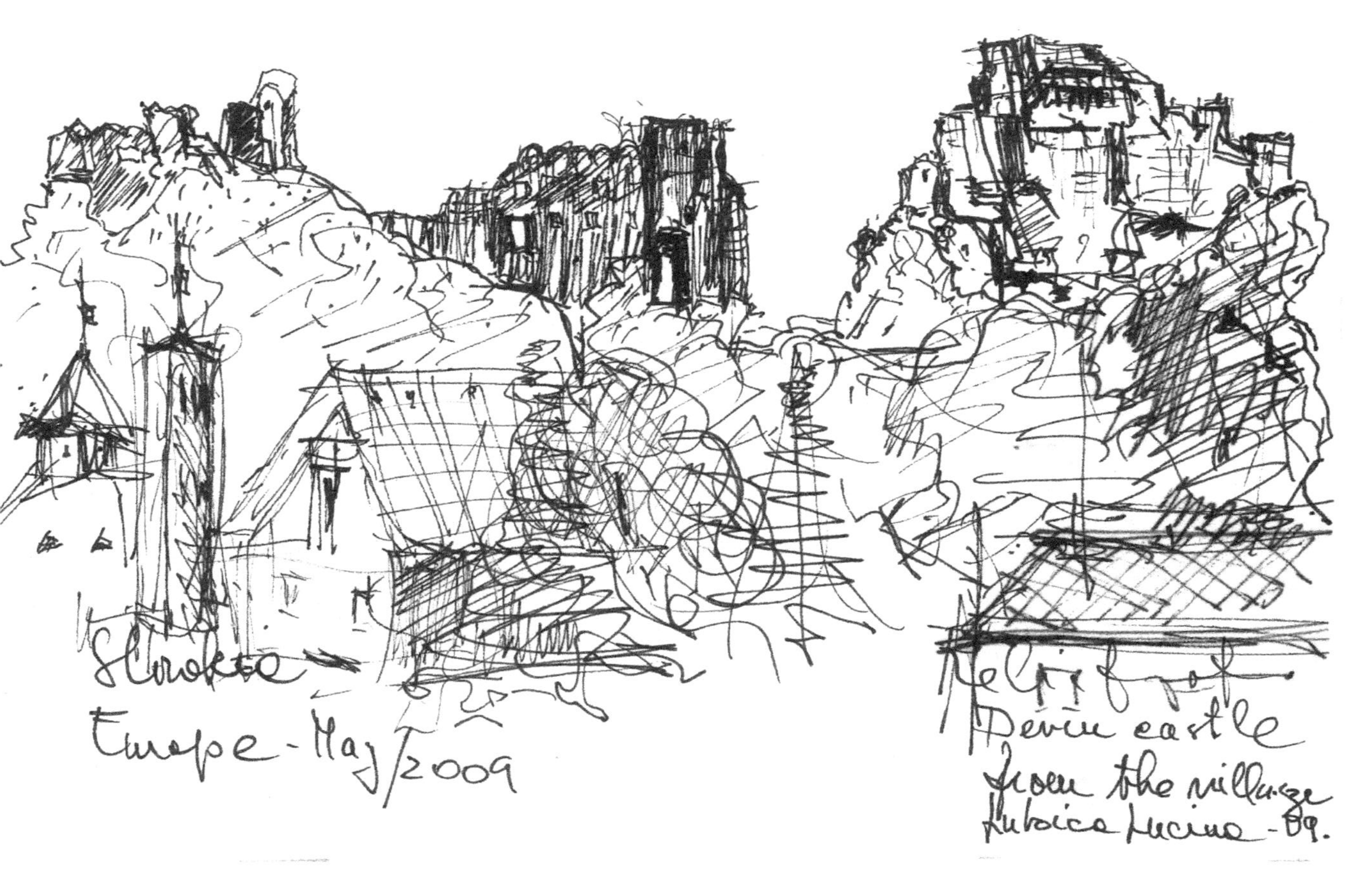

Slovakia
Europe - May/2009
Devin castle
from the village
Lubica Lucino - 09.

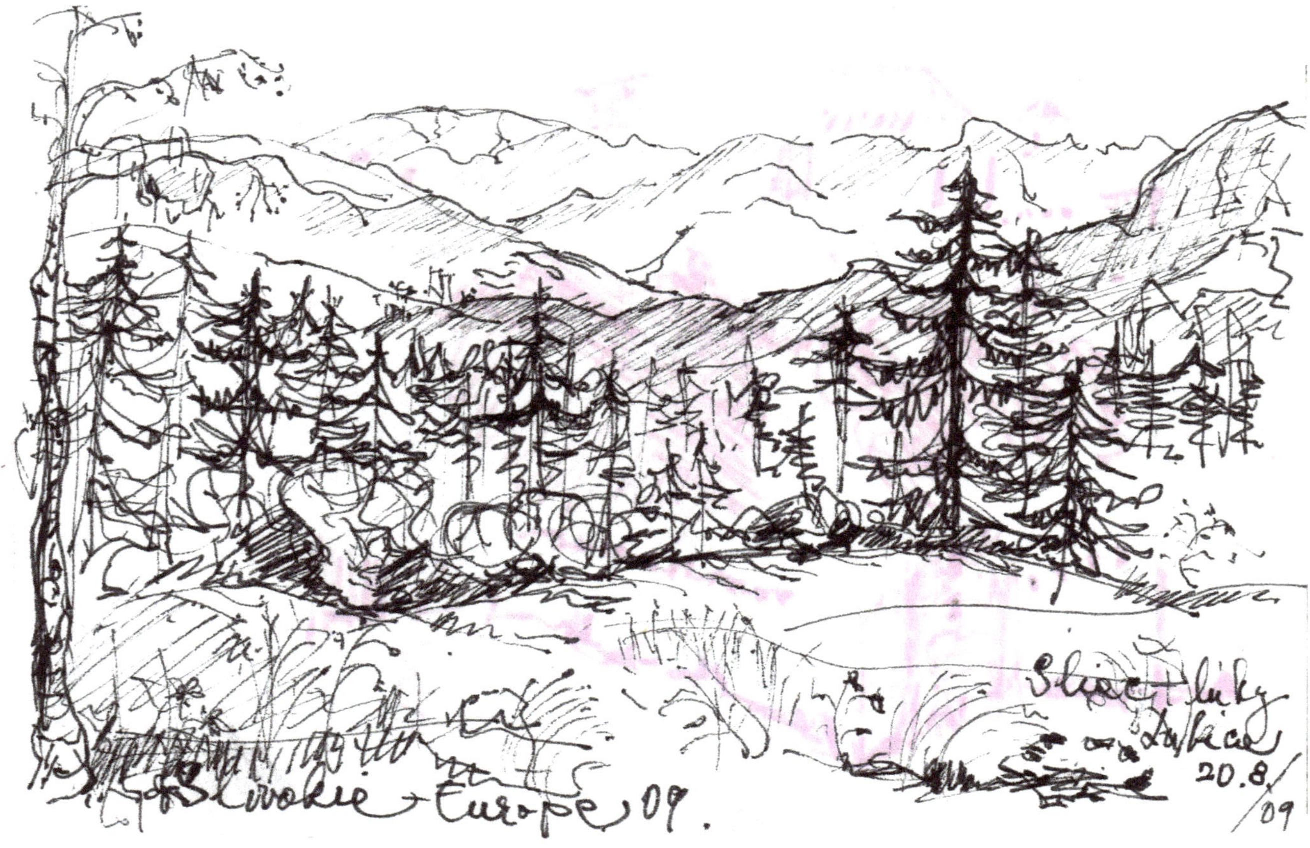

Slovakie → Europe 09.
Sliač luky
oo Lukáce
20.8/
/09

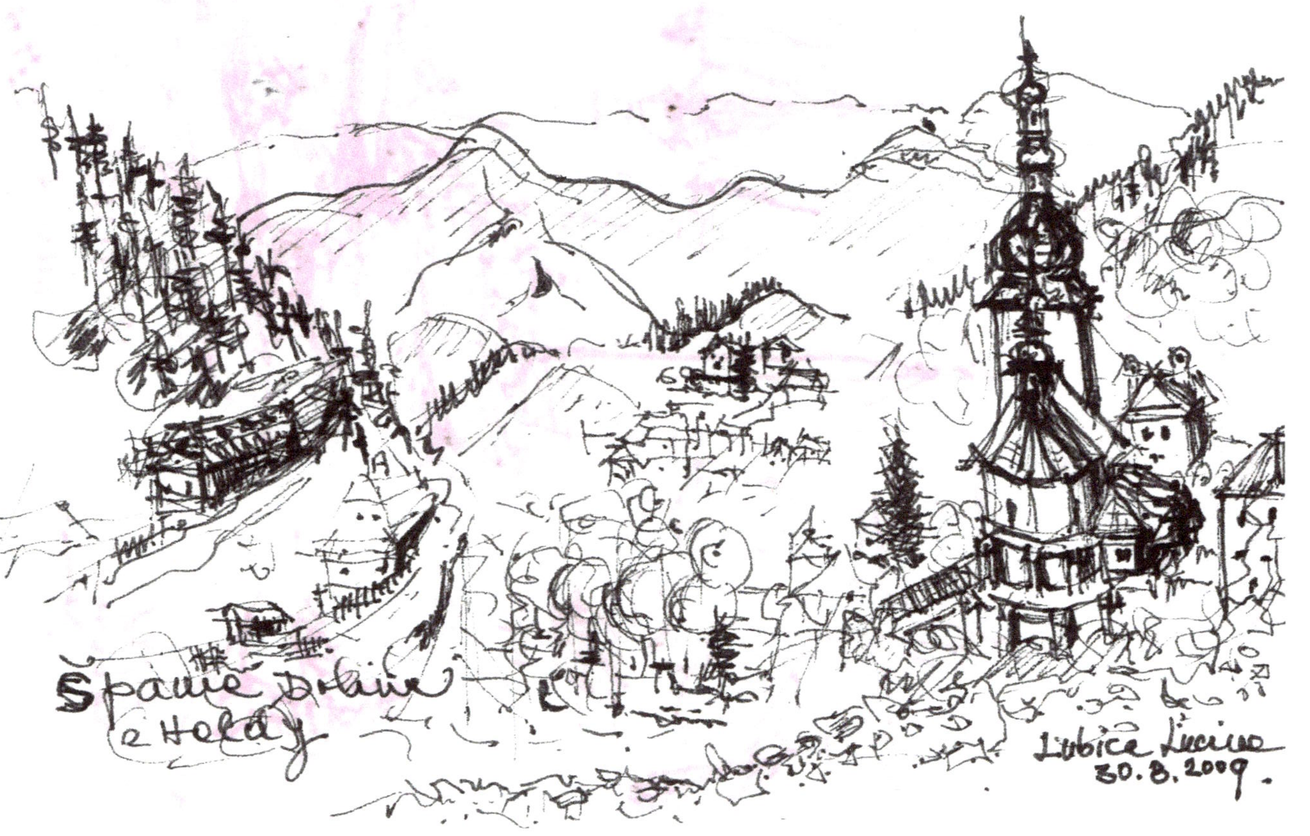

Špaňe Dolina
e Holaj
Ľubica Lucivo
30. 8. 2009.

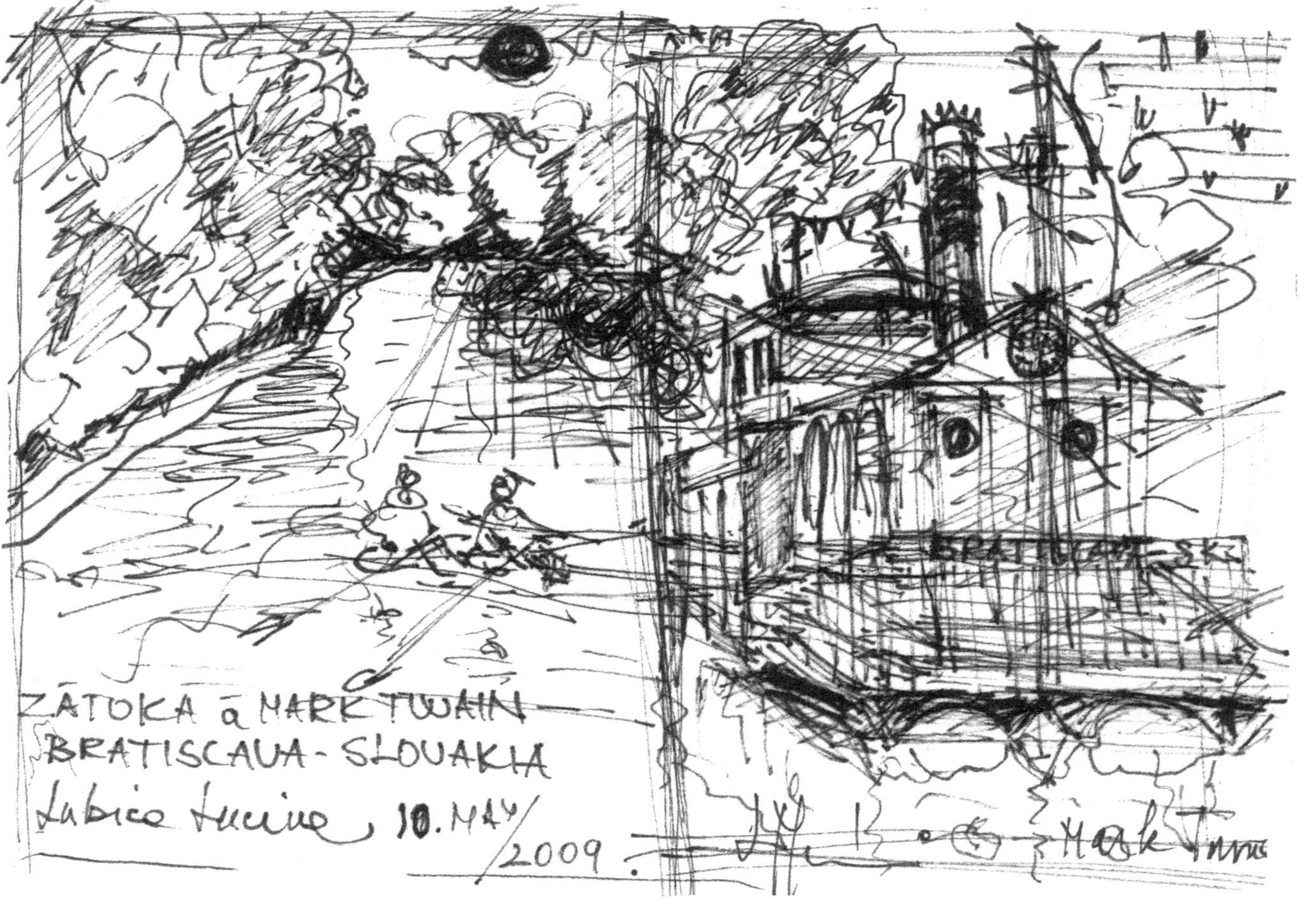
ZATOKA a MARK TWAIN
BRATISCAVA - SLOVAKIA
Lubico tucivo, 10. MAY/
2009.
Mark Twain

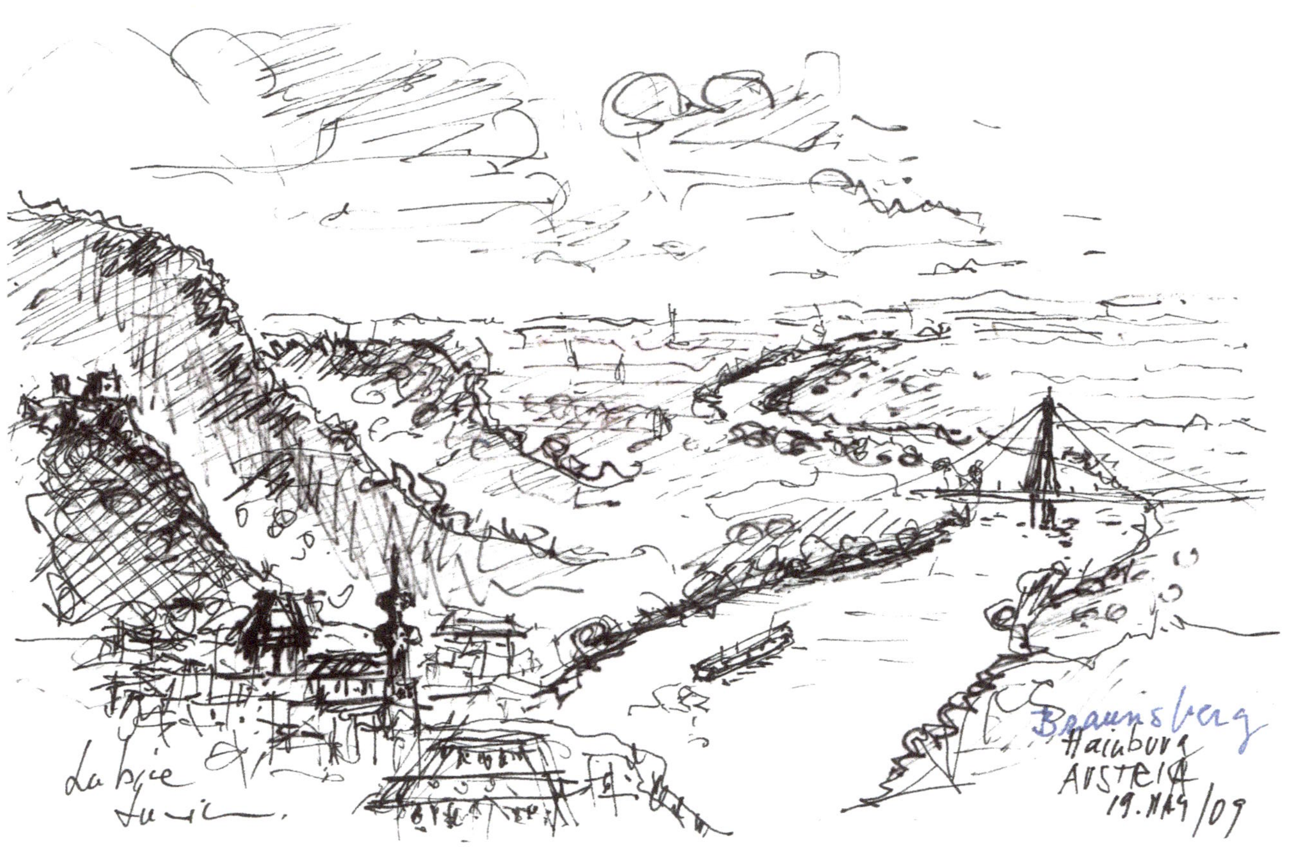
Braunsberg
Hainburg
AUSTRIA
19.MAY/09

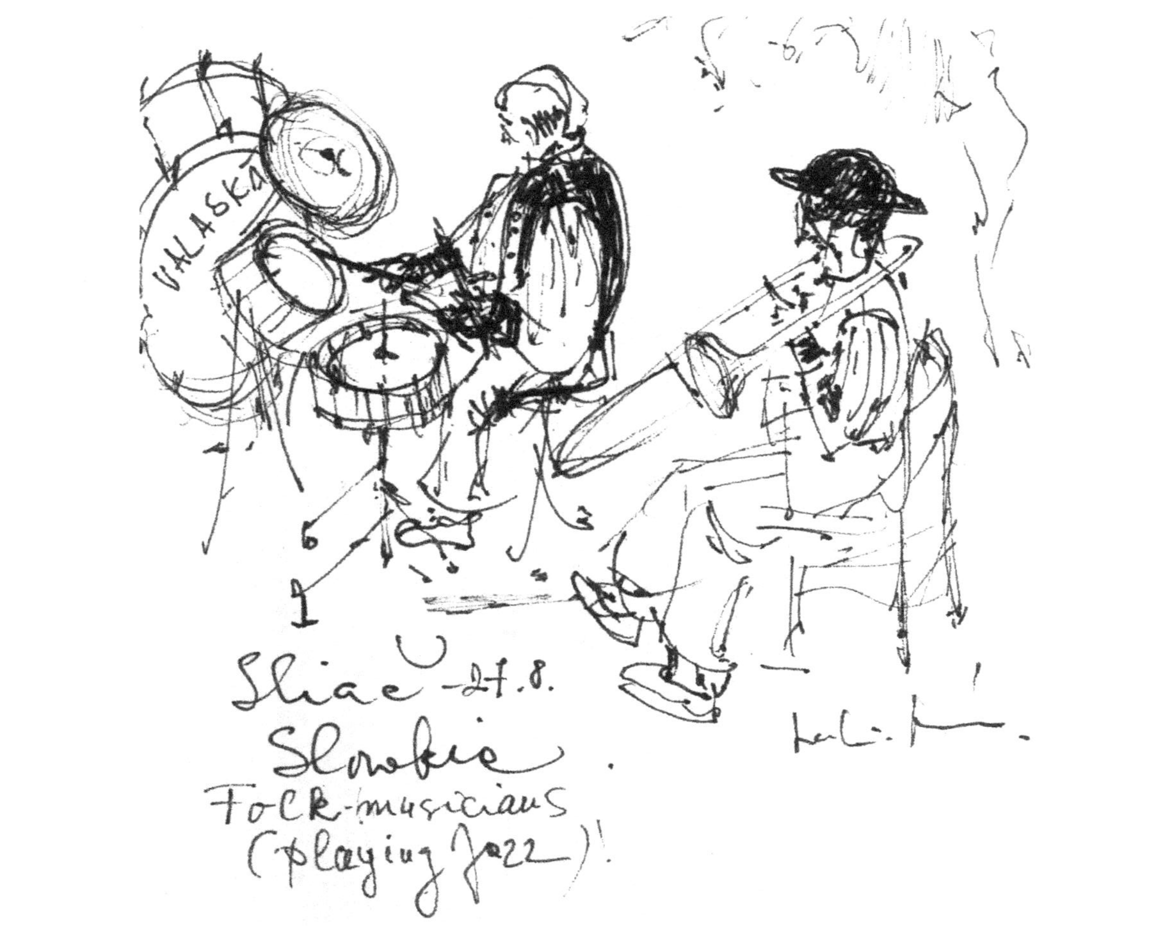
VALASKA
Sliac – 27.8.
Slovkie .
Folk-musicians
(playing Jazz)!

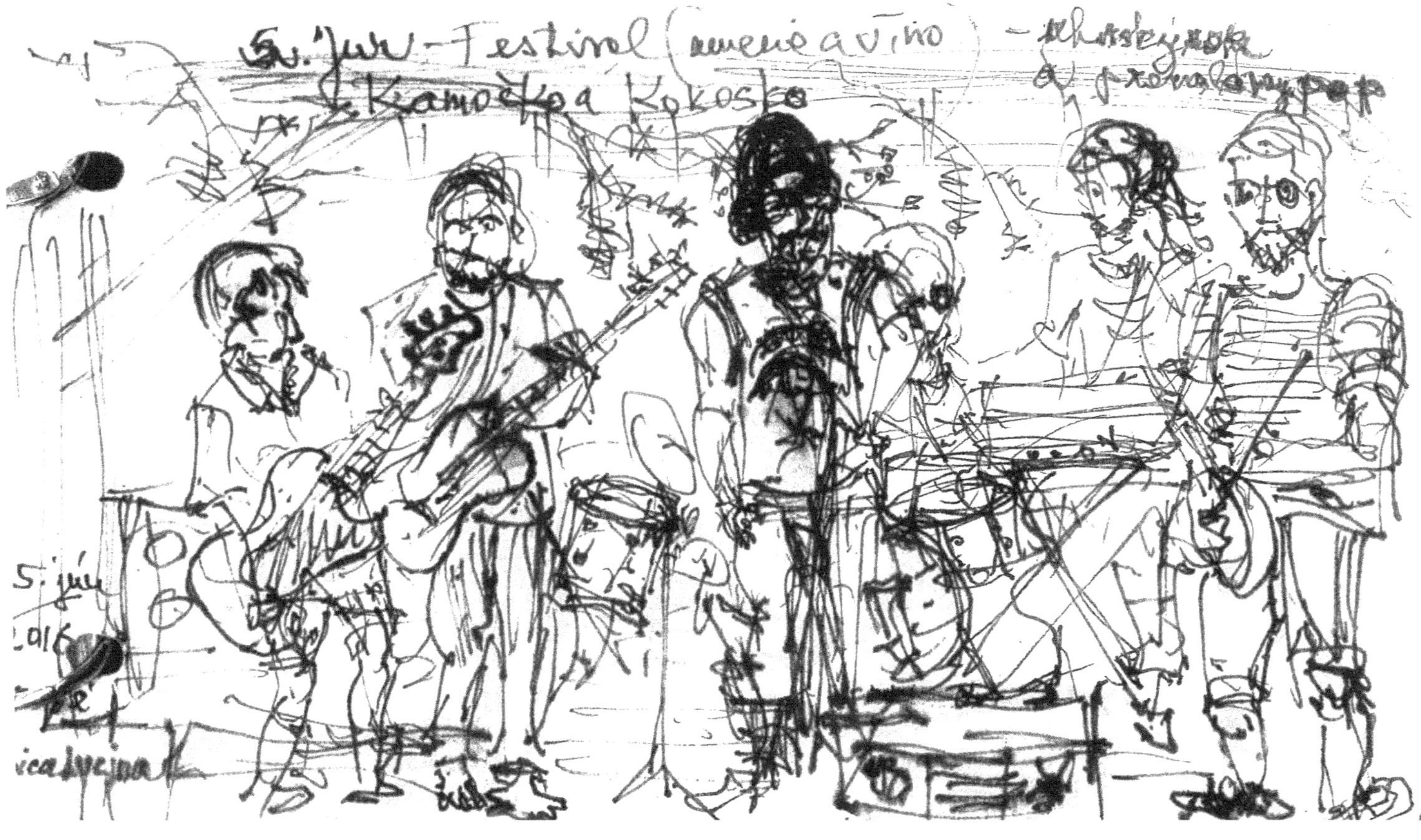

Sv. Jur - Festival (umenie a víno) - whiskey rok a prohnaný pop
Kramočka a Kokoška
Sv. jún
2016
icaluycjna

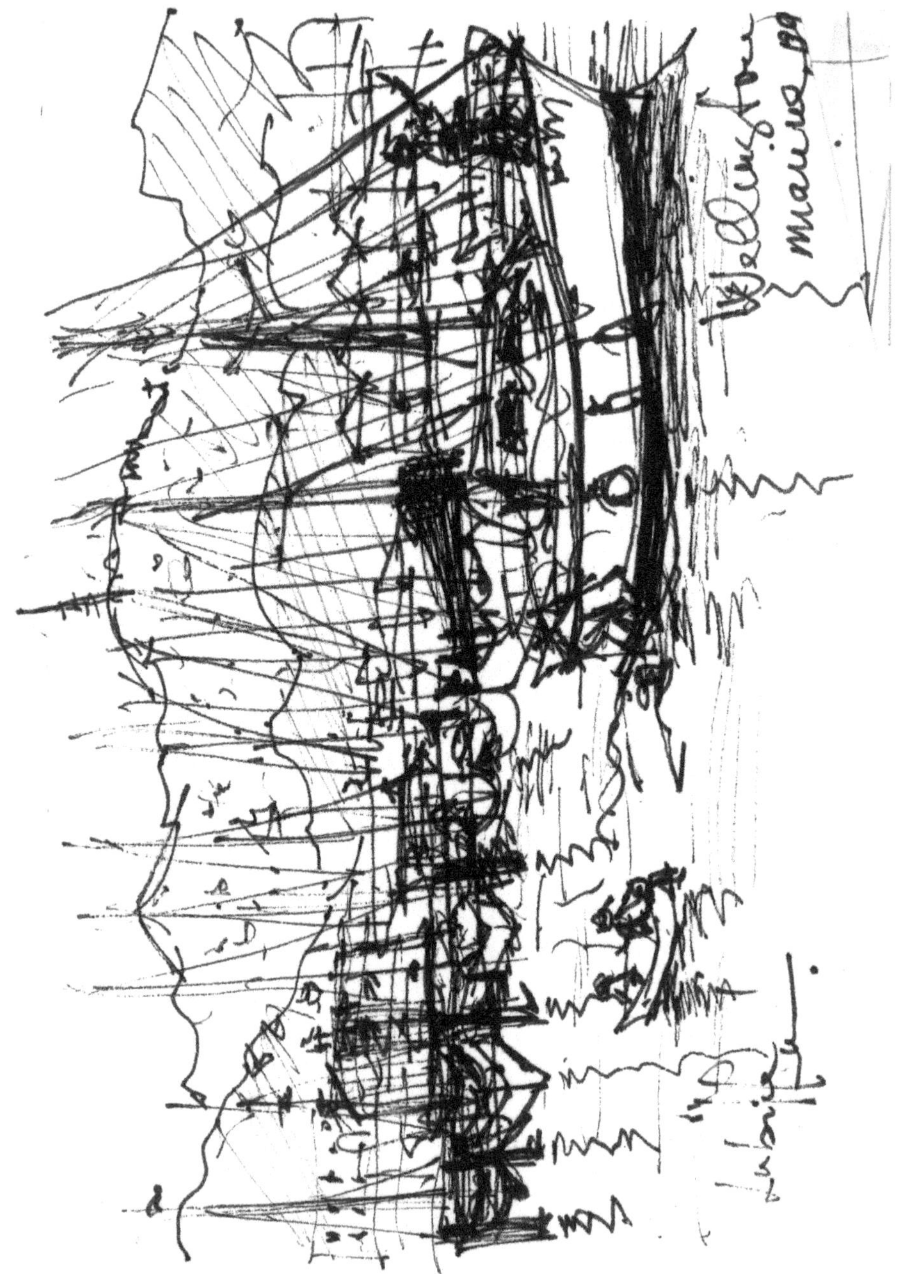

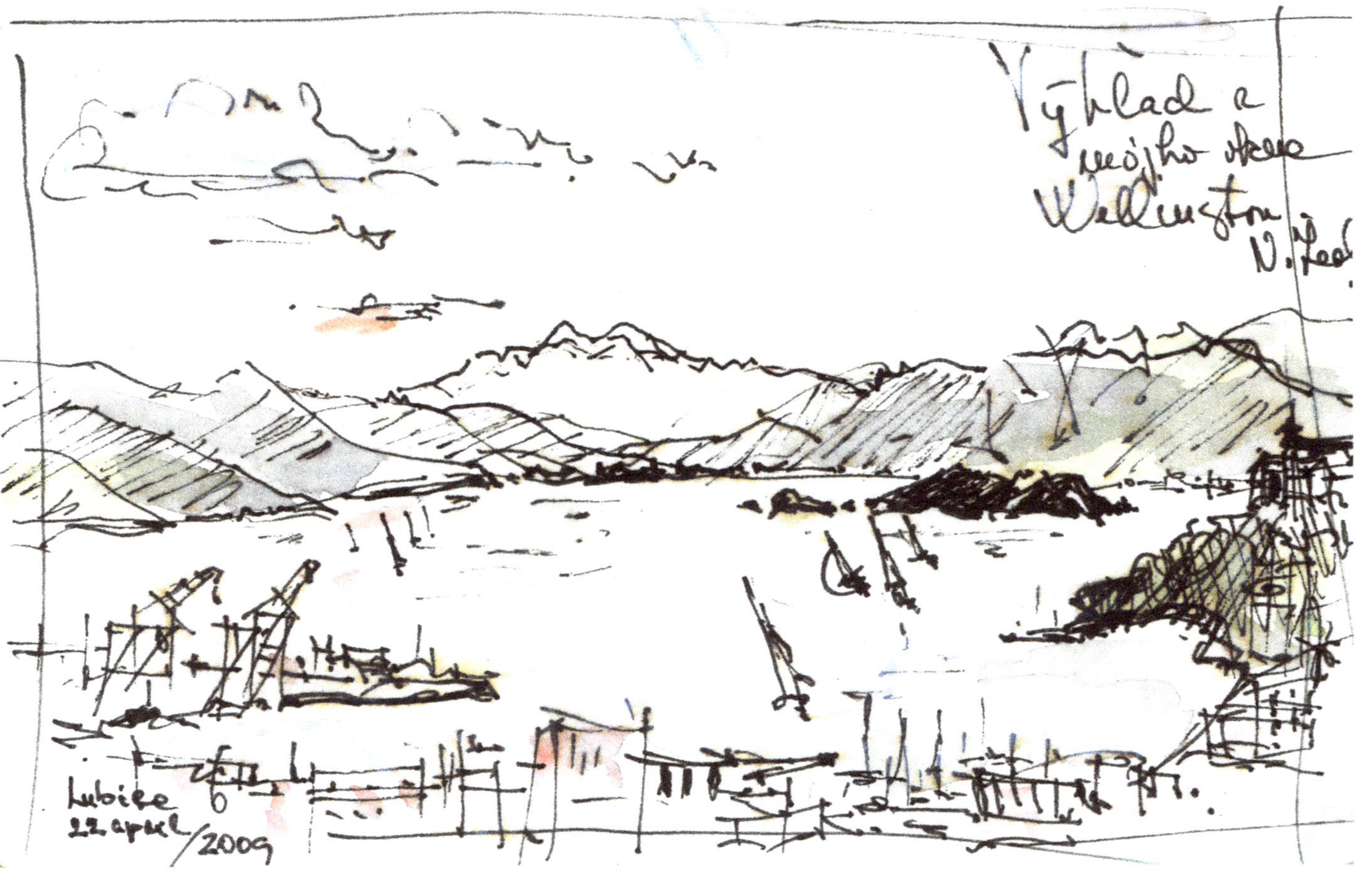

Výhľad z
mojho okna
Wellington
N.Zeal.
Lubica
22.apríl/2009

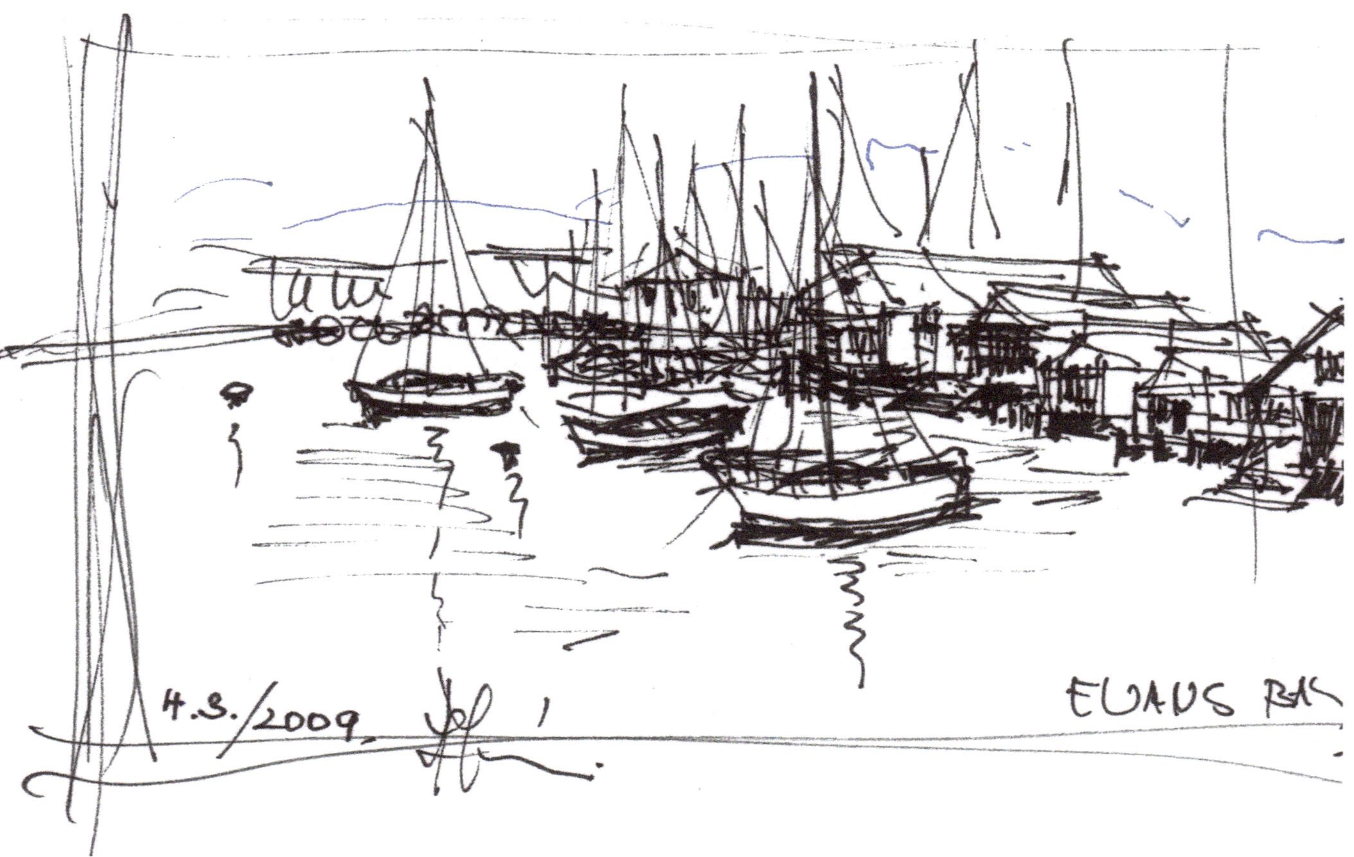

4.3./2009,
ELIAS Ras

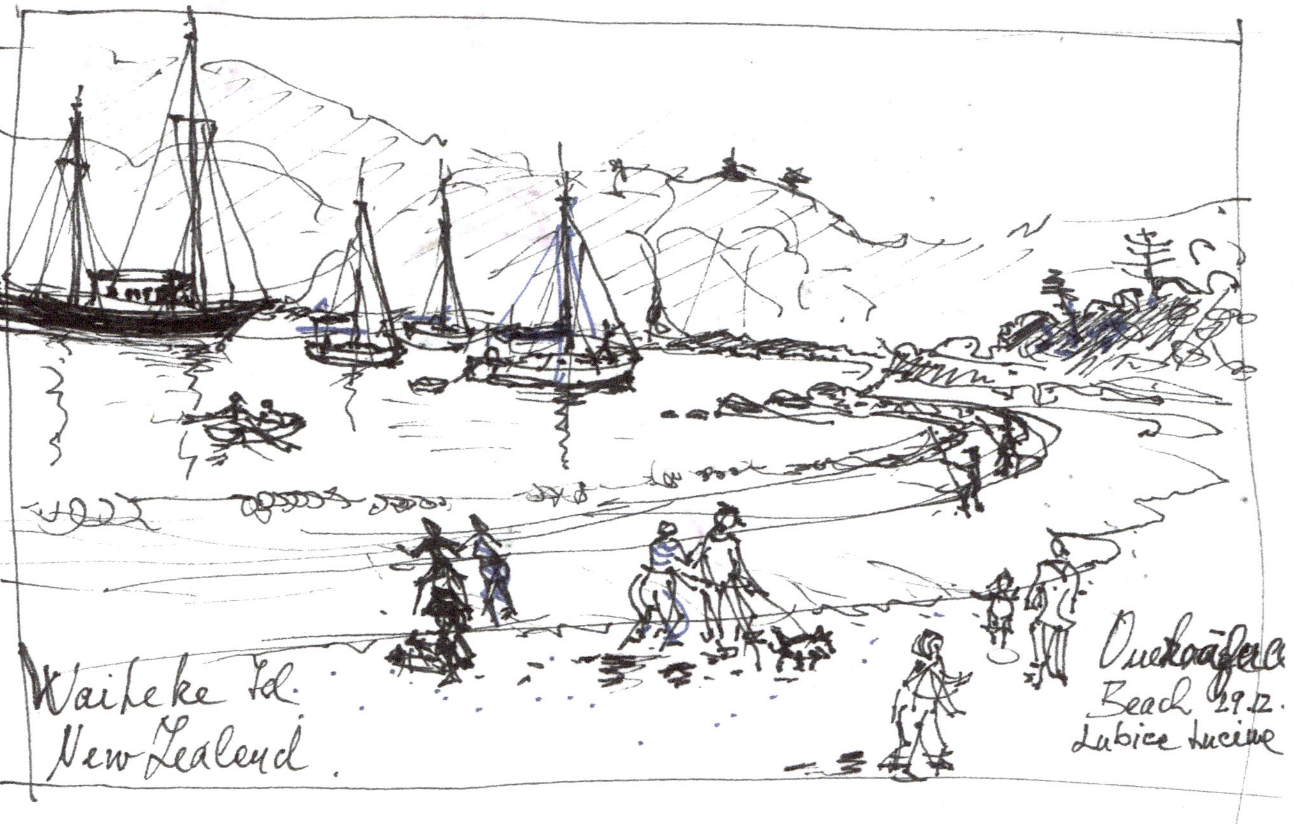

Waiheke Id.
New Zealand.
Onetangi
Beach 29.12.
Lubice lucieu

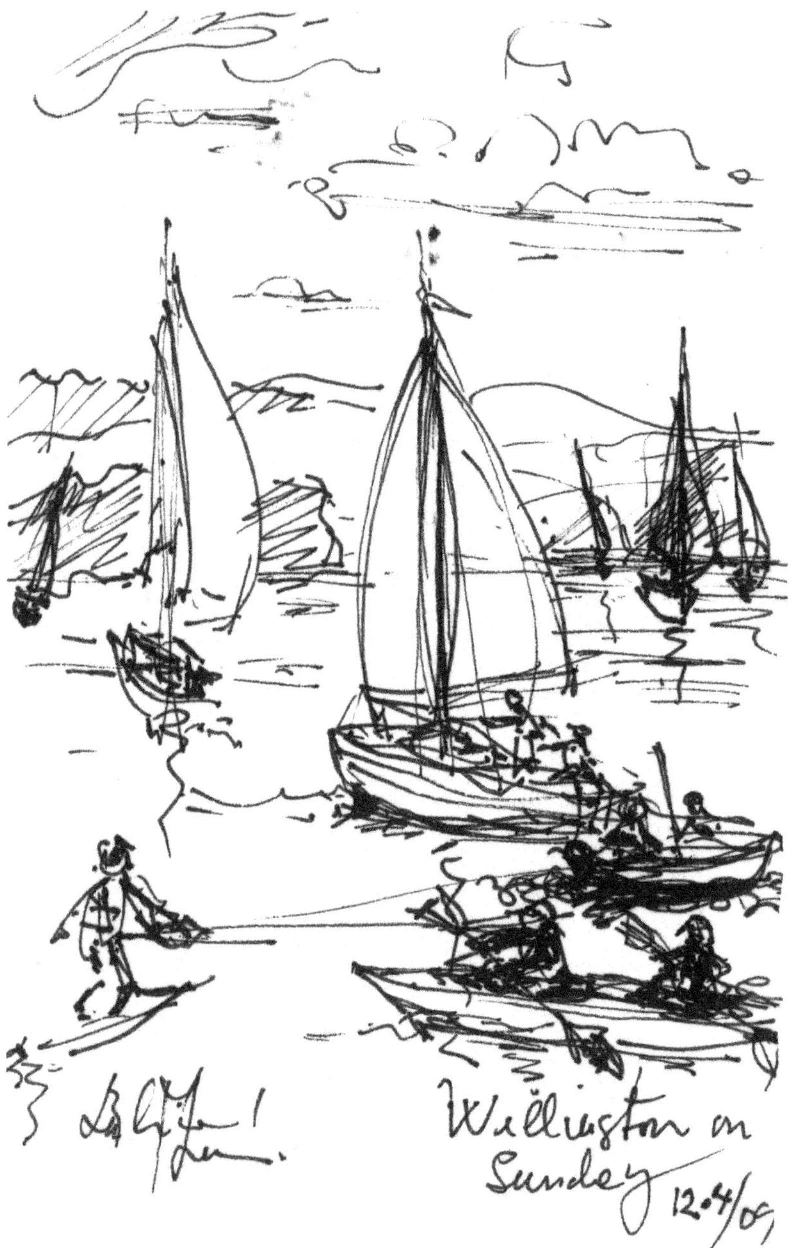

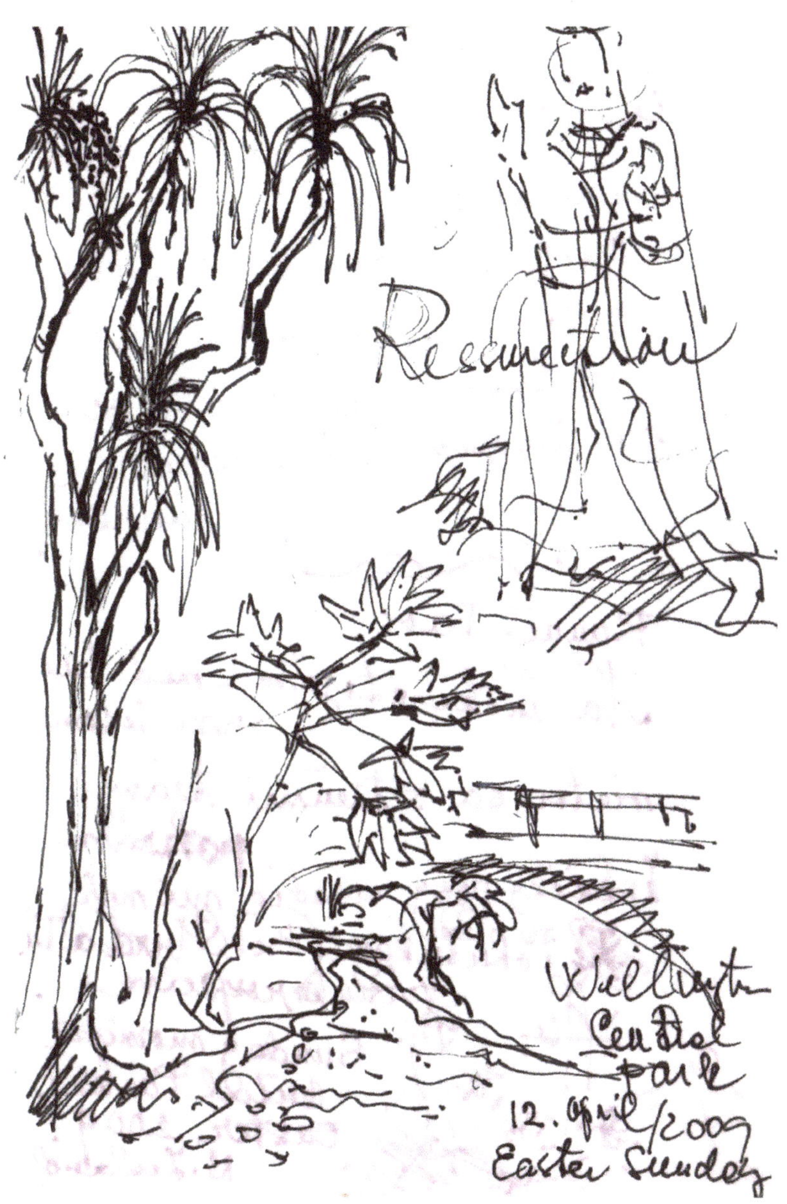
Resurrection
Wellington
Central
Park
12. April/2009
Easter Sunday

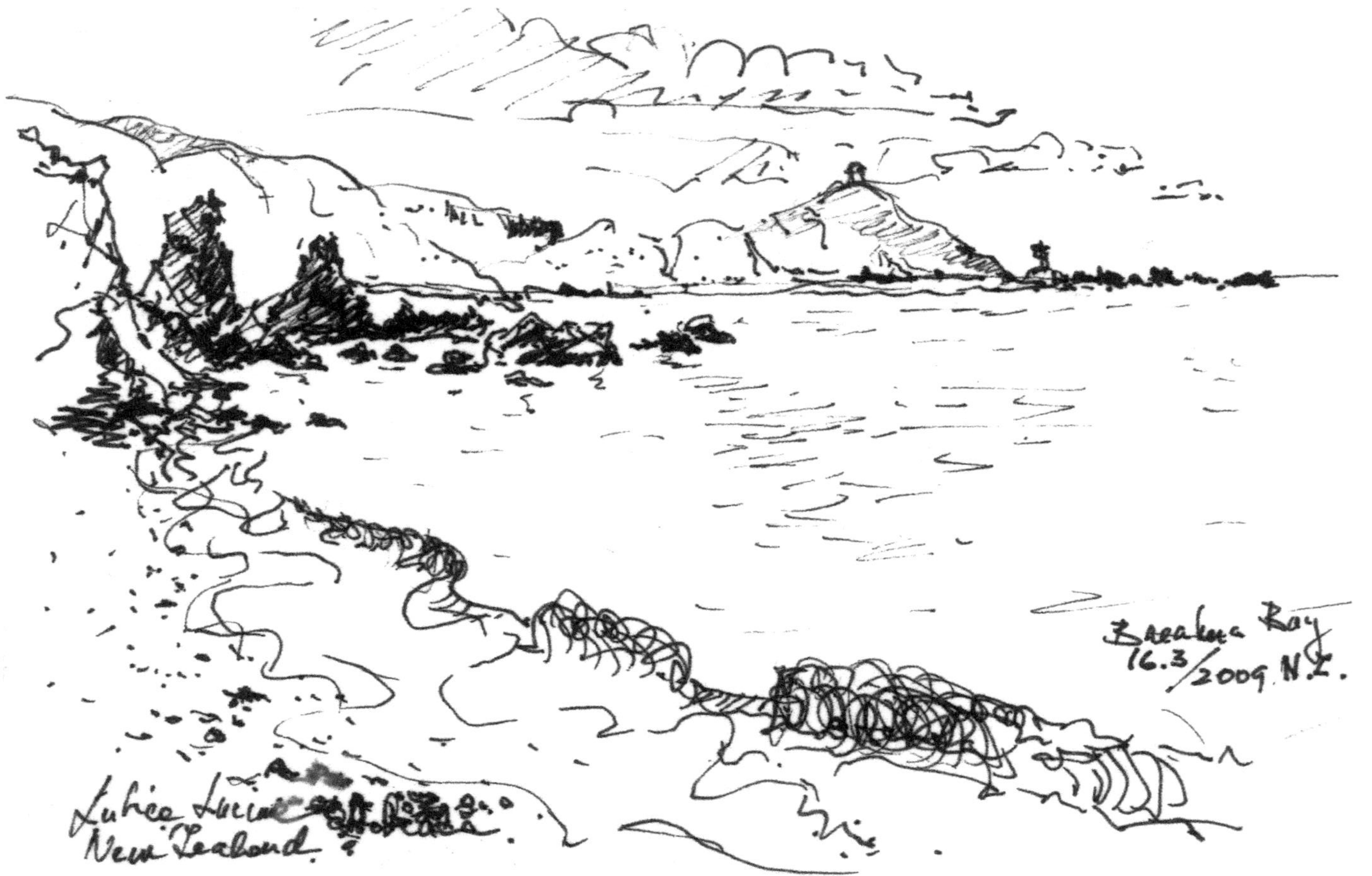

Breaker Bay
16.3/2009. N.Z.
New Zealand.

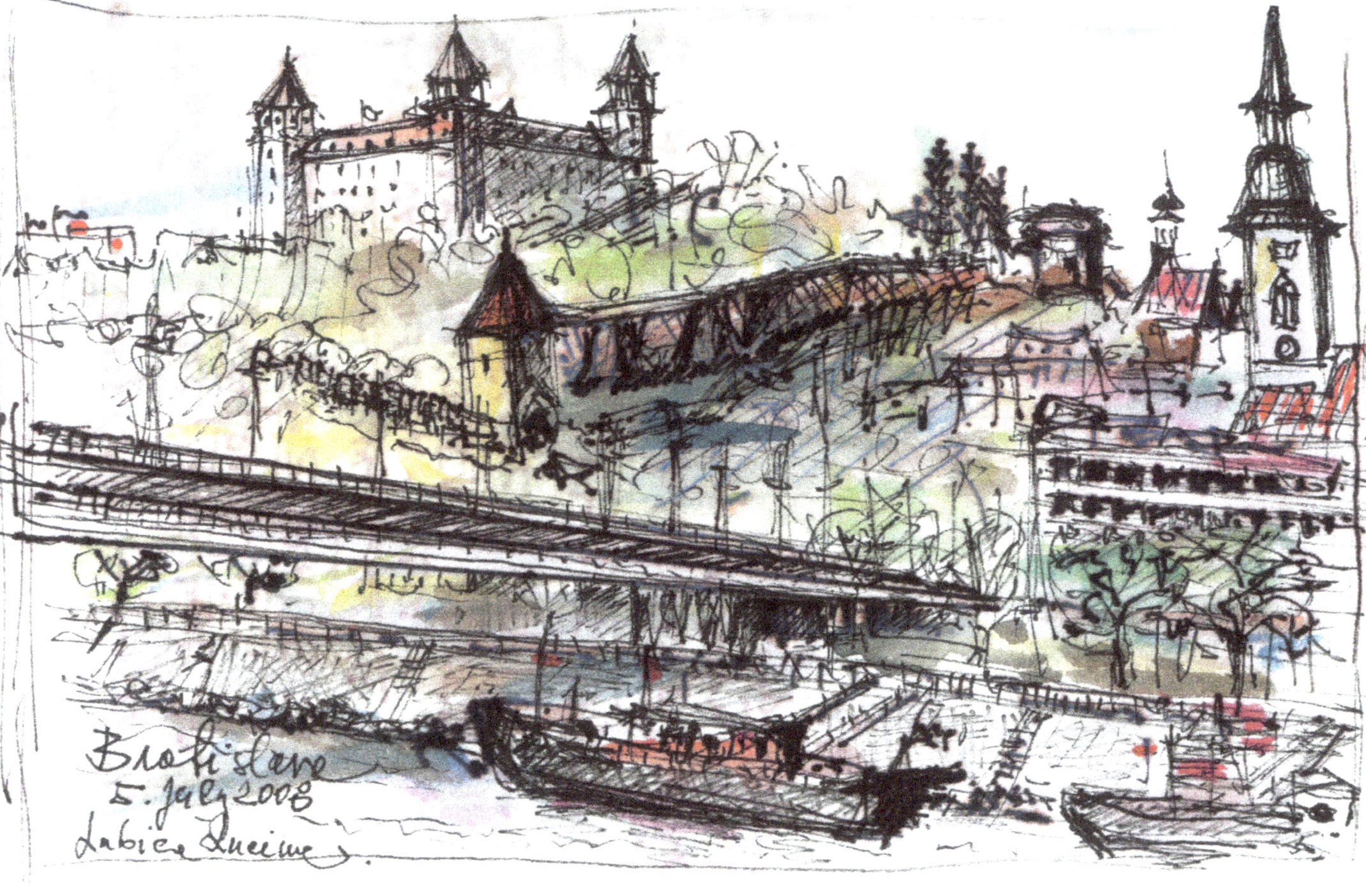

Bratislava
5. Juli 2008
Fabien Ducaine

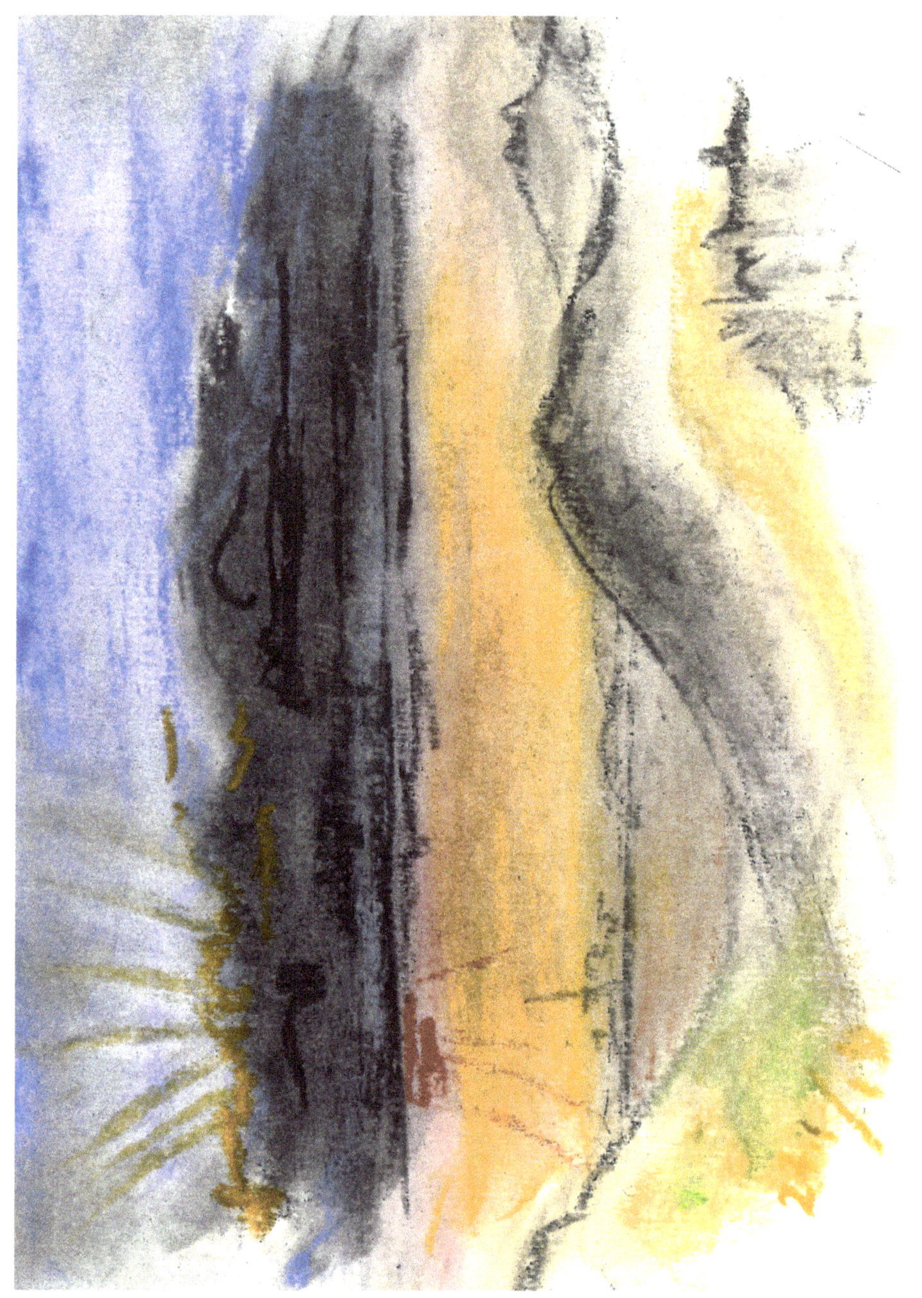

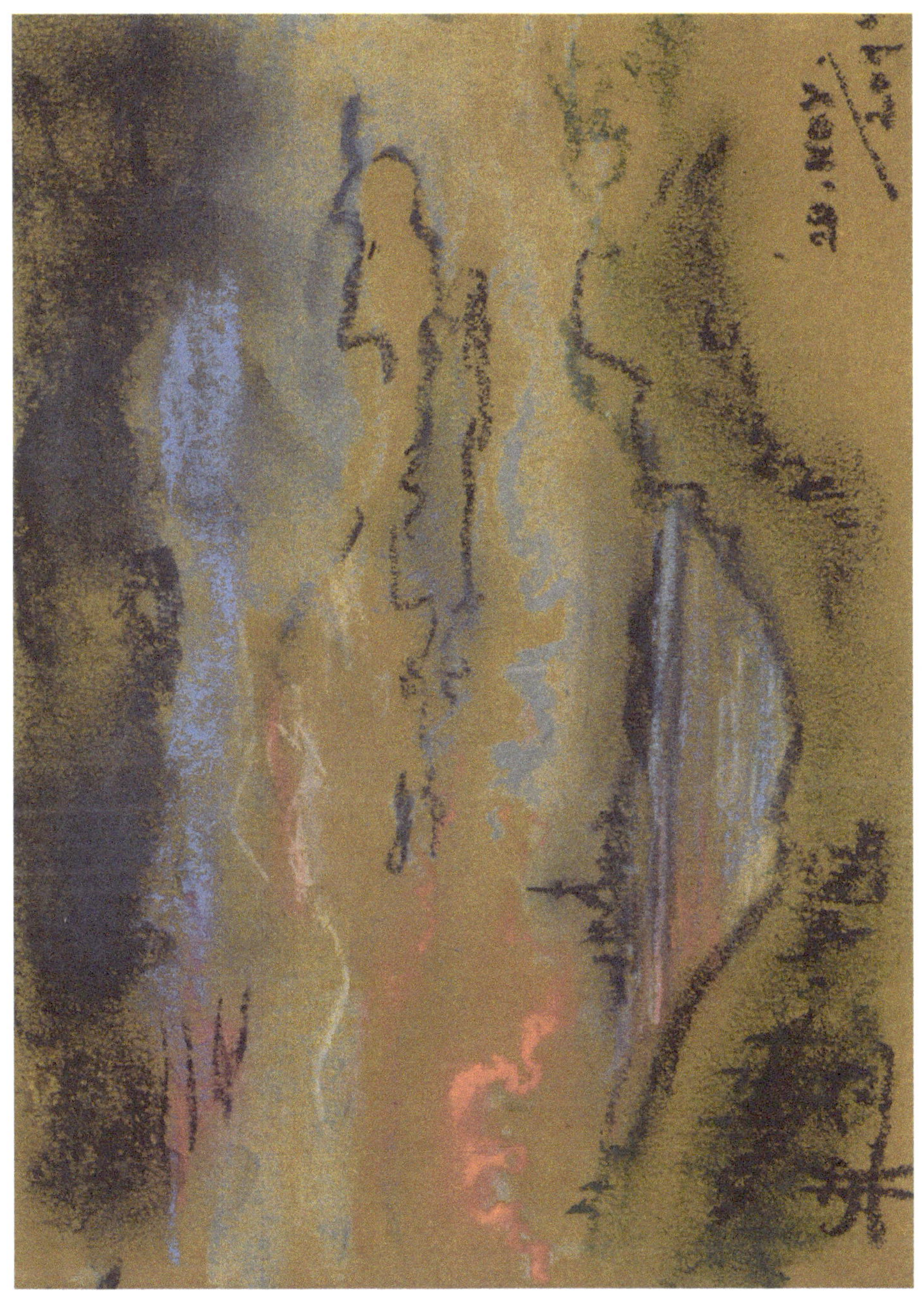

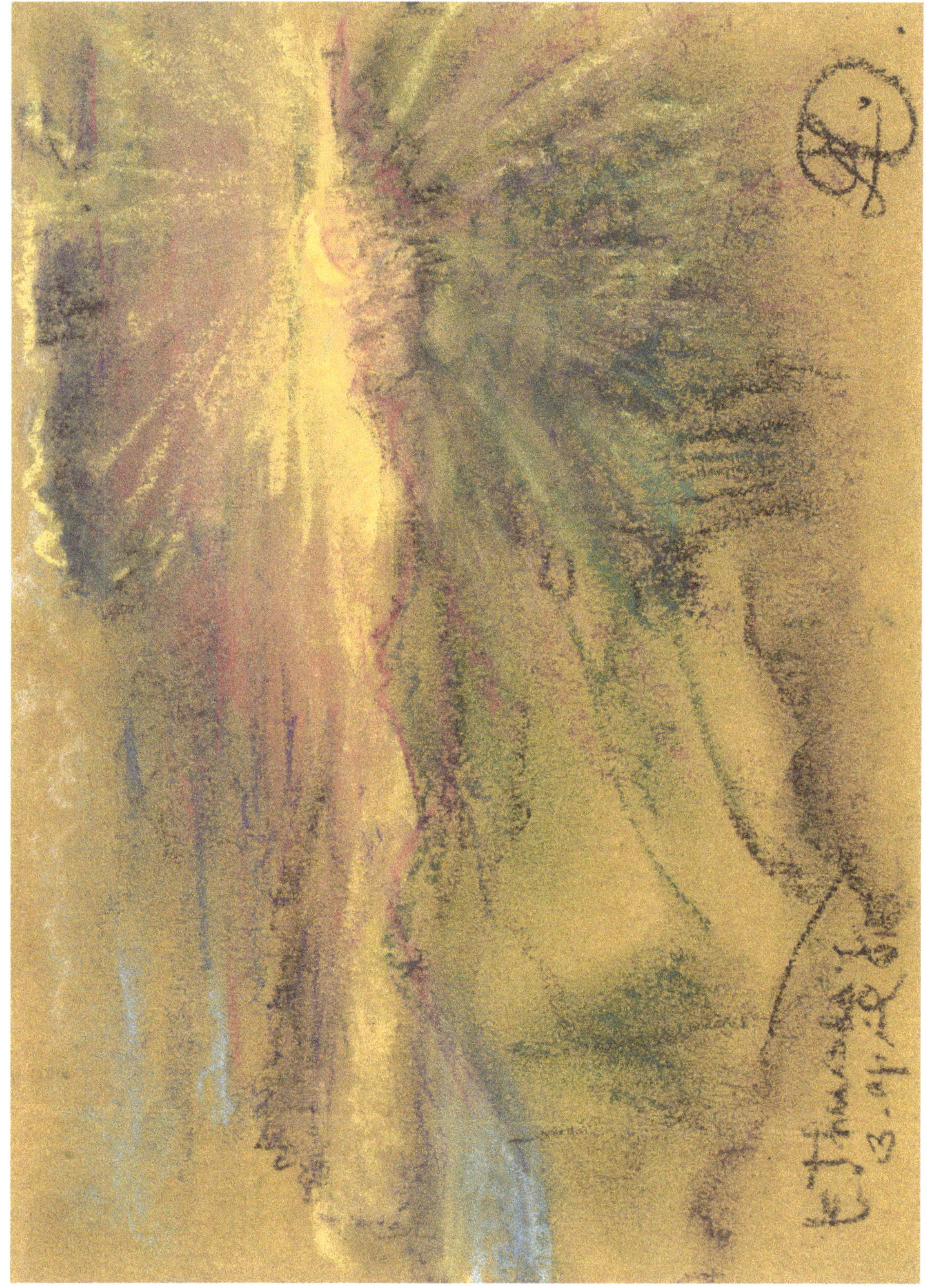

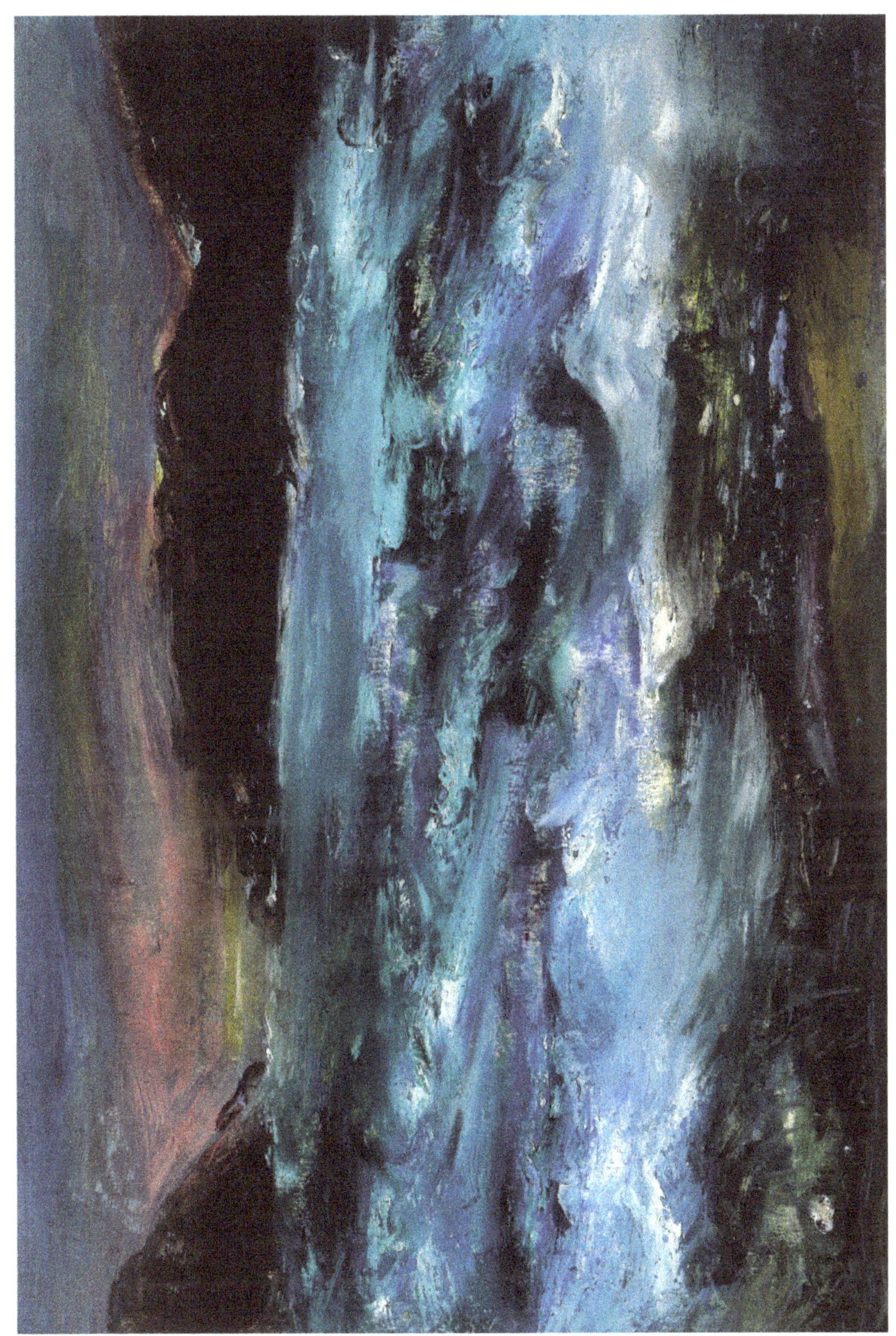

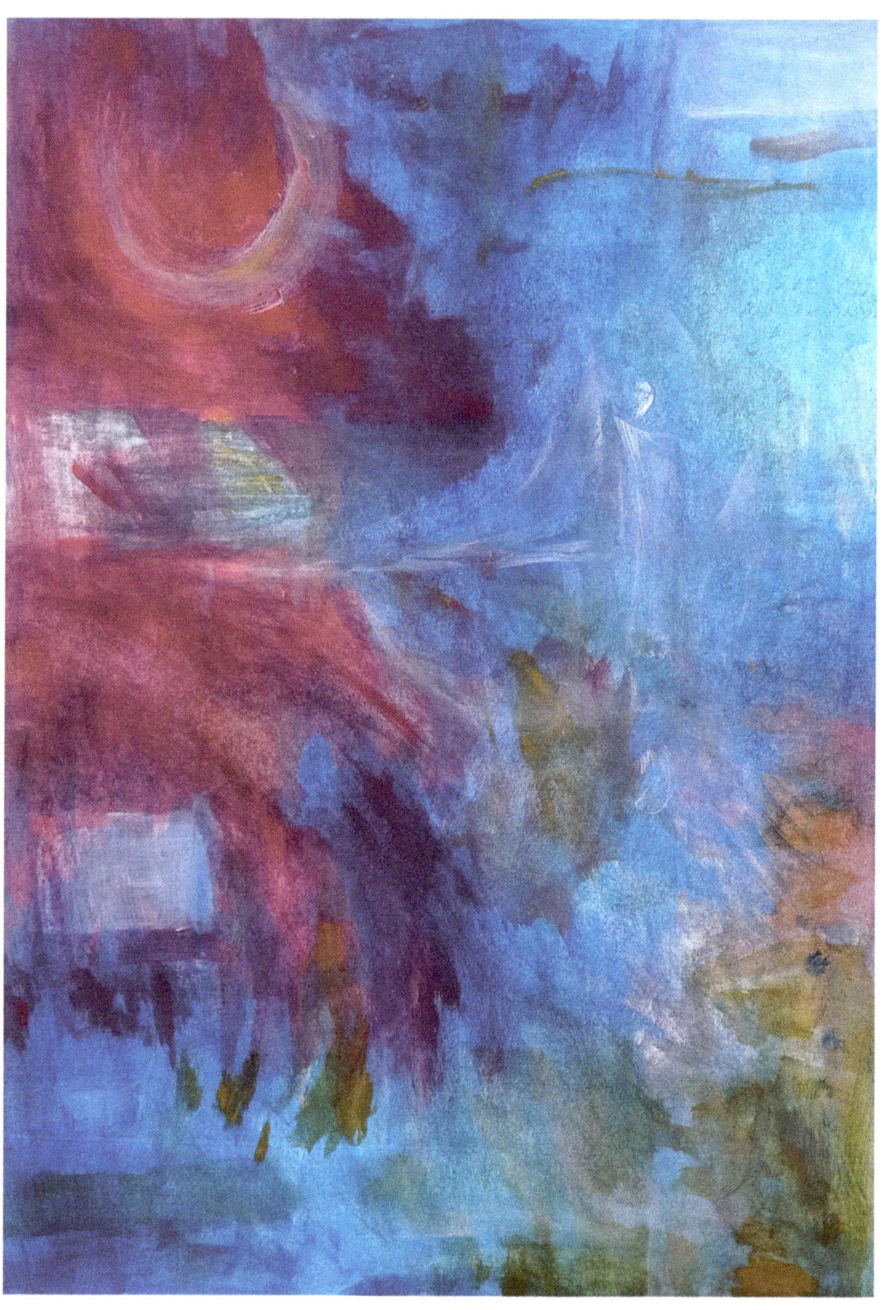

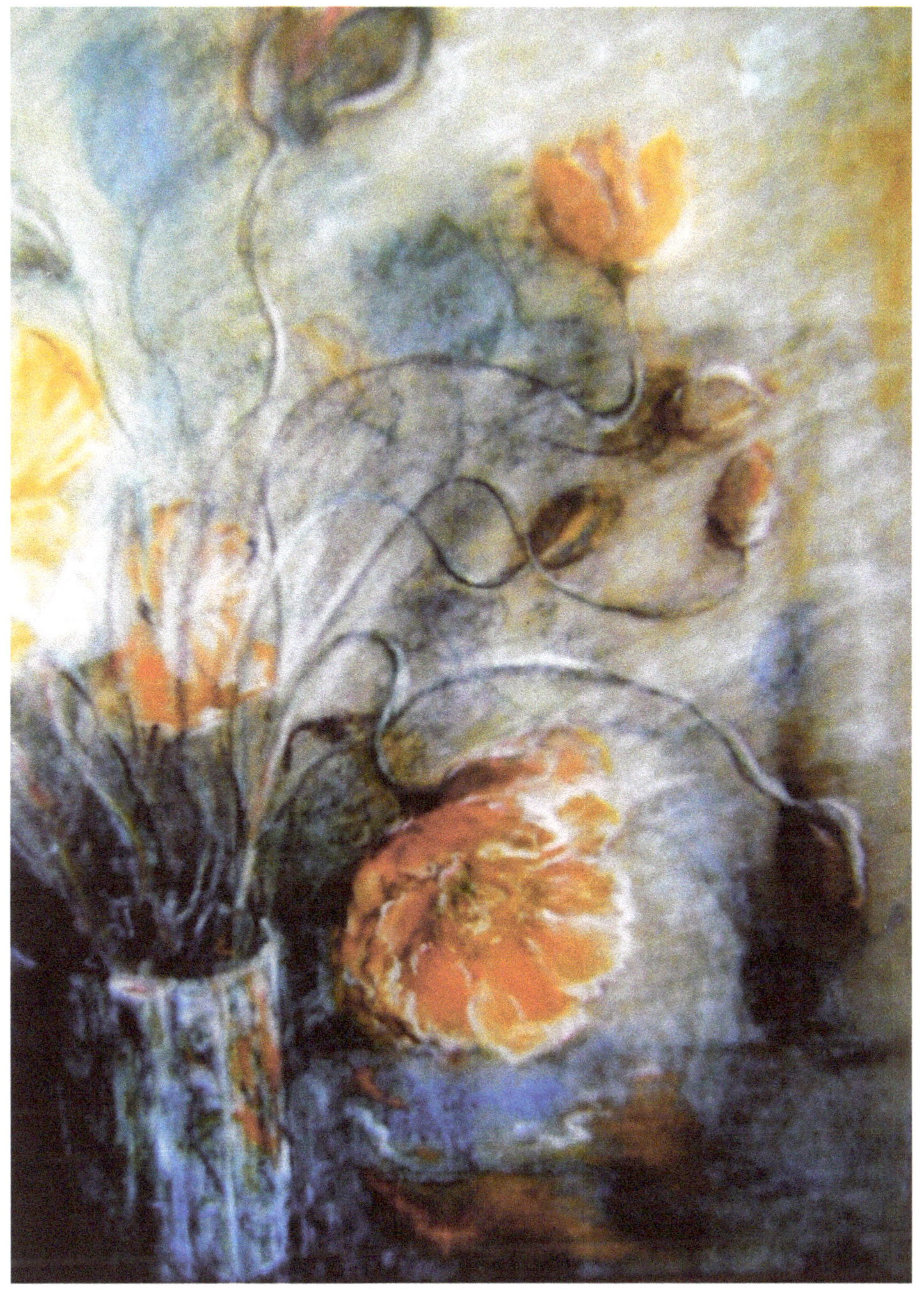

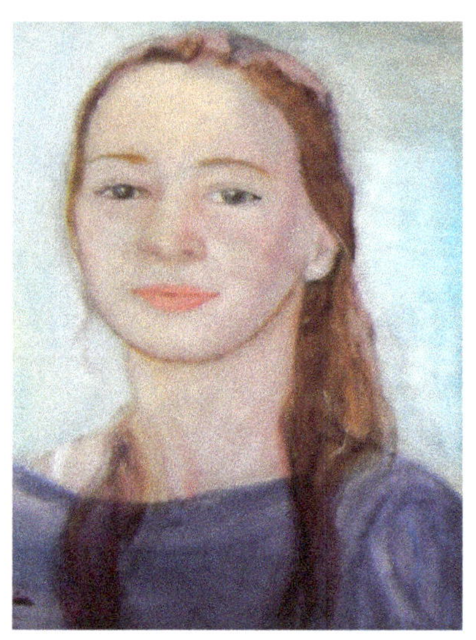

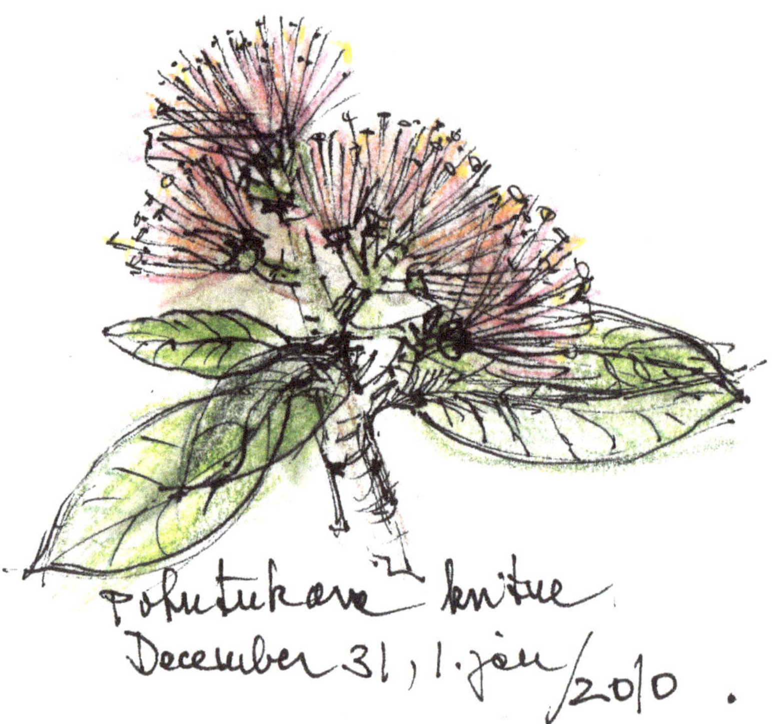

Pohutukawa knitue
December 31, 1.jöu /2010 .

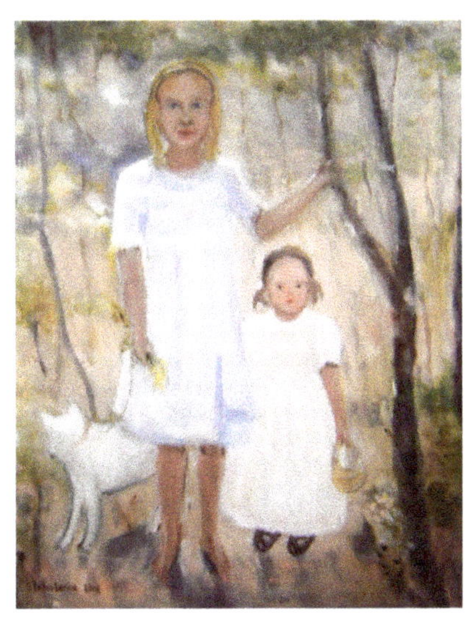

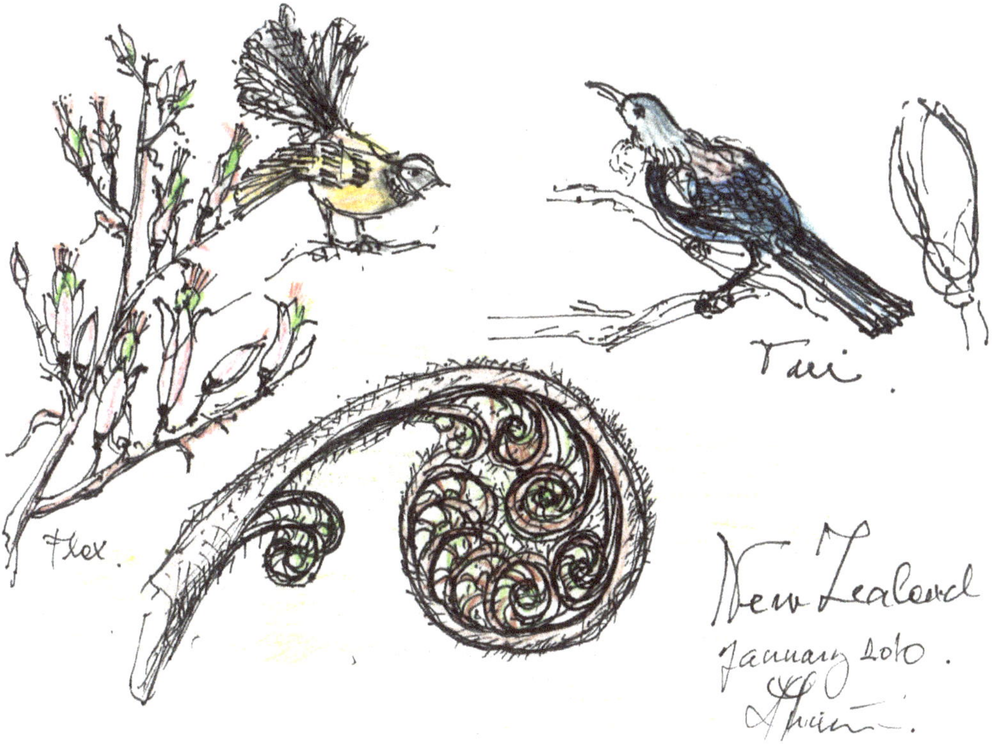

Flax.

Tui.

New Zealand
January 2010.

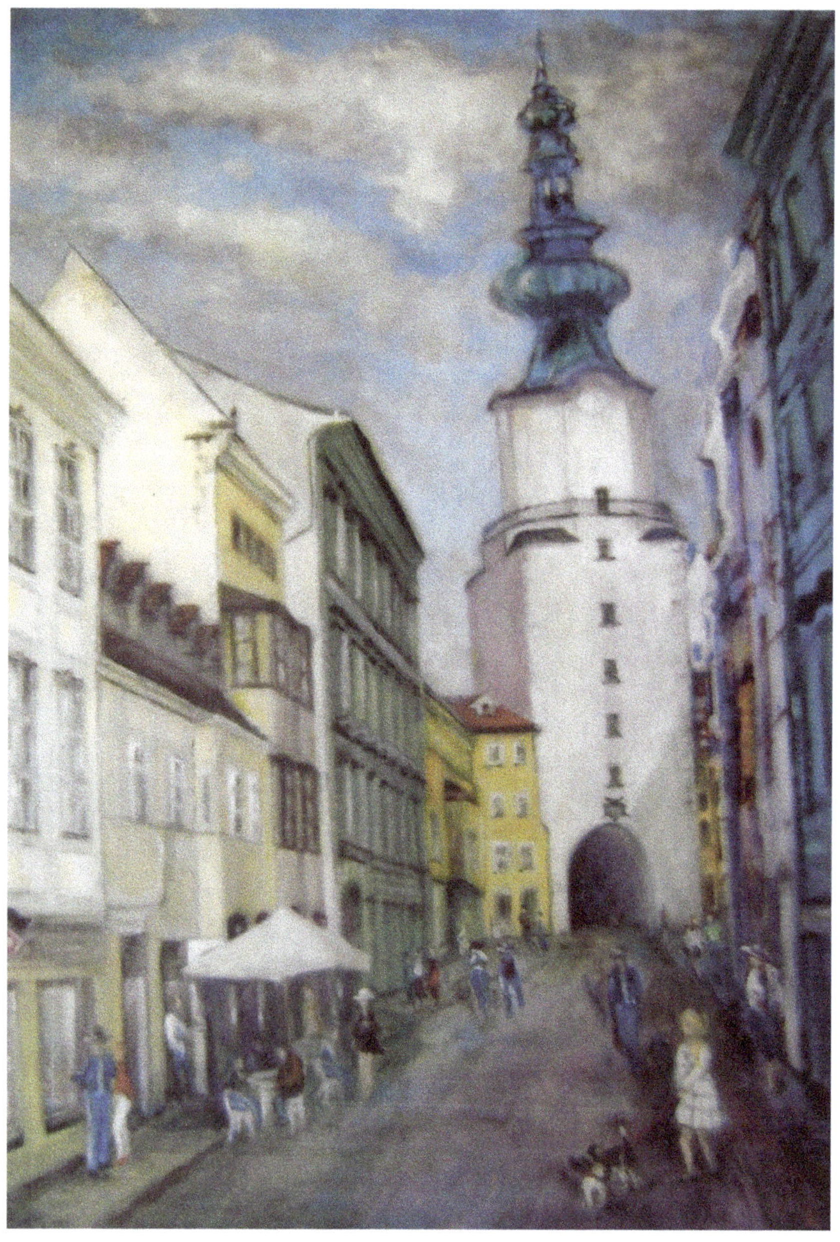

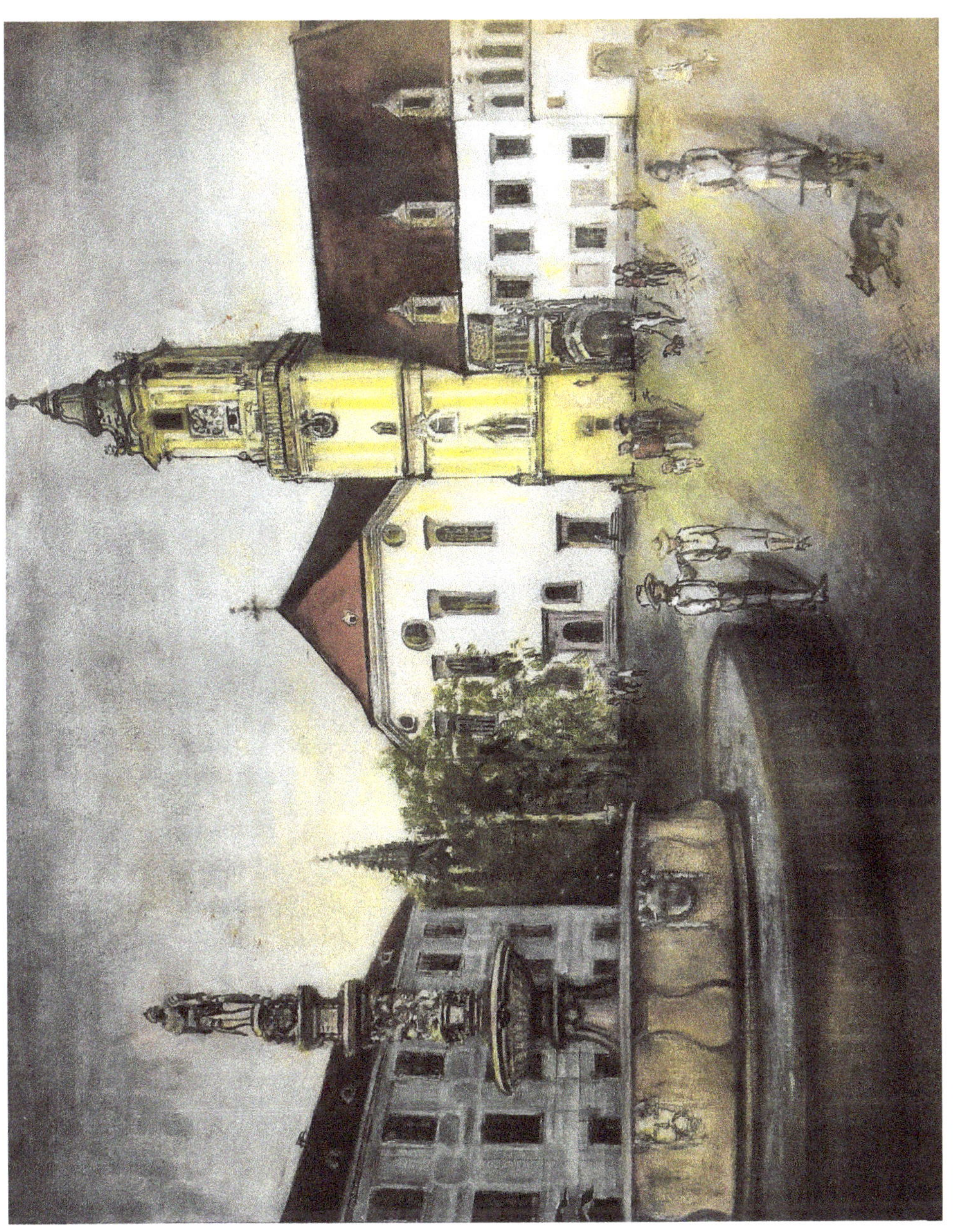

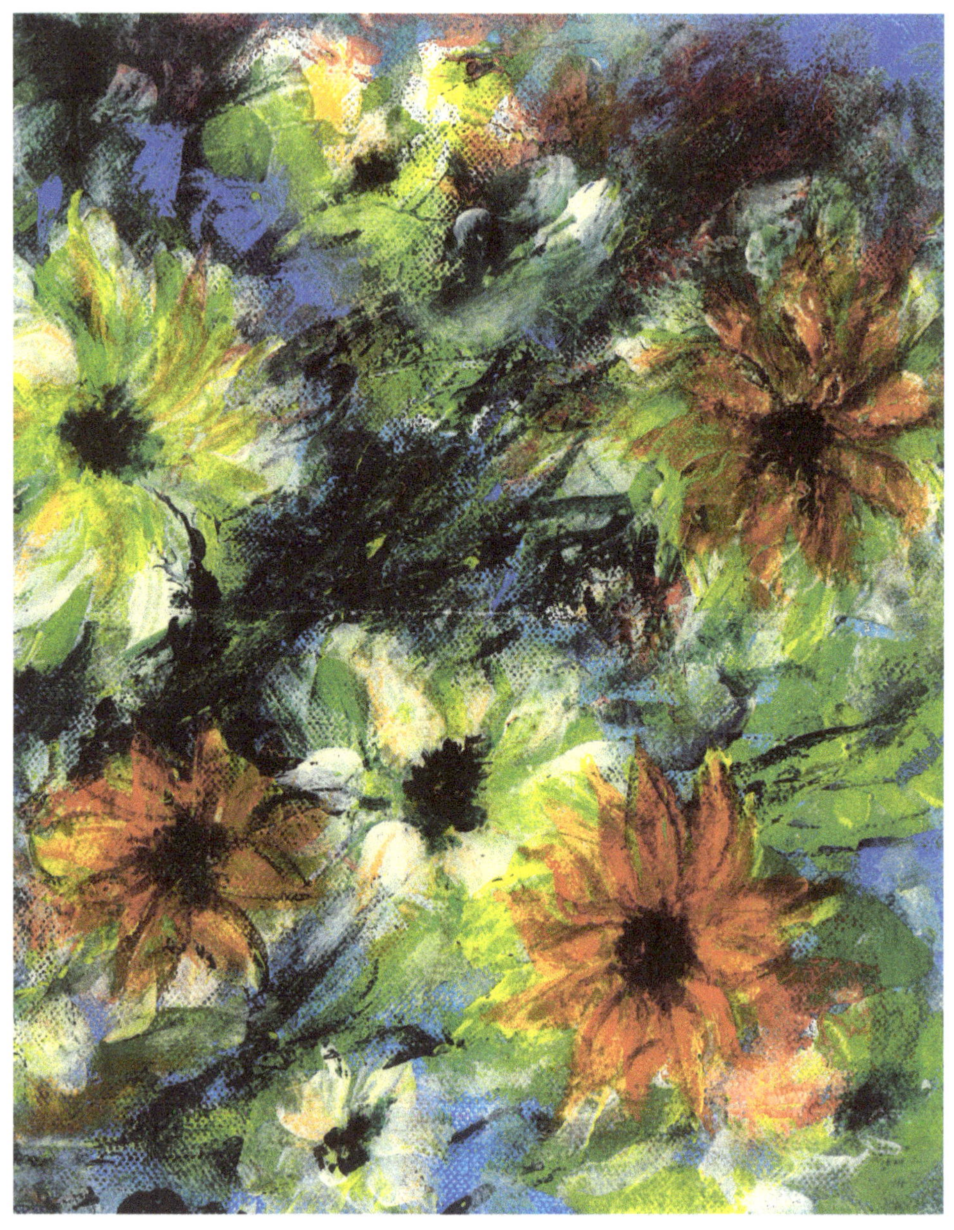

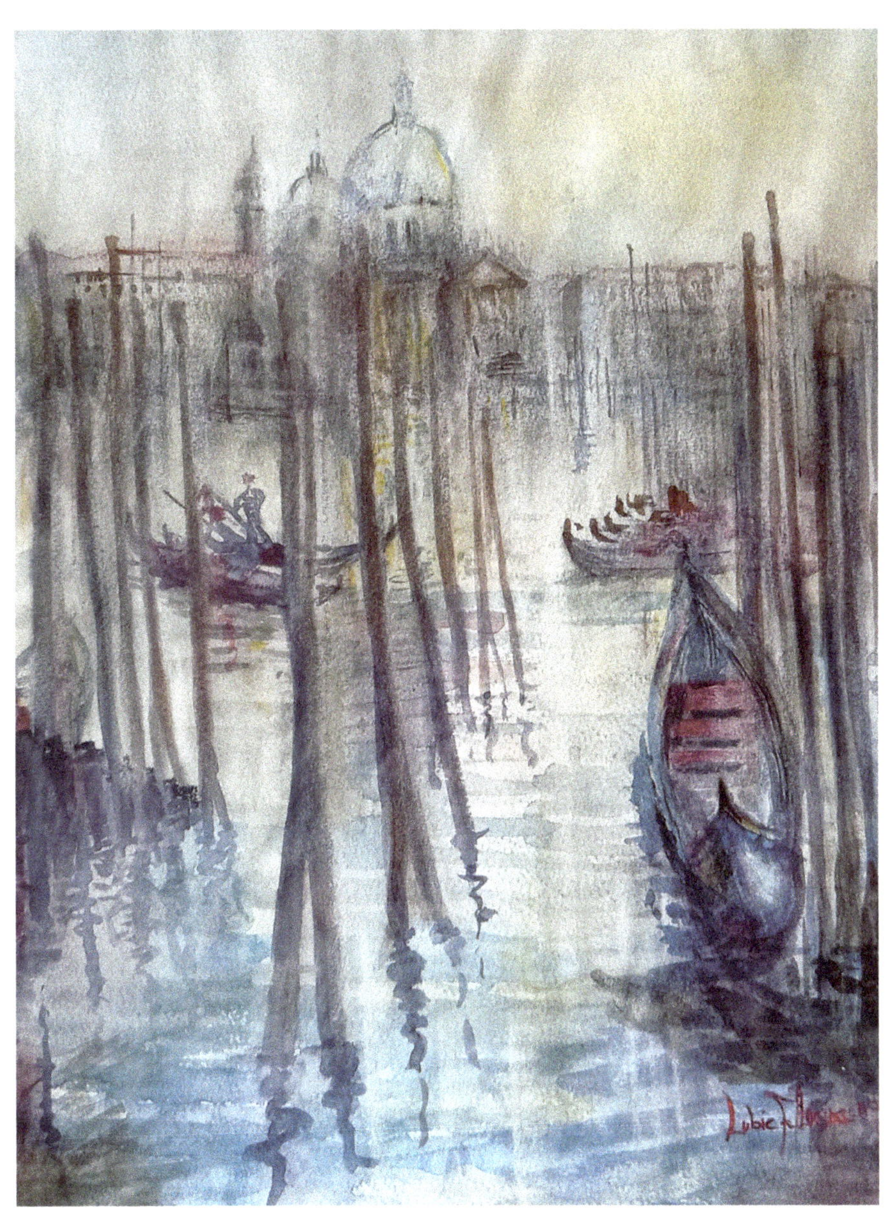

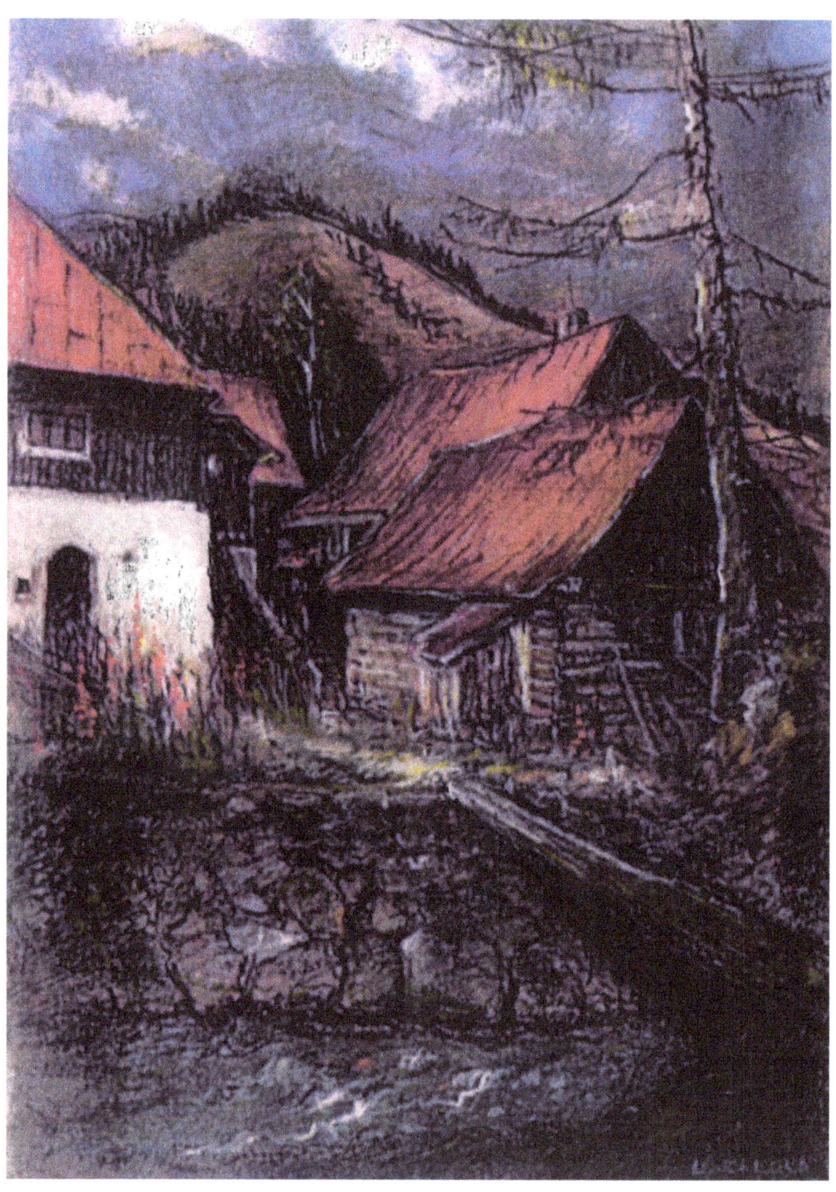

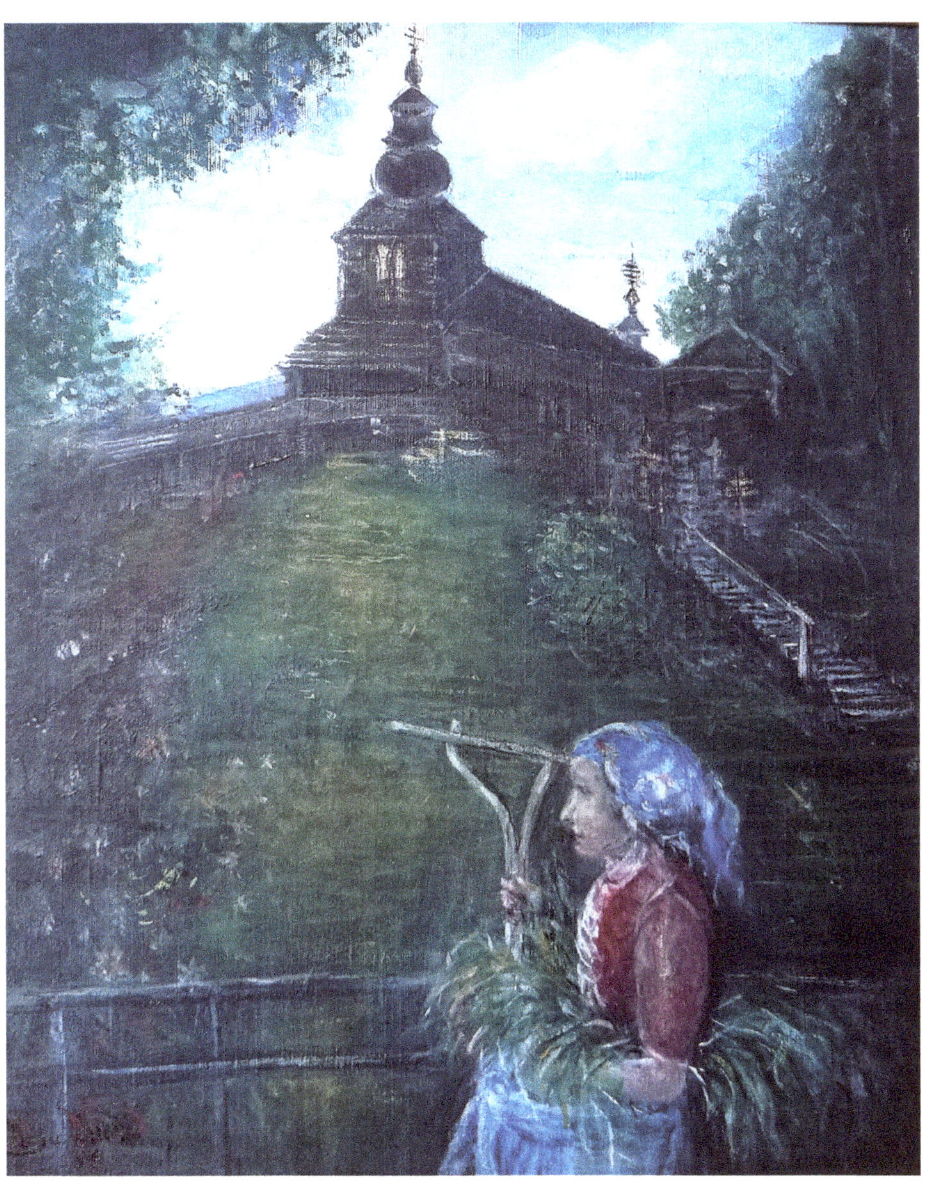

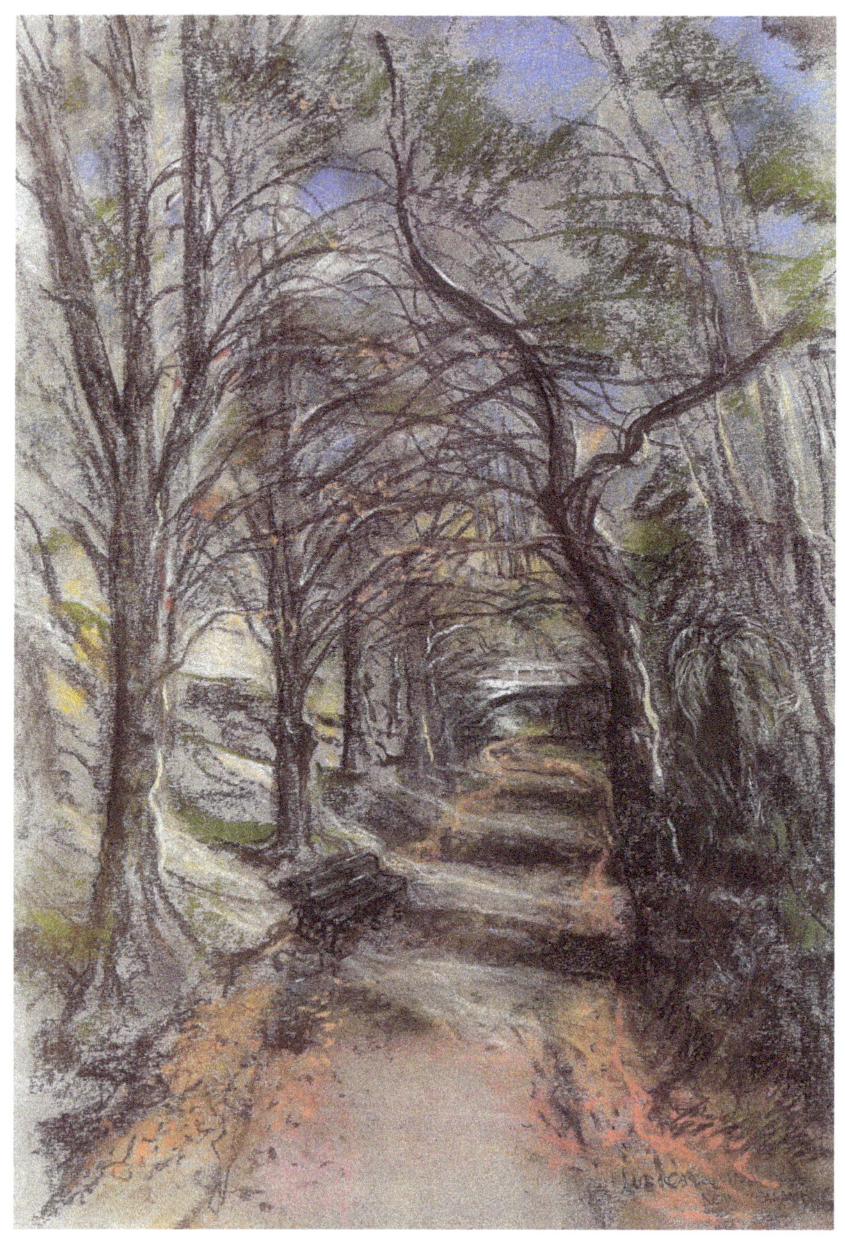

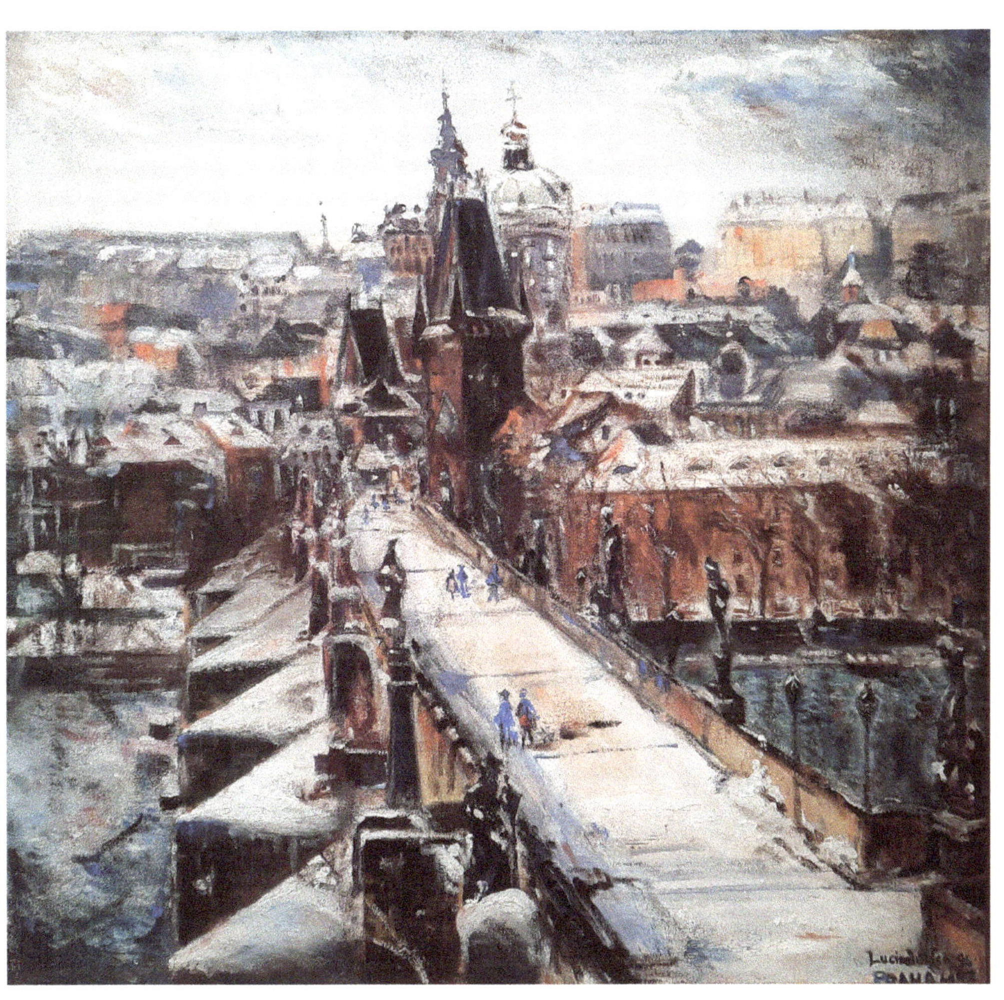

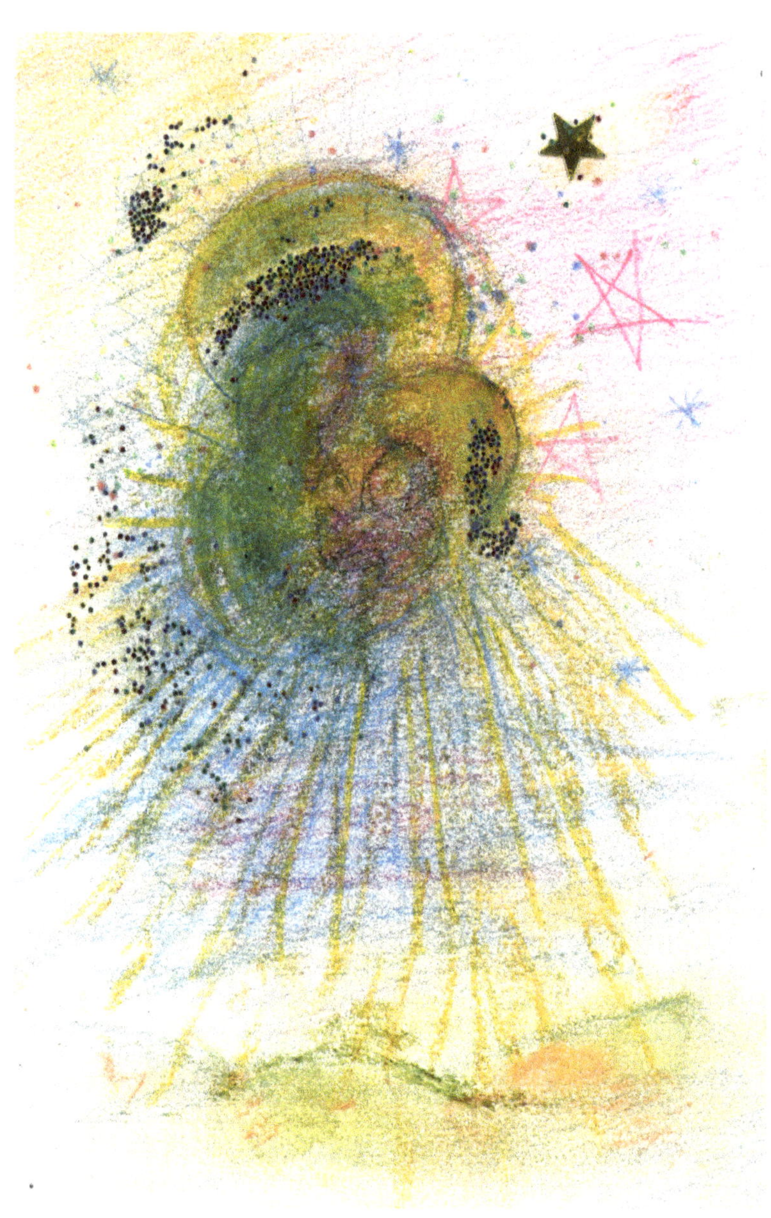

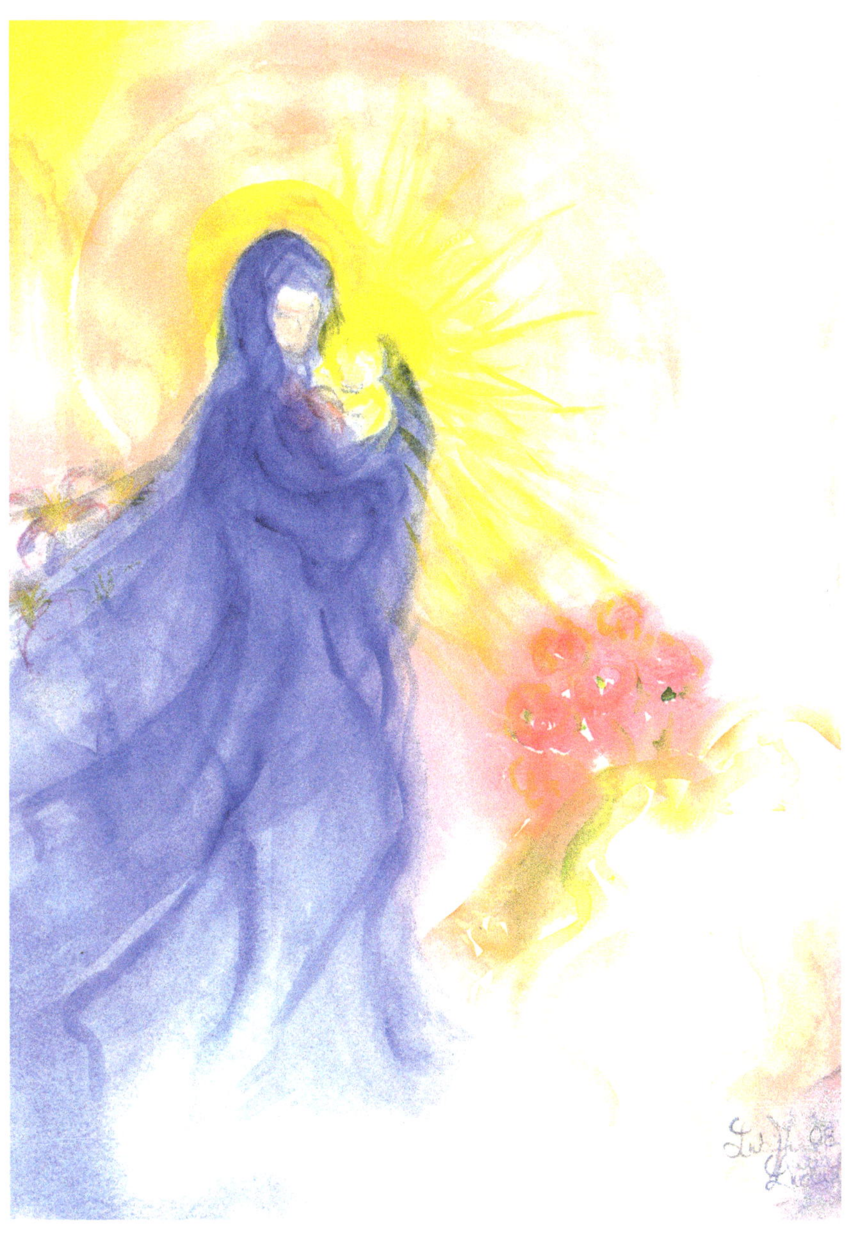

Balada k Noci Svätojánskej

For Russell.   24. June 1999 - Sliač
                                        Europe.

Príď Láska moja - príď - preleť oceány
Prejdeme sa spolu - v tieto sveta strany
Príď Milý môj - dňom i nocou čakám
- pobežíme / poletíme spolu k Svätojánskym vatrám.

Ak prídeš Ranom skorým - v lúkach s čerstvou Rosou
pobežíme s Vánkom - ľahkou nohou bosou
Tam kde Víly tancia pod brezami
- čaká na nás palúk - vlhkej trávy.

Ak prídeš na poludnie - v Slnka žiare
pôjdeme alejou pod lipami
a v lúkach pokosených s vôňou sena -
na motýlich krídlech znesiem modré z Neba
do Tvojich očí položím ho s bozkom nežným
keď lúčne kvety budú lôžkom našim
Júnové zlaté slnko teplým lícom -
otvorí naše ♡ srdcia zlatým kľúčom

Ak prídeš na podvečer - pri súmraku
- vezmem Ťa - do horičky ku prameňu -
Večerom tichým - až kým slnko zhasne
- budem Ti tíško šeptať slová Básne.

Ak prídeš pod hviezdami - Nocou temnou,
otvorím náruč moju v tichu svätom -
keď zapálime Vatru našej Lásky -
nájdeme možno - poklad Svätojánsky.

Pod nebom plným hviezd Anjeli zazvonia
na kopcoch Vatry zahoria -
pokým sa rozbriezdi - Tam z Očú Tvojich
- vyčítam všetky lásky Znamenia ...

Príď aspoň v Snívku Nočnom
- nič Ti nezabráni
- pohladiť čelo moje vľahka ne svitaní.
Anjelský chór Tam zaznie - hviezde poletí
- Dotknú sa Duše naše v nežnom objatí.

Ak totká krása Vie Ti srdcom ♡ hnúť
príď Láska moja - poď
a v Svätojánskej Noci
Mojím Milým buď.
♡.

ॐ Meditation
(on the River.)

29. April 1996
coromandel.

I am sitting on the Buddhas- Rock
in the River of Life .

    It is raining.

    Time is passing.

    River is passing

Who am I ?

Past and Future
are meeting - Just in <u>Now</u>.

    I am the water

    I am the River

    I am the Buddha

Only in <u>Now</u>

    I am free .

        L.

Prebudenie.

Nové ráno - prebudenie zo Sna -
do trblietavej skutočnosti -
s kvapkami Rosy v rannej hmle
v dome - na brehu Rieky
na Novom Zealande.

Hľadám Ťa Láske moja
- ale stretla som Ťa v tišine Noci
- tam v nekonečnom Sne -
kde moje Dlane stretnú Tvoje
a moje Úste hľadajú Tvoj úsmev
a moje Oči čítajú v tieni minulosti
všetky naše Dni a Noci,
prežité i nedokončené
básne našich stretnutí.

Ale už iba vo Sne chodíme spolu
tou istou krajinou.
Každé ráno Ťa opúšťam, tam pod Tatrami -
- A večer zase stretávam
- v Budúcnosti
ktoré sníva našu Lásku.
♡ Luhenka.

Budúcej Láske.

May the 1-th:
1996
Coromandel

V prvomájovej noci som Ťa vysnívala
– moja veľké Nová Láska.

Sedím na komári Vŕbky nad riekou
Tairua.
Odrazy slnka na mne žmurkajú z rieky
a vlnky tíško šepcú – Májové príbehy
mójho Života.
Všetky odplávali v Čase.
Ale Rieke stále tečie
a v novom Máji
– sníva naše stretnutie.

Čakám Ťa
Láske moja
na Vŕbke
nad riekou Tairua.
♡

Láske

Naše Láske
dostele dnes Dar –
Anjelské krídla 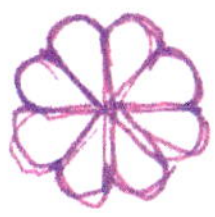

Aby mohla vyletieť
    – tam vysoko –
kde ju nikdo nemôže dočiahnuť.
A one sa ľahučko vzniesle
 – a dotkle se Večnosti –
Vysoko me Nebi
Ďaleko v našom Sne

L.

Lanxter

Zrodený pre Krásu
Z útrob matky Zeme a vôd Oceánu

Vysnený Bohmi
Sám sebe Osudom.

Útesy modelované vetrom
a pláže z ružových kamienkov
Malé jazierka s detskými očami
— na jar brehy plné kvetov.

Útočisko vtákov a bielych plachetníc
ozdobený kostrami stromov.
Ticho čakáš na Božie znamenie
Hviezdnatých nocí a Našich návratov.

Stvorený pre krásu.
Vysnený Bohmi
Od Vekov — čakáš.

Božie Ráno

3. 2.
19/98
Gemstone
Drive
U. Hutt.

Boh prešiel tíško dnešným Ránom
Krajinou okolo našej Rieky
– pohladil VRŠky NEŽNOU hmlou
– do rieky vložil kúsok svojich očí
– liky a stromy posypal kvapkami ROSY –
– zrkadielka pre tisíc malých šeniek.
– Rozdel sa a tíško odišiel ... —

A ja tu v úžase stojím a hľadím
(modlím sa) vravím
Vďaka Ti Bože za toto zjavenie !

Okienkom pre Deň –
Nehou pre Dušu –
Láskou pre Život –
Prichnoj nás Bože –
S Novým Ránom.

♡ .   ĽUBICA

Caffè d'Olives.   26. April 1999
                                   Wellington
For Russell. W.

____

In a lifetime of moments-passing
one moment came and stayed with
Flying around and hiding   Us
-smiled at me from your Eyes

Is it still same old game Life?
Is it still same old game?
My Soul knows-all is new
-and she can smile dreamagain!
          y

Everything is veiled and waiting
I can only sing and pray for you.
             (feel)
For a moment I may Love again
or just sit and smile with you.
   (to be)
                          L.

„Májový dážď"

1 a 2 Máj 1999.
Wellington.
(Central Park)

Prší – a Májový dážď
pohládze v parku Tvoje stopy,
a našę prvé stretnutie.
Daždové krapky zmyjú
Tvoje bozky z mojich líc.

Ešte celkom neverím že sa to
                    mohlo stať
– tej poslednej chvíle
              – tej krapke Lásky
*   v mojom Živote
kŕkå krapke dažďa na mojich
*(a kohynádej pohladila moju tvár)
prišla a caka
aby sa čosi pohlo v mojom Osude.

H. L.

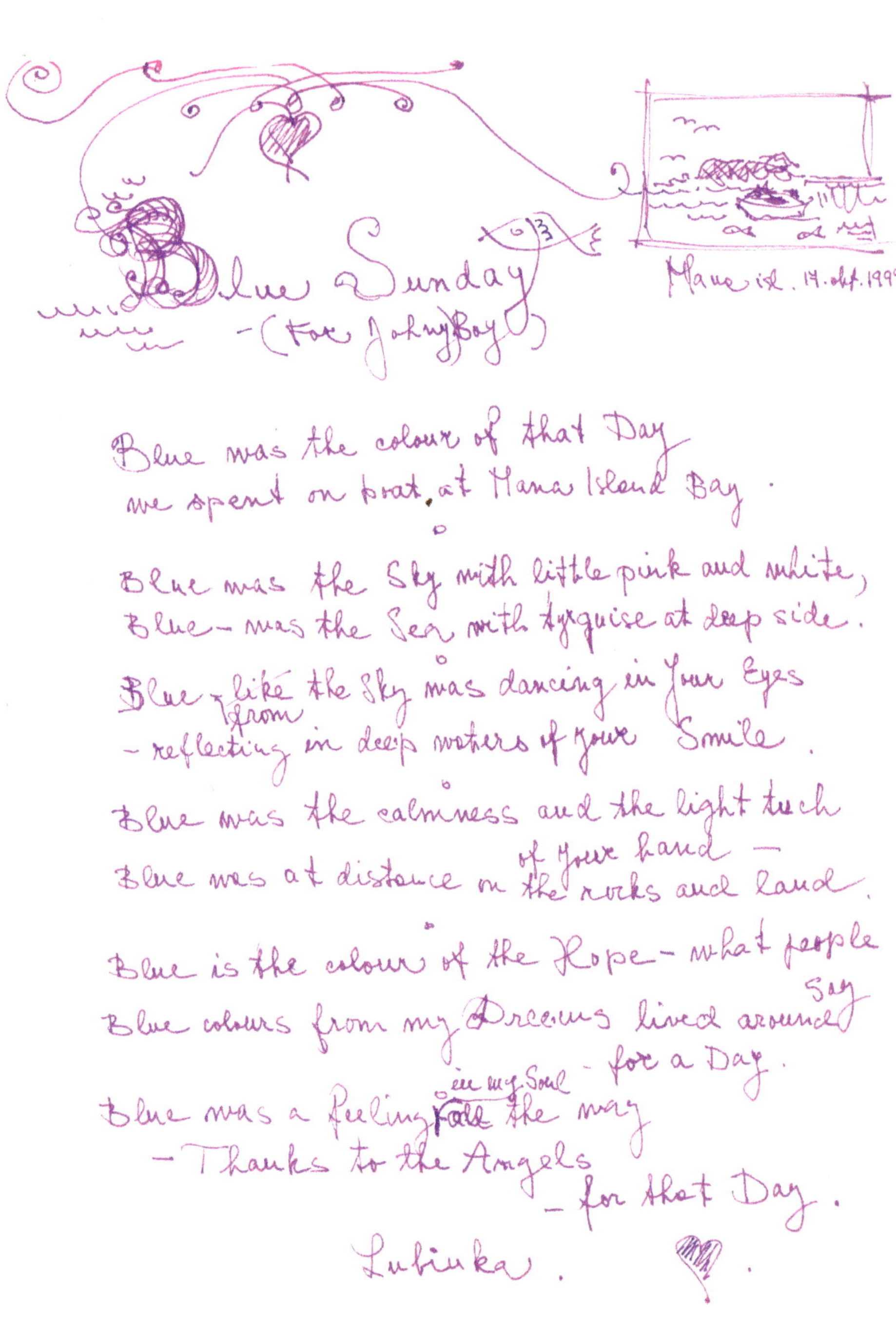

Blue Sunday
— (For JohnyBoy)
Mana isl. 17. okt. 1999

Blue was the colour of that Day
we spent on boat. at Mana Island Bay.

Blue was the Sky with little pink and white,
Blue — was the Sea with tyrquise at deep side.

Blue, like the Sky was dancing in Your Eyes
from
— reflecting in deep waters of your Smile.

Blue was the calmness and the light tuch
of Your hand —
Blue was at distance on the rocks and land.

Blue is the colour of the Hope — what people
say
Blue colours from my Dreams lived around
— for a Day.
in my Soul
Blue was a feeling all the way
— Thanks to the Angels
— for that Day.

Lubinka.

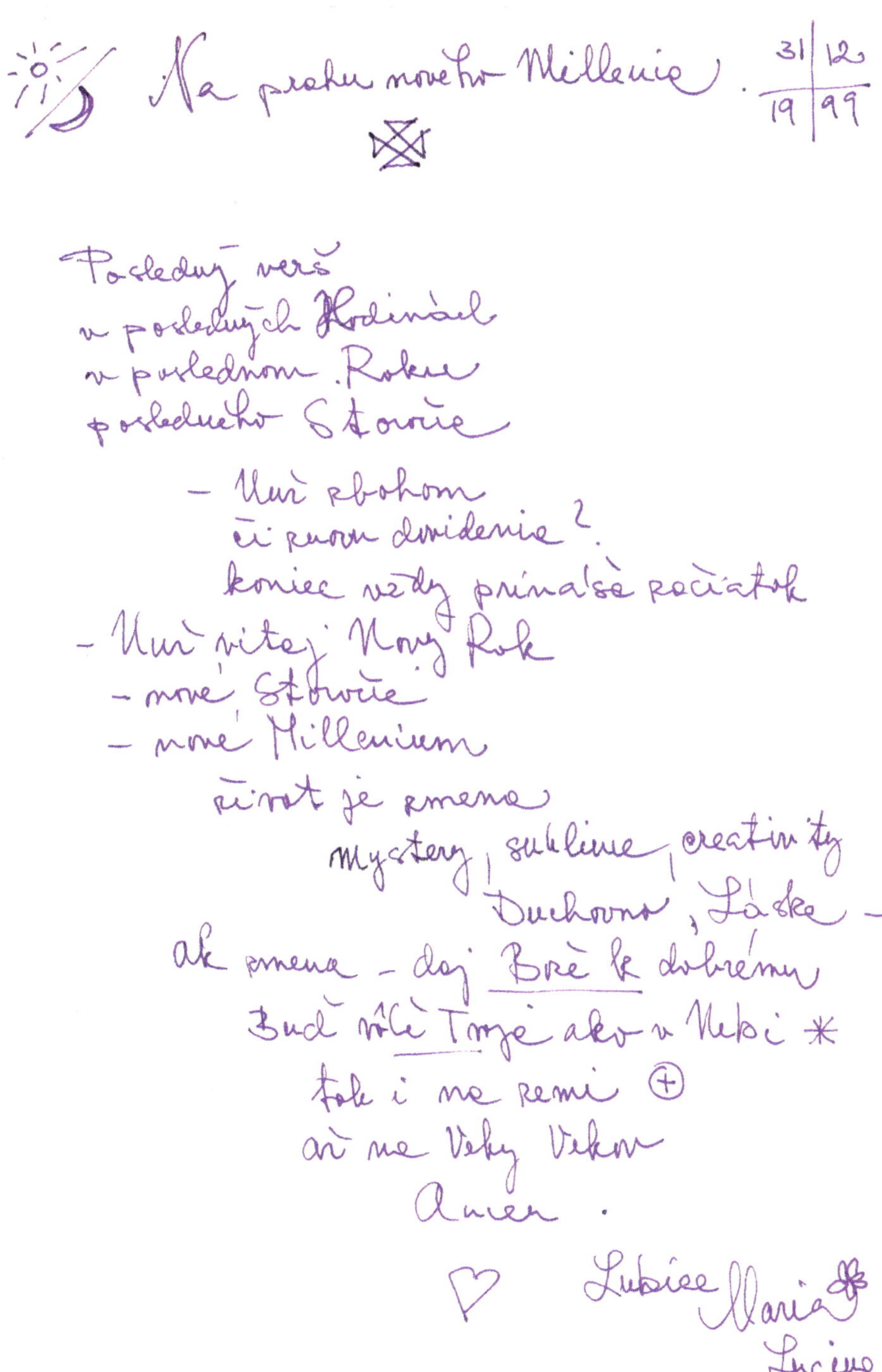

Na prahu nového Millenia. 31/12 19/99

Posledný verš
v posledných Hodinách
v poslednom Roku
posledného Storočia

    — Nuž zbohom
    či znova dovidenia?
    koniec vždy primalše počiatok
— Nuž vitaj Nový Rok
  — nové Storočie
  — nové Millenium
    život je zmena
      mystery, sublime, creativity
        Duchovno, Láske —
ak zmena — daj Bže k dobrému
Buď vôľa Tvoje ako v Nebi *
tak i na zemi ⊕
ai na Veky Vekov
  Amen.

♡ Ľubice Maria
              Lucine

Sunset in the Days Bay.

That Evening sunset came in glory
with all the colours into our Eyes
when our shadows met —
            and embraced behind us.
And Blue with gold start mixingon
start mixingon the clouds —
drinking that golden Moments
from the Eternity glas.

            *
Calm and still waters met heavy deep
                    — silver deep
singing that endless music of the seas.
For moment our hands met —
and our Souls were start feeling Pink and Red
when Islands disappered into black silhueft.
            *
And the Pink cloud was born
— road for the Angels — with the golden stream
maybe they came — and gaided our Souls
— to Live and Dream.

            ♡   Julica.

Alej na Sliači

Kamenné cestičke - vinie sa trávou
privíta pútnika z ďalekých krajov -
a lipky - priateľky - vysoké krásky
hrajú sa vo vetre - češú mi vlásky.

Škovránok nad lúkou voňavých kvetov
spieva mi piesenky z májových letov.

Na lúke zelenej - storoké trávky
skláňajú vo vetre zelené hlávky.

Po tráve Víly tu tancujú bosé
ľahkými nôžkami na rannej rose.
Posedím na lávke - prejdem se krokom
Daj Bože - vrátim se - budúcim rokom.

Ľubica

Rybníček v Botanickej

tú Vŕbke – v objatí zelených stromov
zrkadlíš kúsok Neba
– Naveky pamötáč.
Pamötäš dni Detstva?
– Dni plné hier, vôšok a motýľov, kúpanie z žabkami
– pod starou Vŕbou – ktorá tu ešte stojí.
Sväté a preknené dni – nemali začiatku ani konce
– rástli v čase.
Pamötäš?
Víly tu tančily vo vlahých Májových nociach
Pamötäš mojich Milanov?
keď prvé stisky rúk a prvé bozky
    pohladili mi ústa?
Dávno – predávno – ale jazierko pamötä
– v zime ne hladkom ľade – kruh korčúľ
– a za daždivých večérov krapky ne hladine
    – kruhy a kruhy

A neskôr v čase – prvé kroky mojich Detí
– ich hry, hlásky a májové Lásky
    Do nekonečna – Pamötäš!

For Je.
♡

Wellington
13. jan.
2002.

Tango.

Four legs —
      one body
dancing:
First in their own Universe
            of Love, Joy
            and saddness
endlessly joined
with music
one ~~feel~~ to dÿe for — so
They
Dance.
   and
Dance
   and
D...

♡

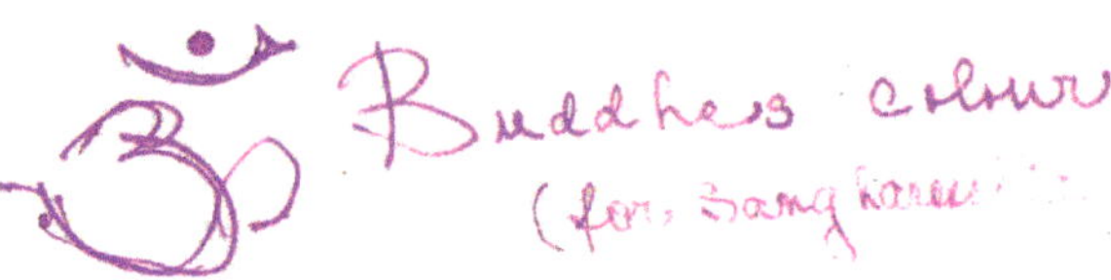

ॐ Buddha's colour
(for Sangharan...)

♡ Buddha is a colour of that light
when rainbow between the sunset
                        and mine,
disappears in breathing in and out
reaching for colour of Buddha's
                Light .

10/12
20/02

Chcela by som byť - Ružou
  - v záhrade Tvojich snov.
Do Tvojich nocí vchádzať
  - a ako Ruže - krásky.

V Metamorfóze Tajomstiev
  - rozdávať Vôňu Lásky.

Chcela by som byť - Ružou - rozkvitnúť
  - na Slnku Trojich Dní
K sladkej hĺbku druhej -
  vo farbách požiariť.
2(na dotyk Trojich snov - žiariť a Lesku žiť
.A. čakať na Tvoj dotyk
  - ktorý . Raz môže prísť.

20/3
——— - Botanické záhrada
20/03   Wellington

!3. April ...
NAIRN. OTR.

Just for You.

Come to me – my hands are full of gold
– just for you,
come and play with me – my heart is full of childhood
– just for you.
come and talk to me – my words are full of wisdom
– just for You.
come and look at me – my eyes are full of ligt (sky?)
– just for you
come and sit with me – my walks go thru rose
come and walk with me – just with you   gardens
my forest is there
– just for you   waiting
come and kiss with me – my lips are full of honey
– just for You.
come and dream with me – my dreams are full of magic
– just for You
come and pray with me – my prayers meet the angels
– just for You.
come and live with me – my life is like a rainbow
– with all the colours
– just for you.

13./4
20 03

Lubica Maria

♡

May 1. 2008

Wind full of hearts

Walking the Lime tree alley
— Wellington autumn day.
Golden hearts flying in the wind
     touching my face and hands.

Was it the same wind
playing with your hear ?
— somewhere in Tibet hights . 2

Ľubica

1 5.
20 03

25 Feb
2004.   If Every Minute ...)
             (for Graeme.)

Ak každé minúte tohto Dňa
        – trvale roky, ...
– tak sme ui prežili nekonečno ∞.
Preľúbili sme se až sem – k tomuto Dňi,
        moru, školám a nebu –
      bez počiatku a bez konce
     – k večnému Dnes
       ďaleko v Nás .
          ∞   Your L .
                     ♡ .

Chvíľa;   ∞   3. Február
                                                 /2014

Tak postoj chvíľa -
budeme sa hrať.;
Ty budeš plynúť -
a ja - utekať .

Ak ubehneš čas -
kým deň ostarne -
stretnem Ťa vo sne
- Tam čas zastane   .

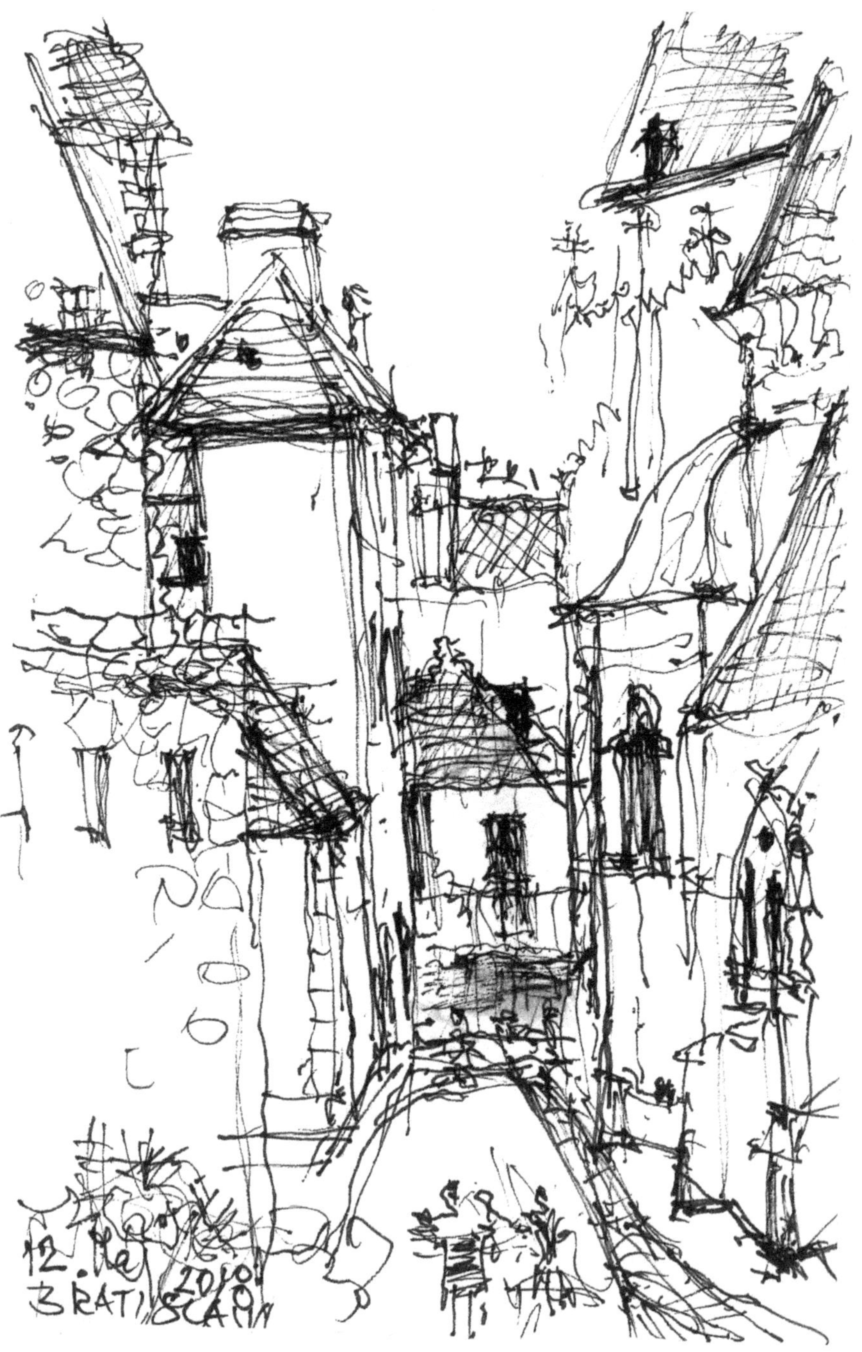

12. Maj 2010
BRATISLAVA

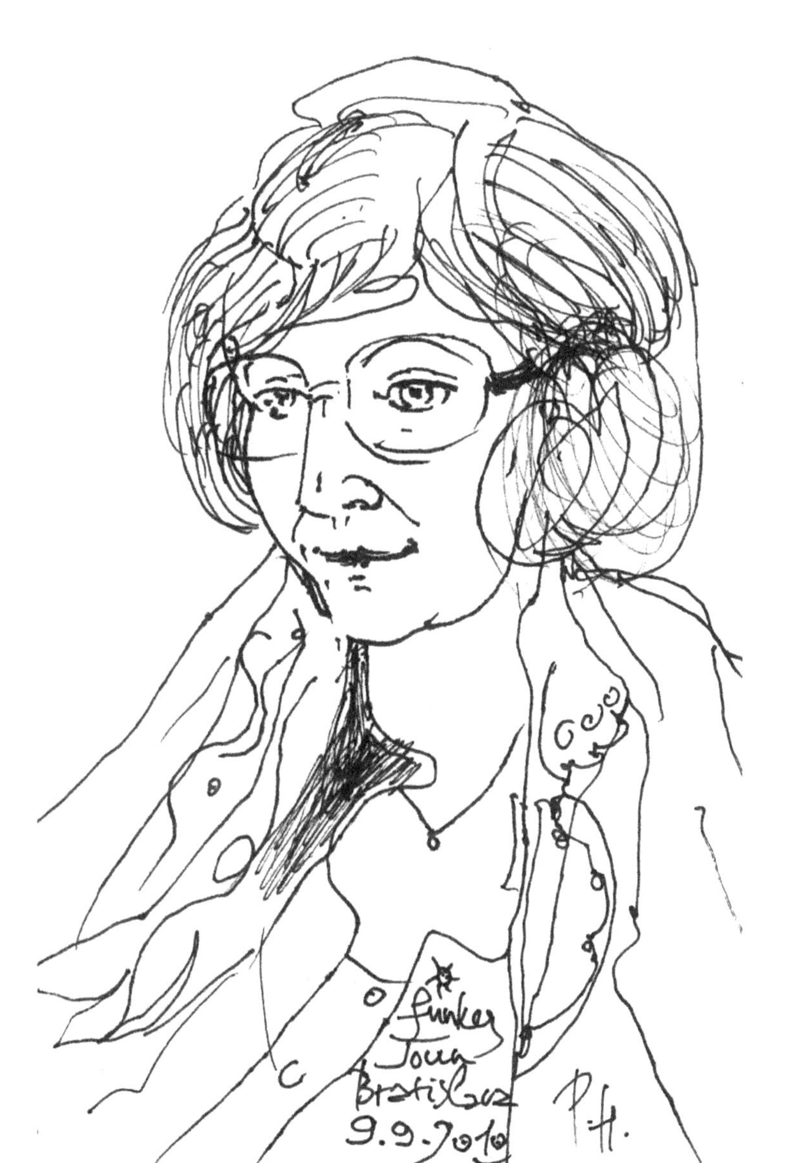

Funker
Tour
Bratislava
9.9.2010
P.H.

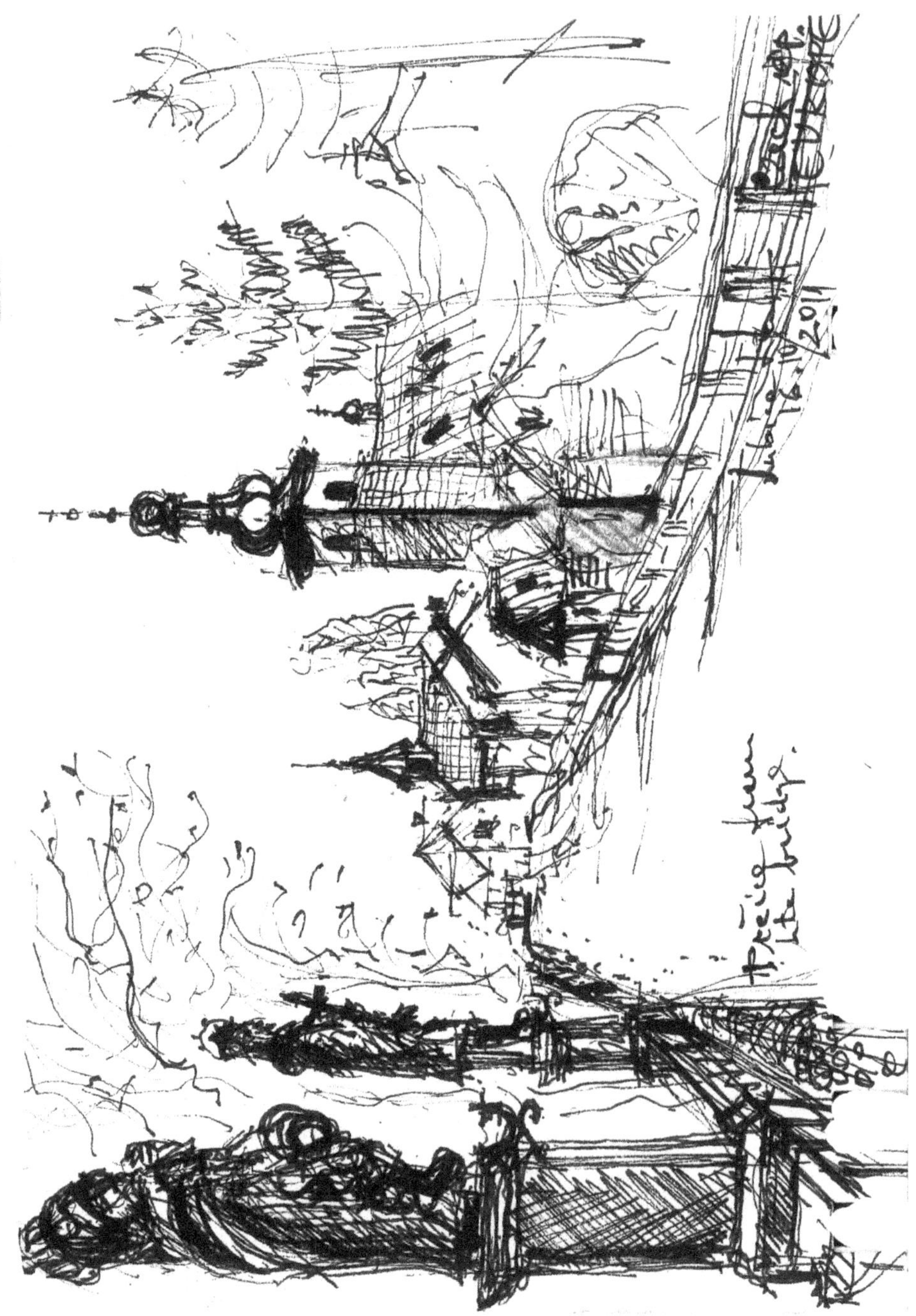

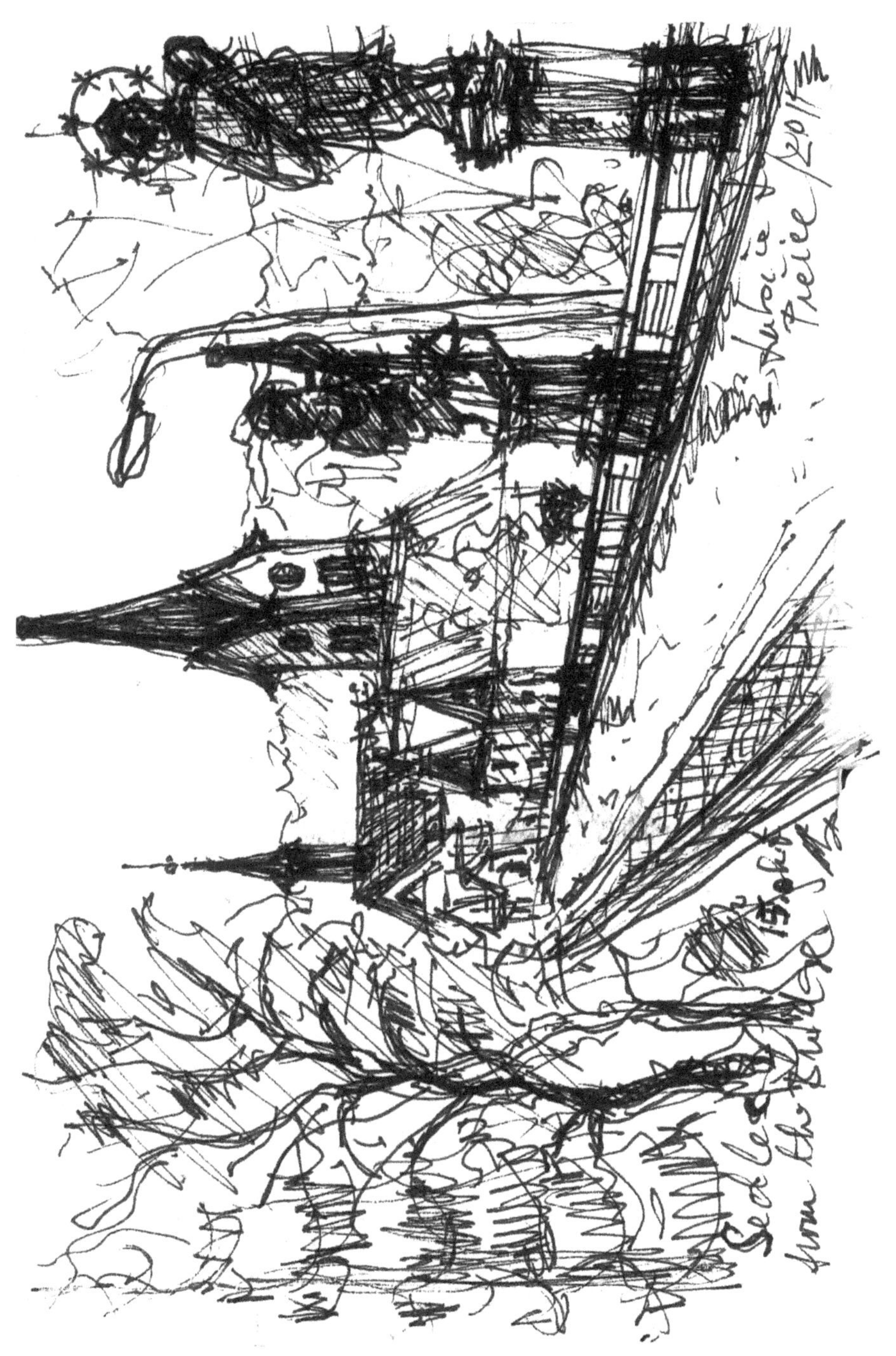

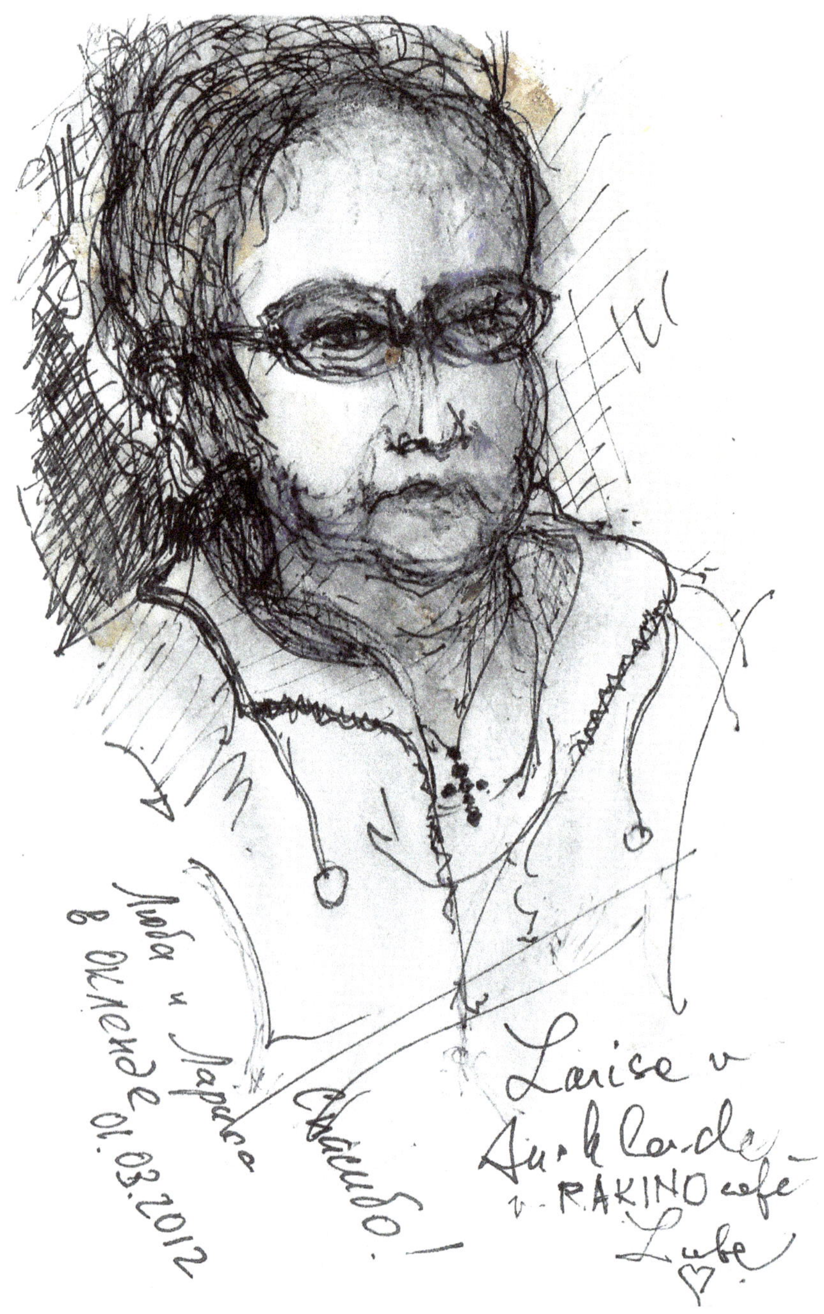

Люба и Лариса
в Окленде
01.03.2012
Спасибо!
Larisa v
Aucklande -
RAKINO cafe
Lube
♡

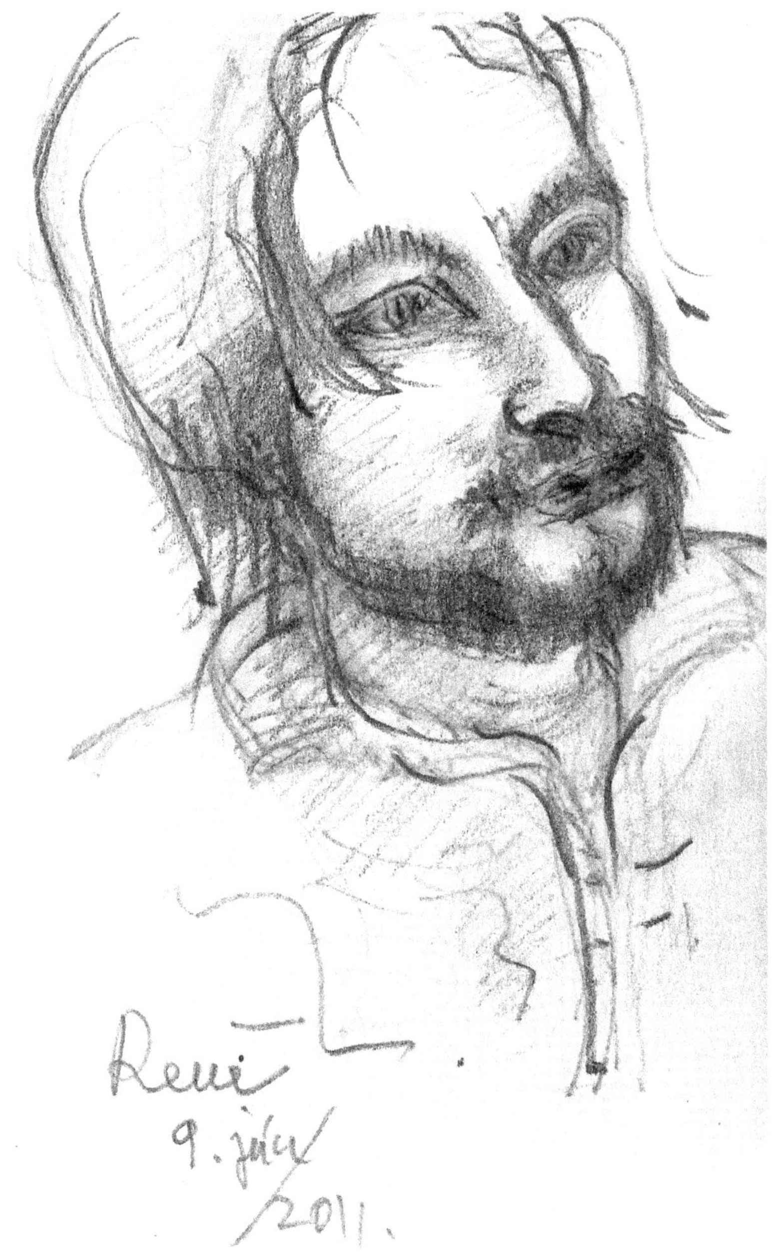

Remi
9. july
2011.

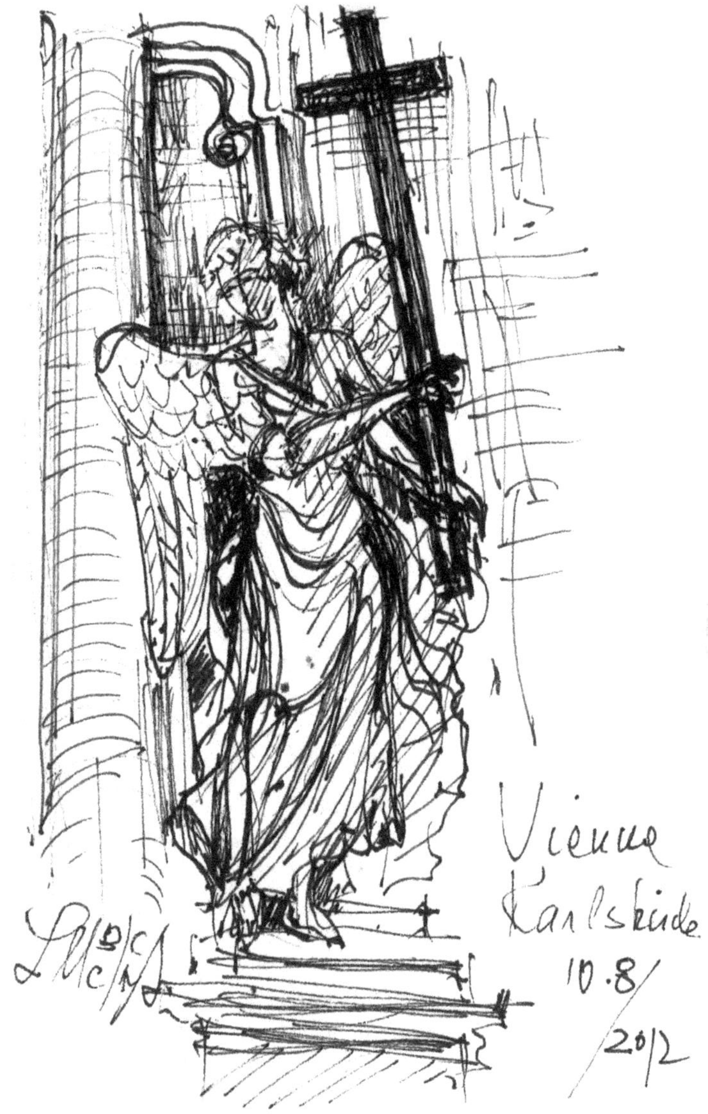

Vienne
Karlskirche
10.8
2012

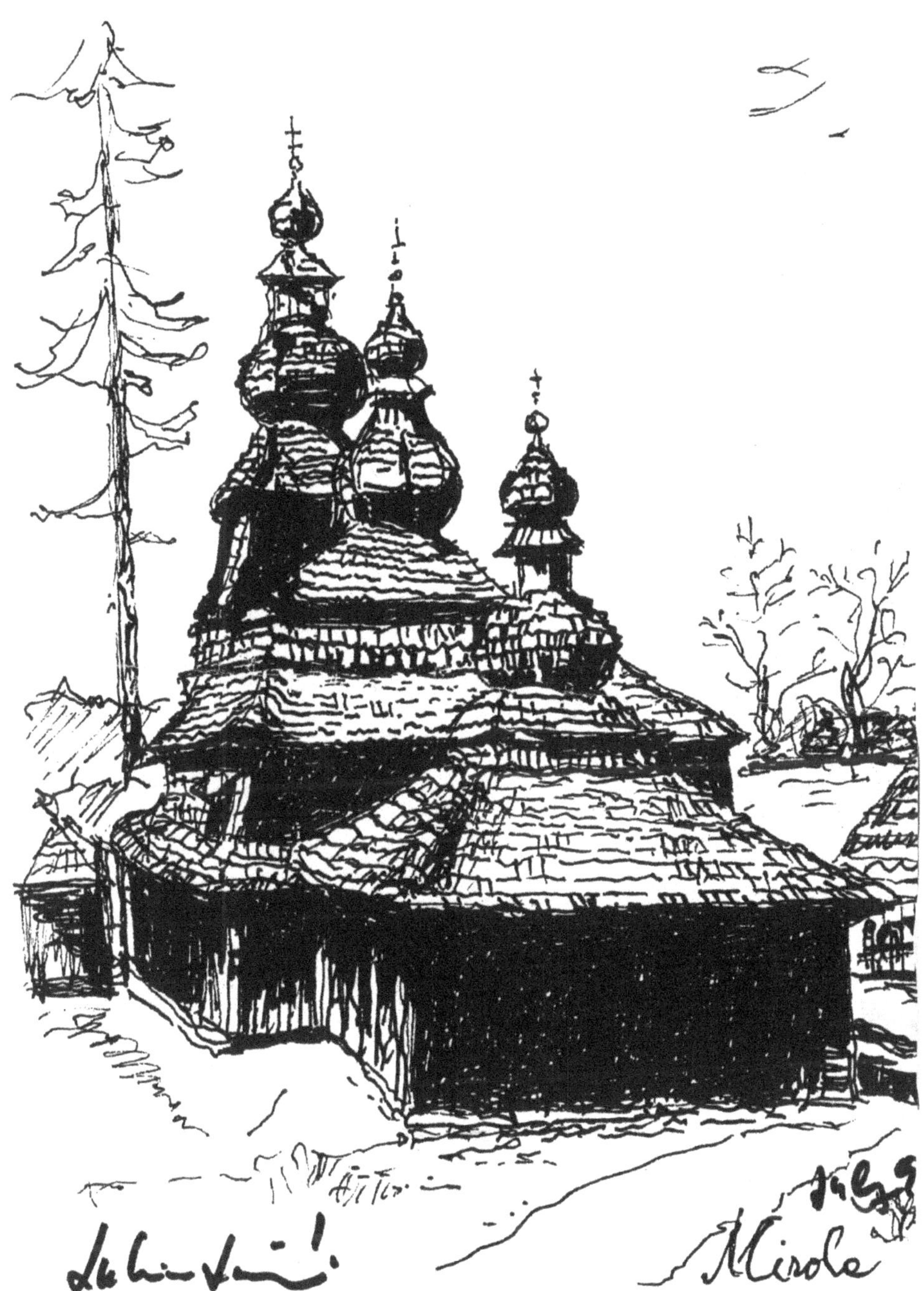

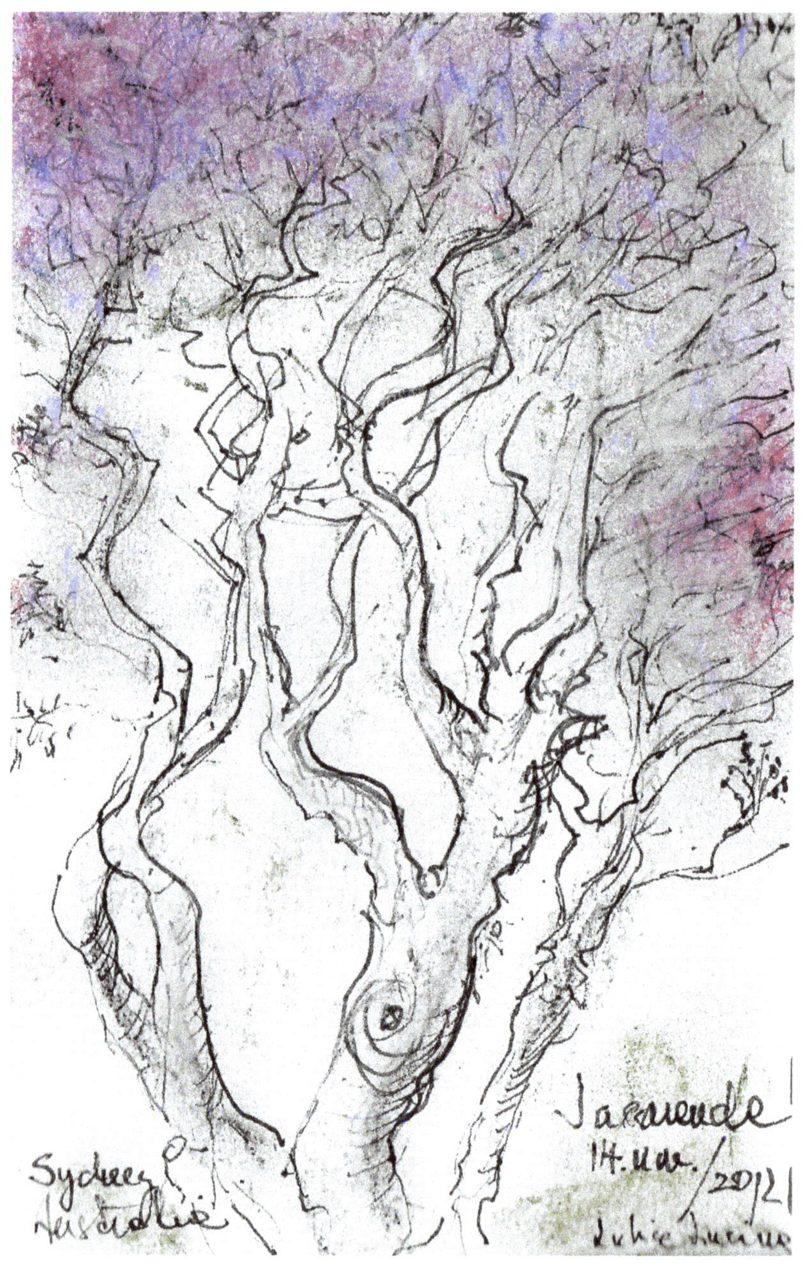

Sydney
Australie
Jacarende
14. Nov. /2012

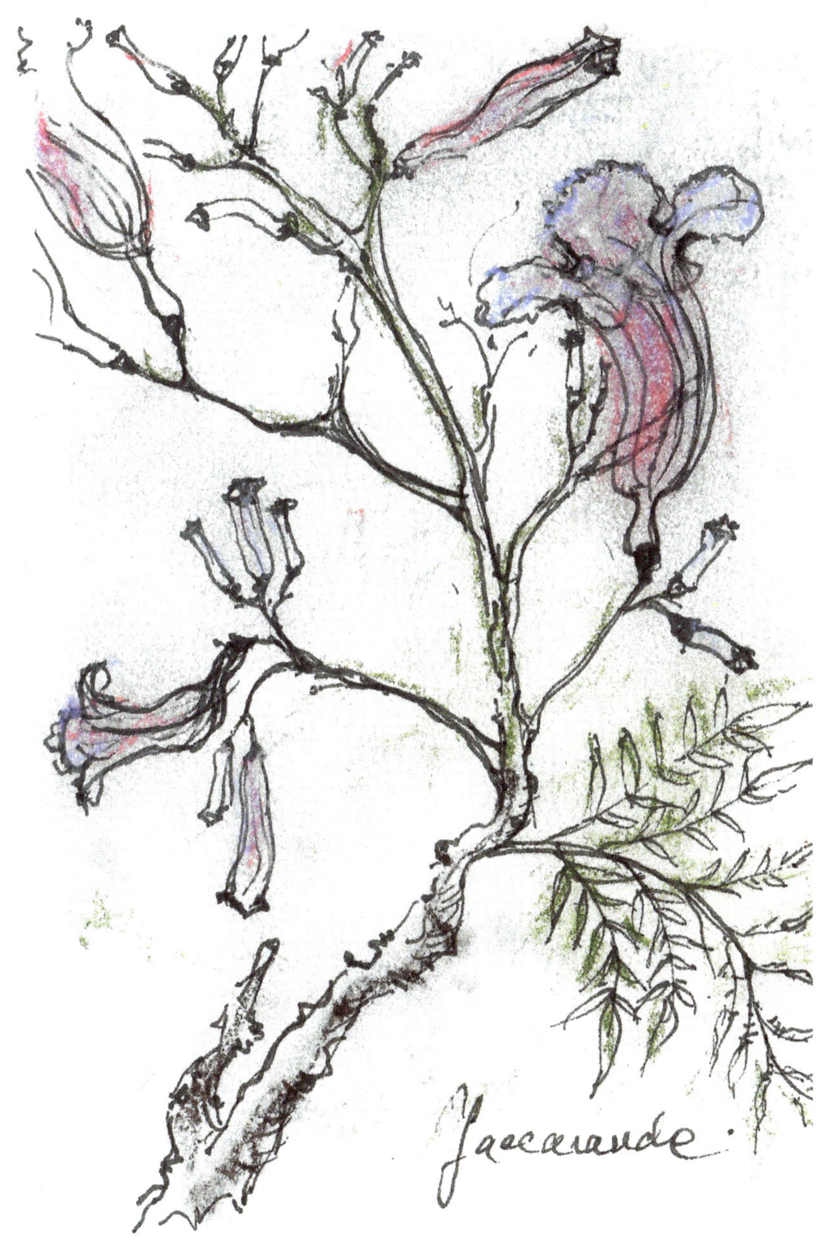
Jaccarande.

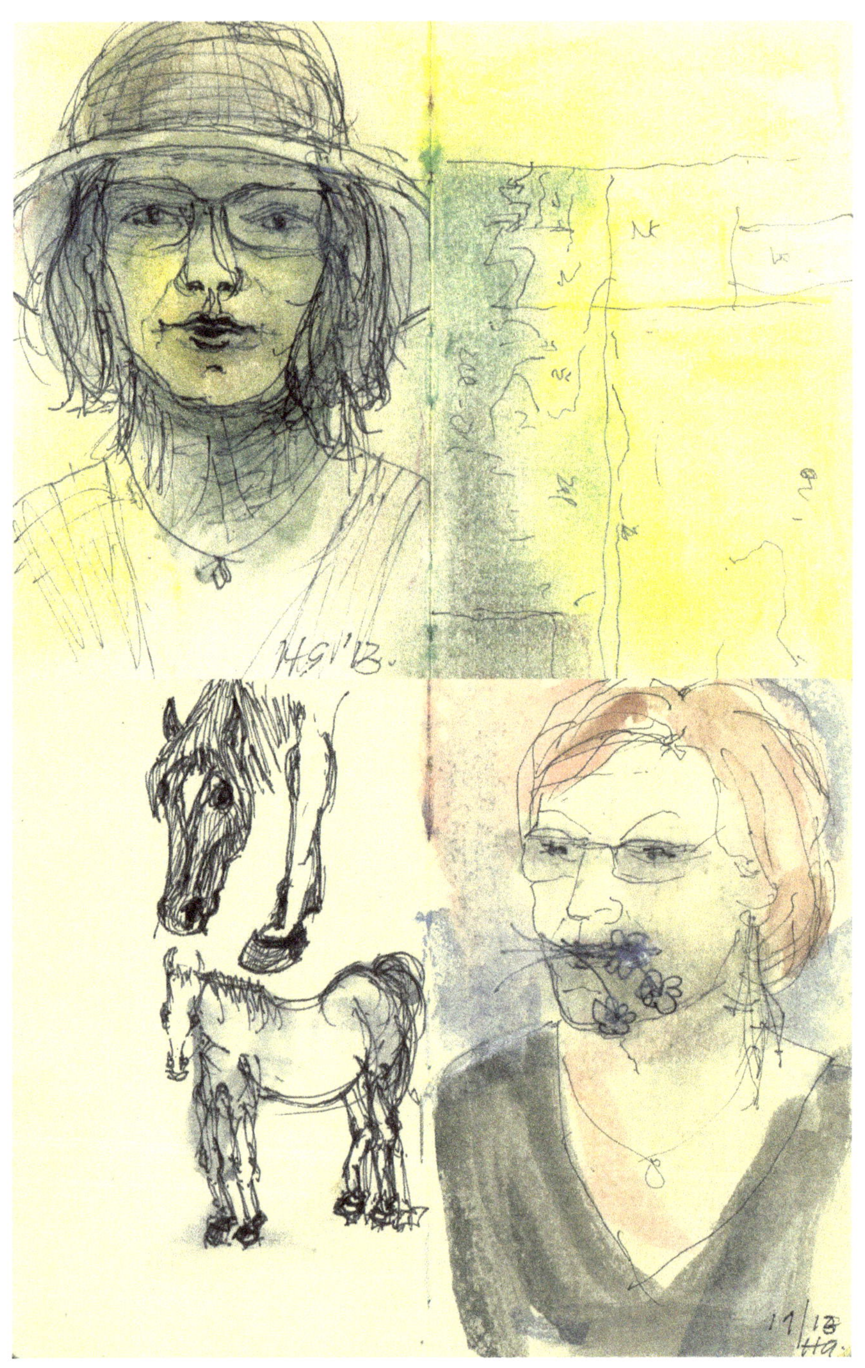

H.G.'13.
11/18
H.G.

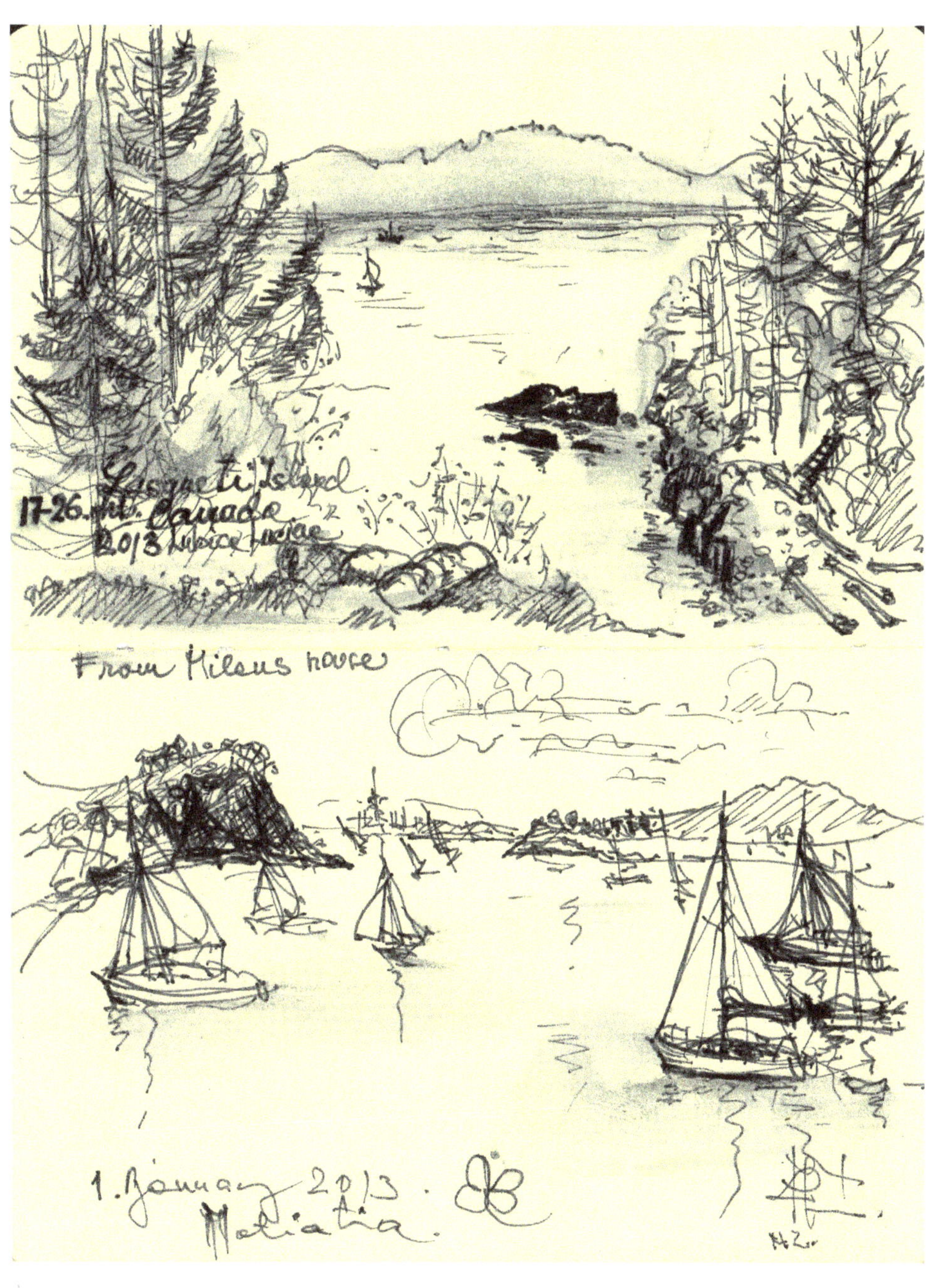

Lasqueti Island
17-26. Jul. Canada
2013 Lurica Luriae
From Hilsus house
1. January 2013. Moliatia.

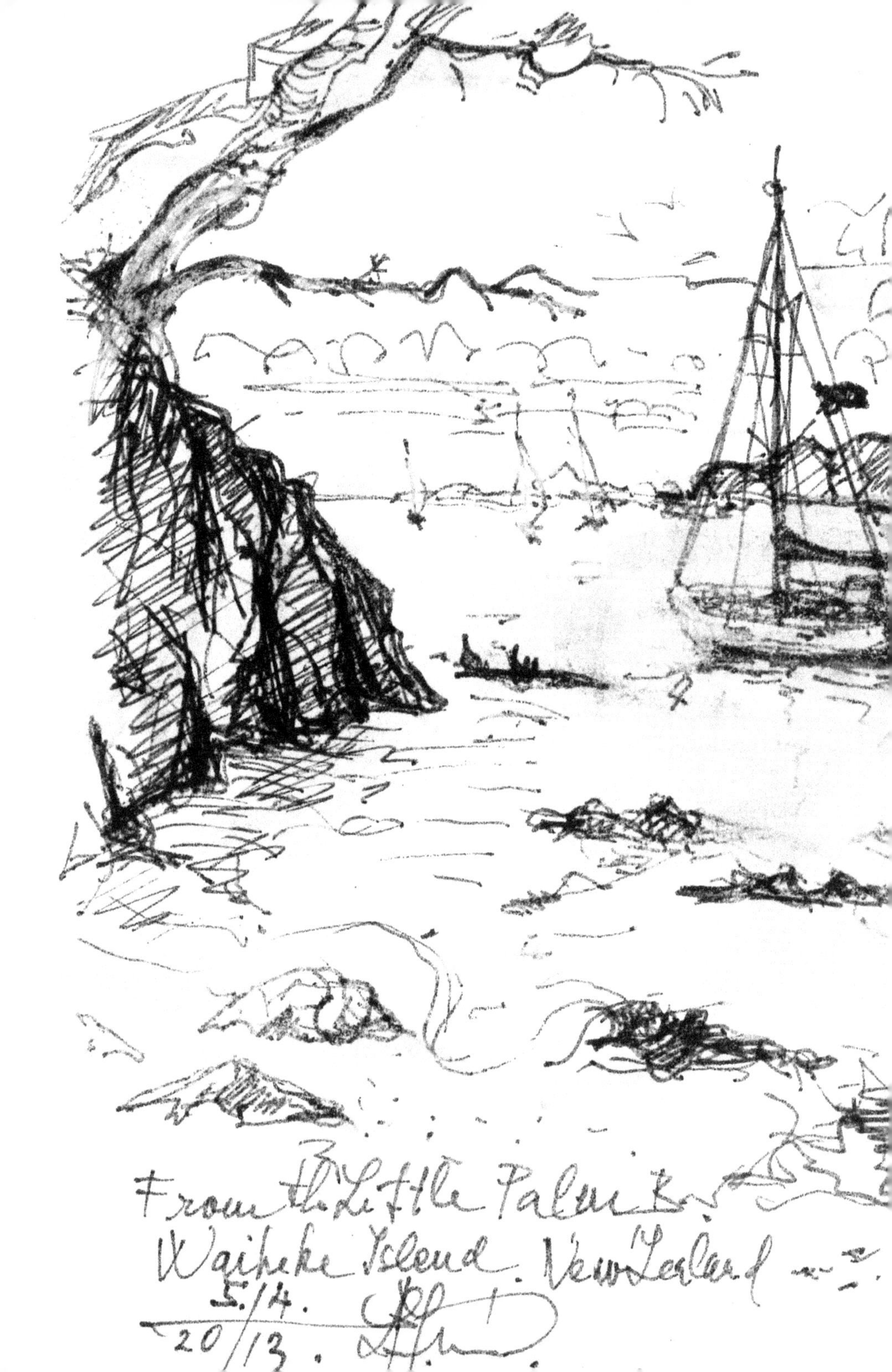

From the Little Palm B.
Waiheke Island. New Zealand
5/4.
20/13.

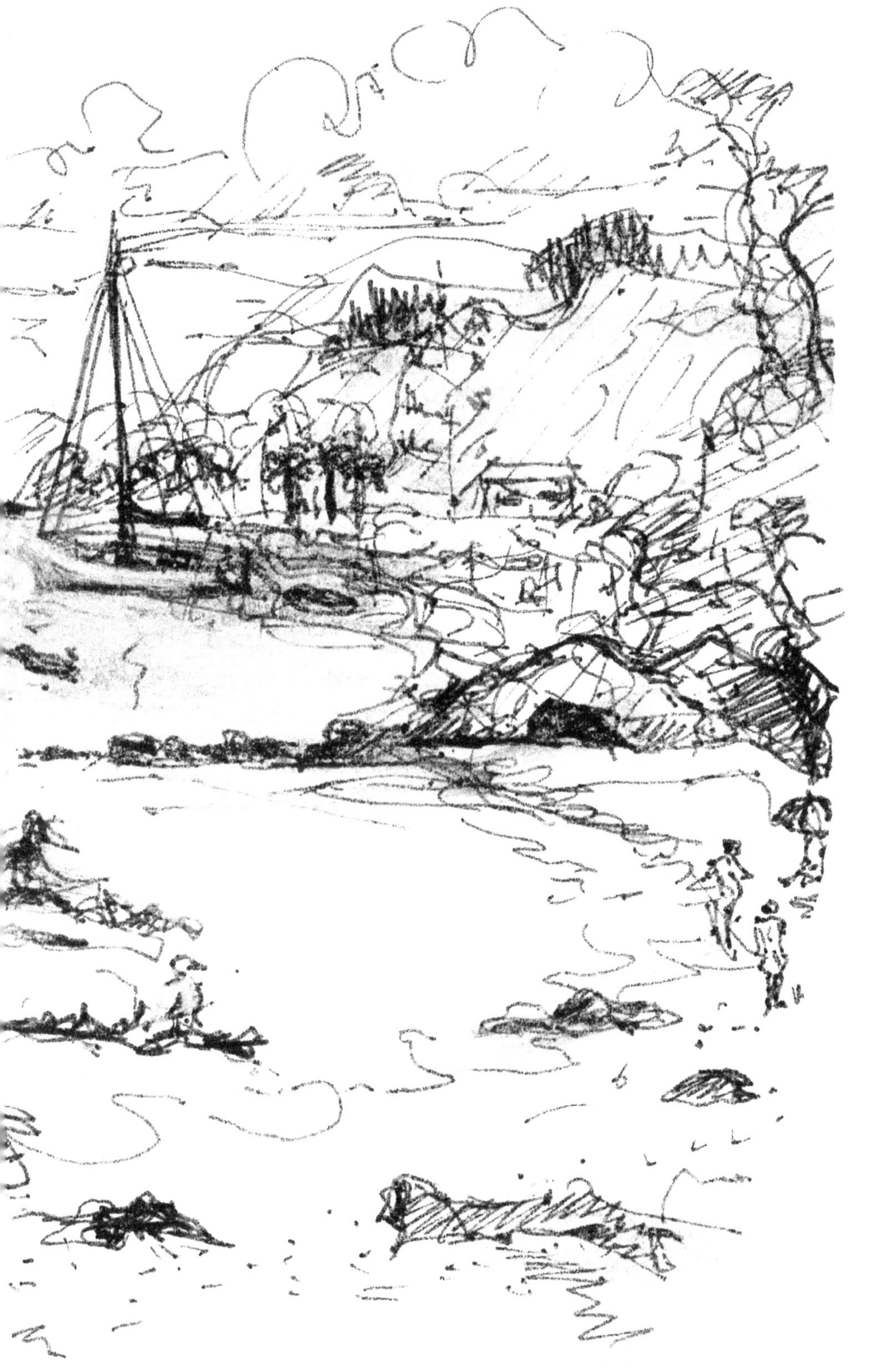

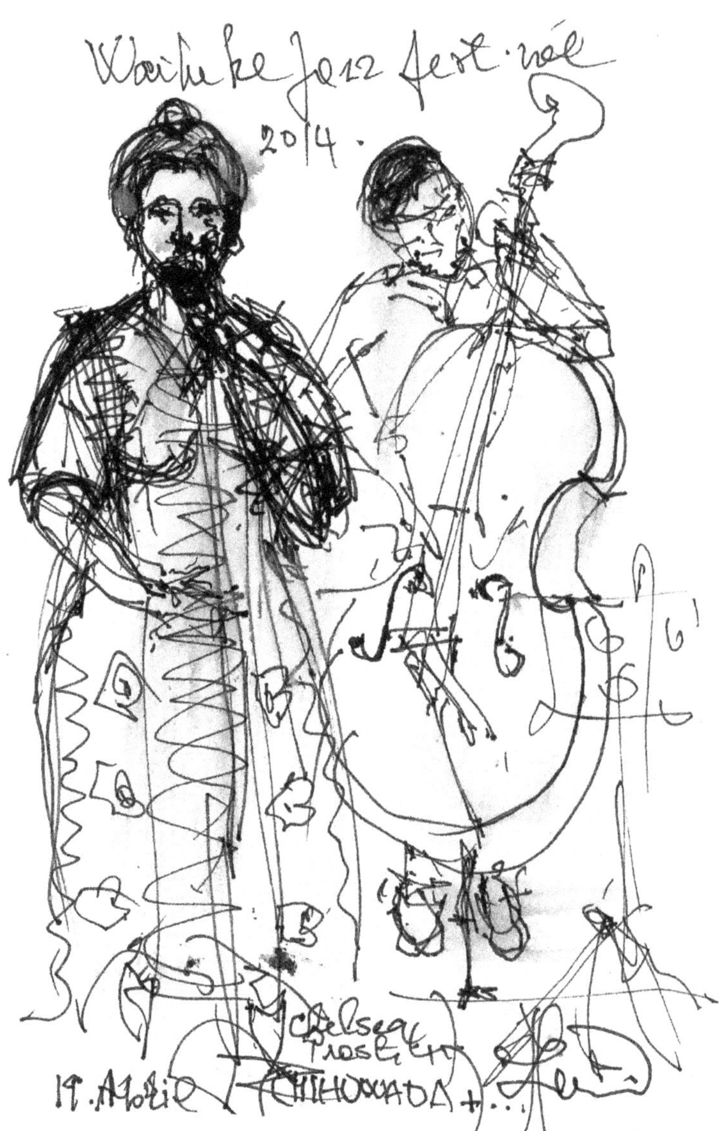

Waiheke Jazz festival
20/4.
Chelsea
Proseke
19. Aprile   CHIHOKADA +...

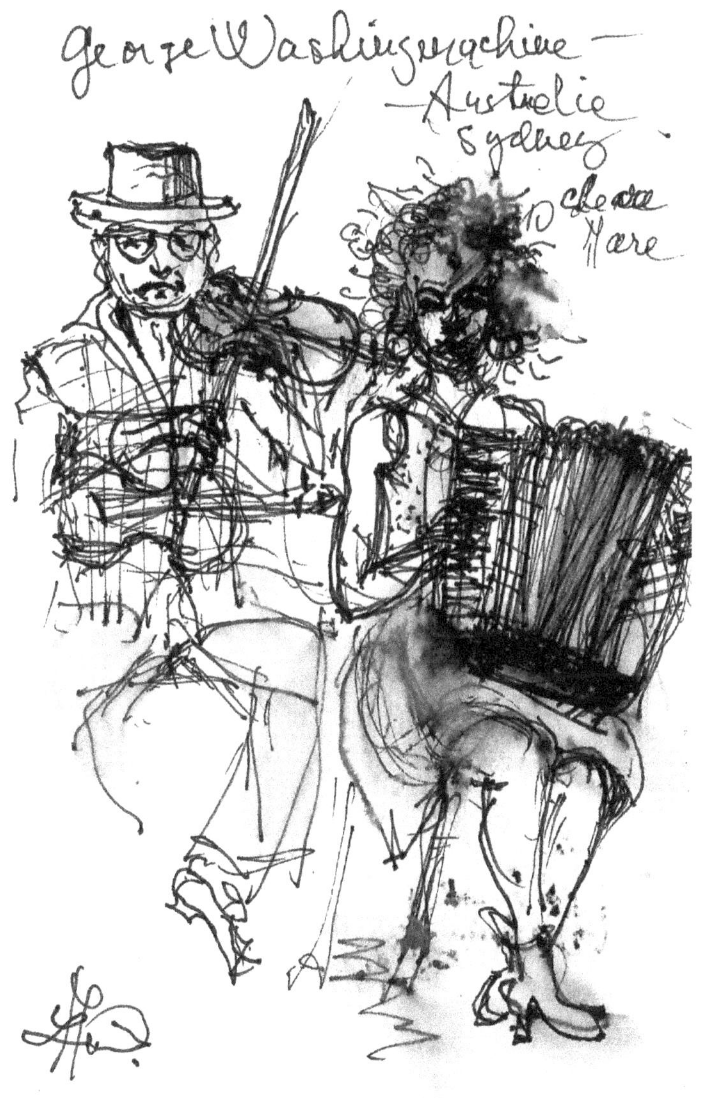

George Washingmachine
Australie
Sydney
Chiara
Mare

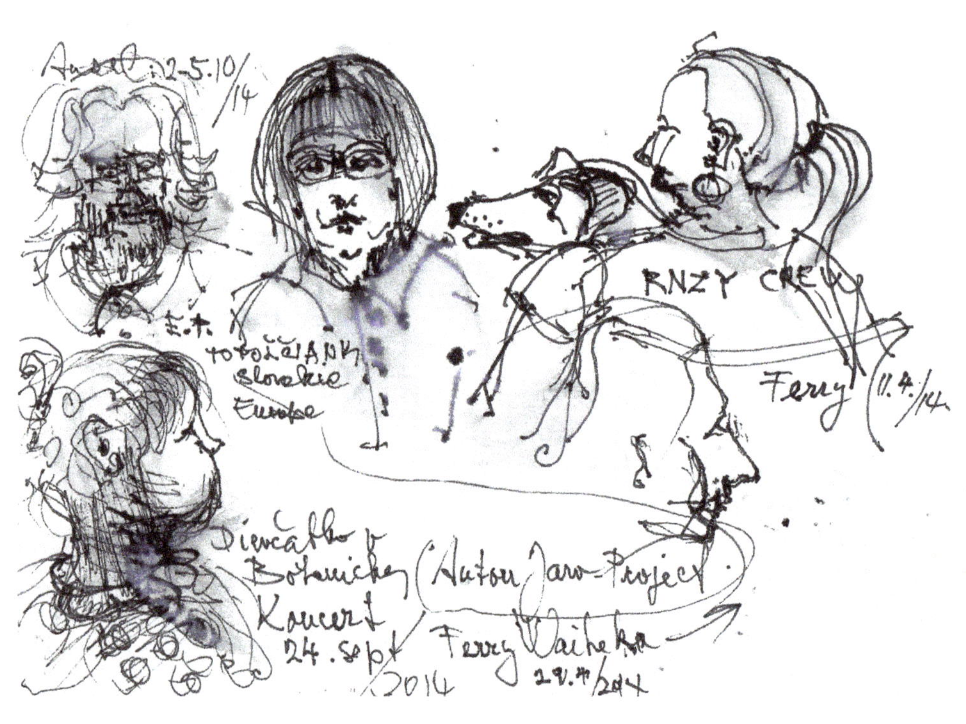

Anton 2-5.10/14
RNZY CREW
Ferry 11.4./14
TOTO ŽIJAN
slovakie
Europe
Ě.A.
Dievčatko v
Botanickej
Koncert
24.Sept
/2014
(Anton Jaro-Project
Ferry Waiheke
29.4/204

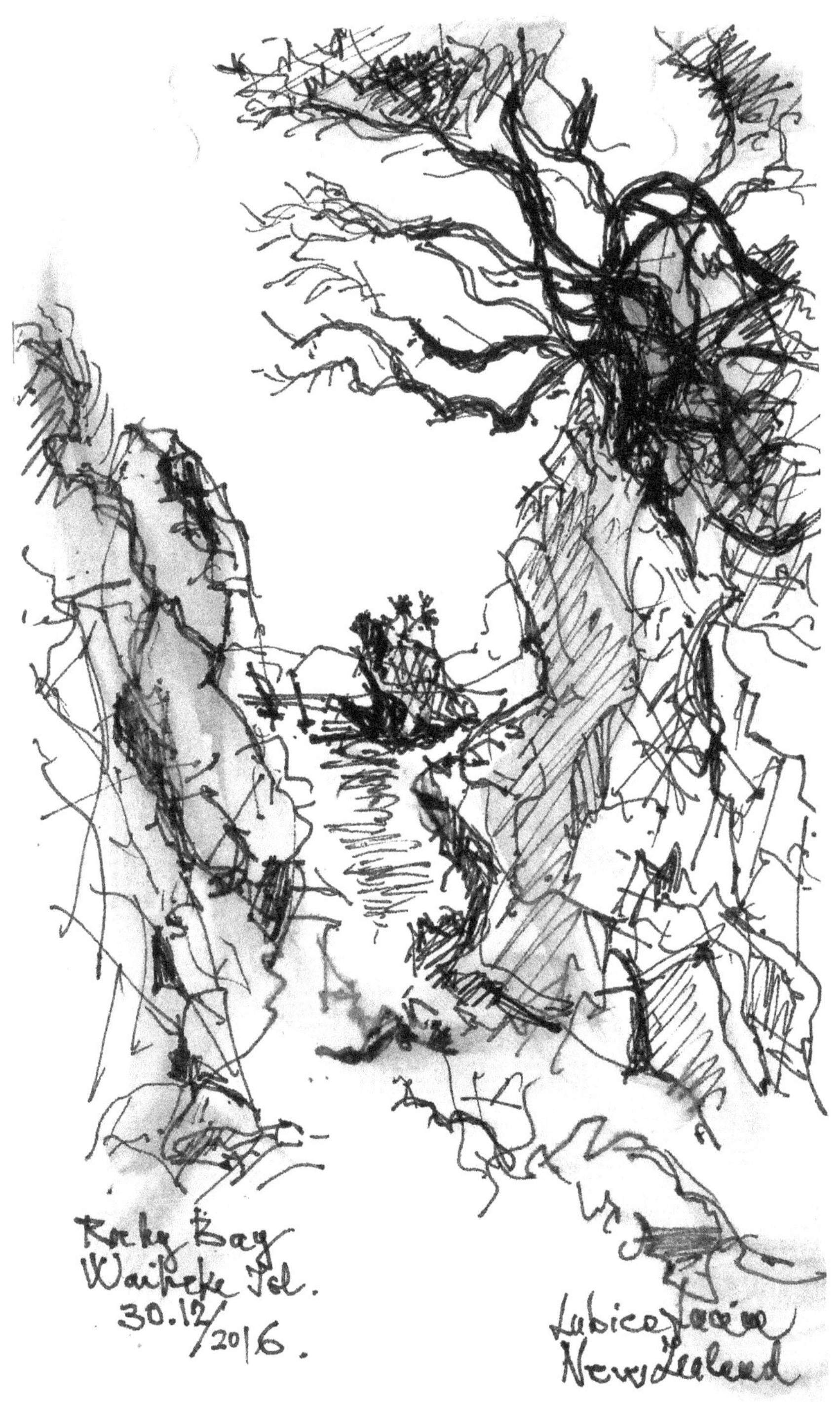

Rocky Bay
Waiheke Isl.
30.12/2016.
Lubica Jadin
New Zealand

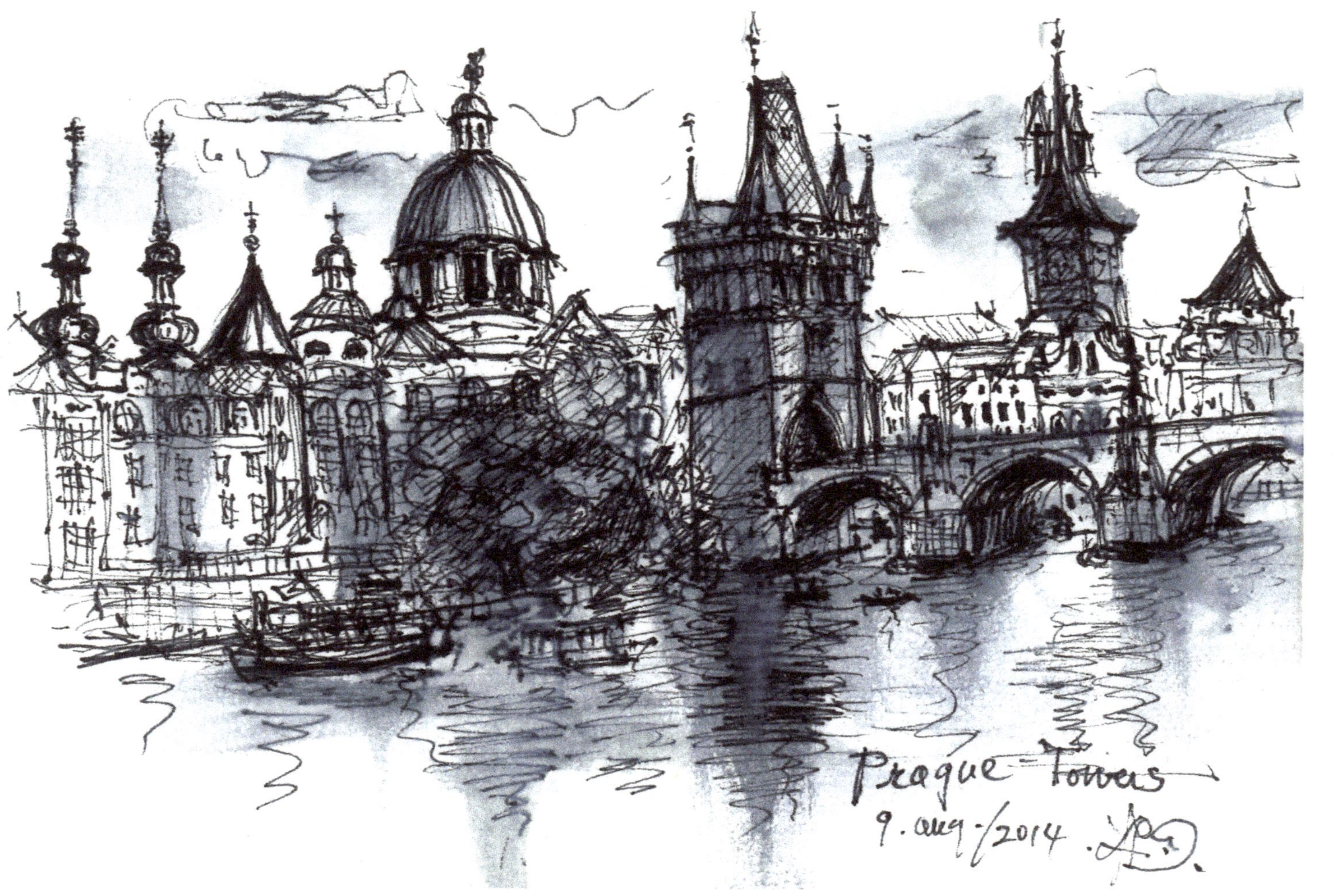

Prague - Towers
9. aug./2014.

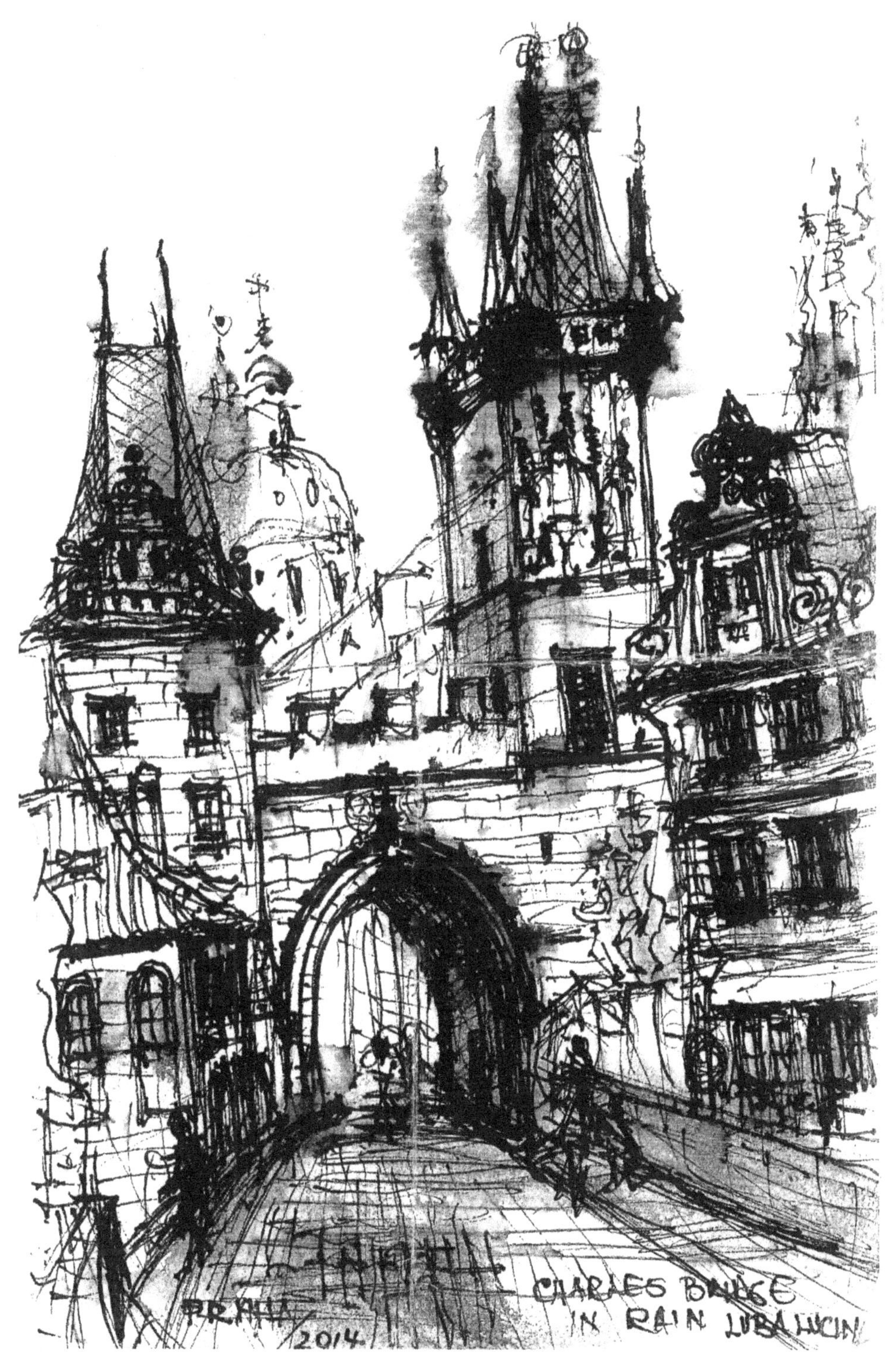
PRAHA
2014
CHARLES BRIDGE
IN RAIN LUBA LUCIN

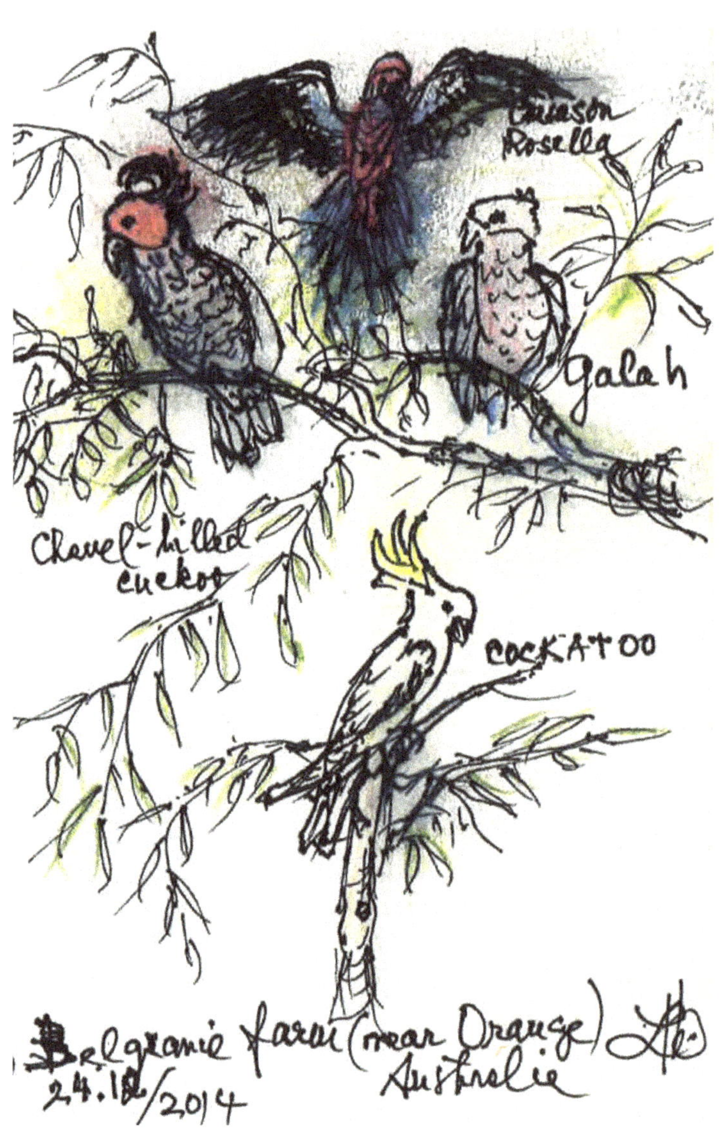

Crimson Rosella
Galah
Channel-billed cuckoo
COCKATOO
Belgranie Farm (near Orange) Australia
24.10/2014

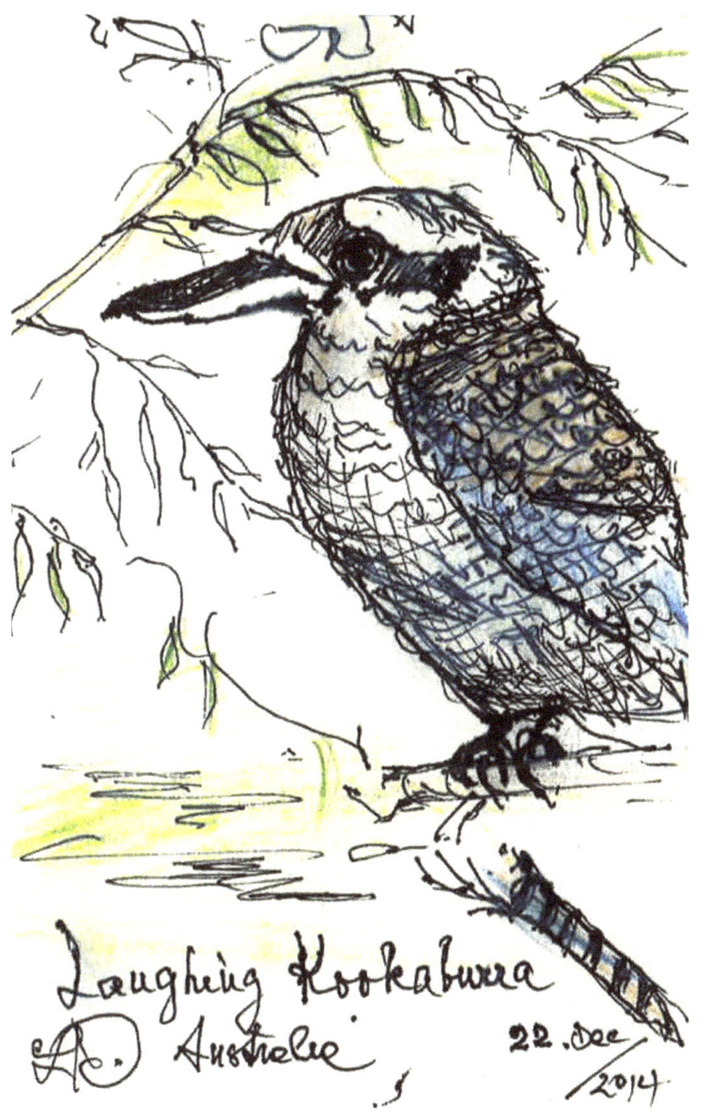
Laughing Kookaburra
Australia
22. Dec
/2014

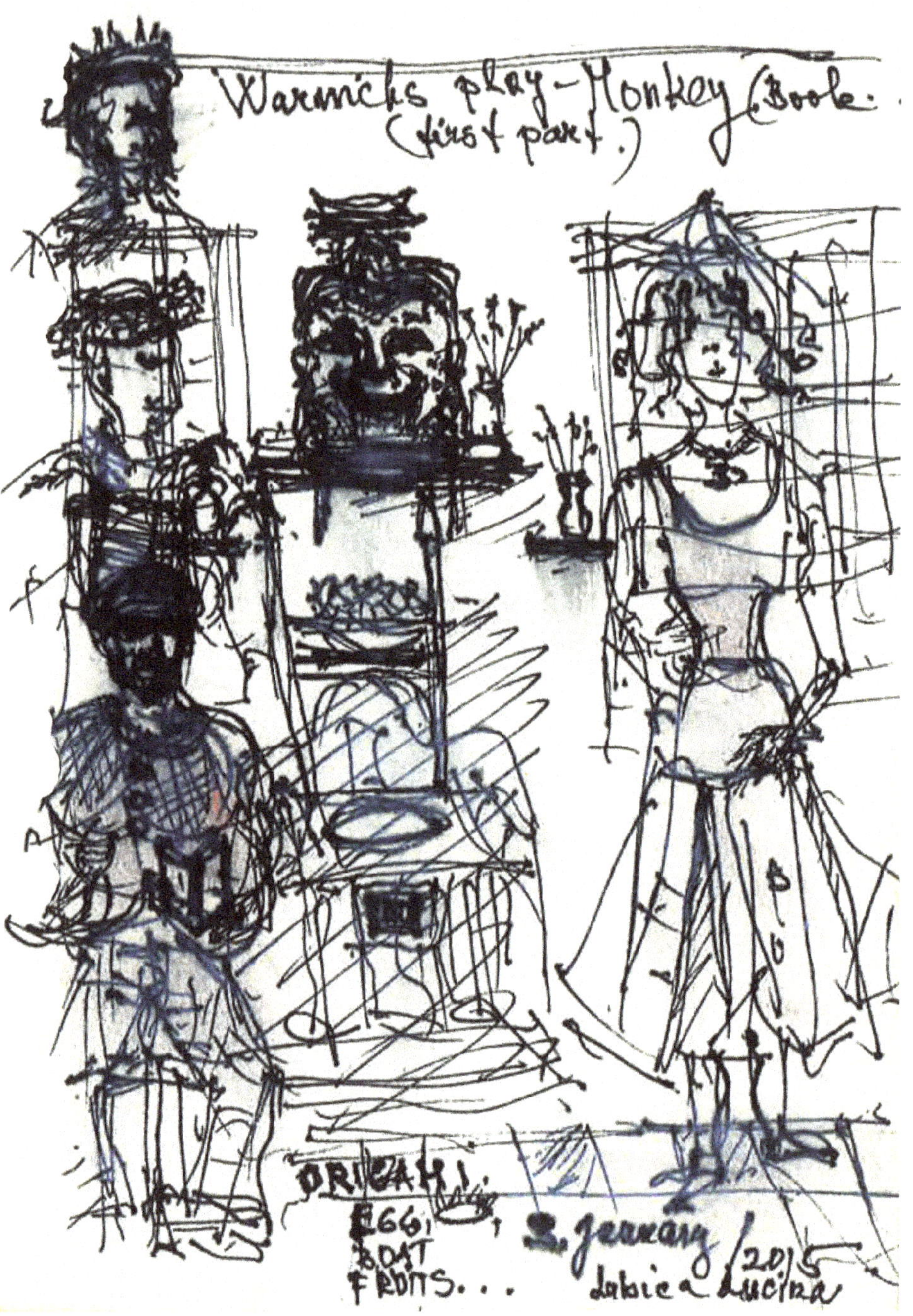

Warwicks play - Monkey (Book.
(first part.)
ORIGAMI.
EGG,
BOAT
FROTS...
S. Jerram /2015
Jessica Lucina

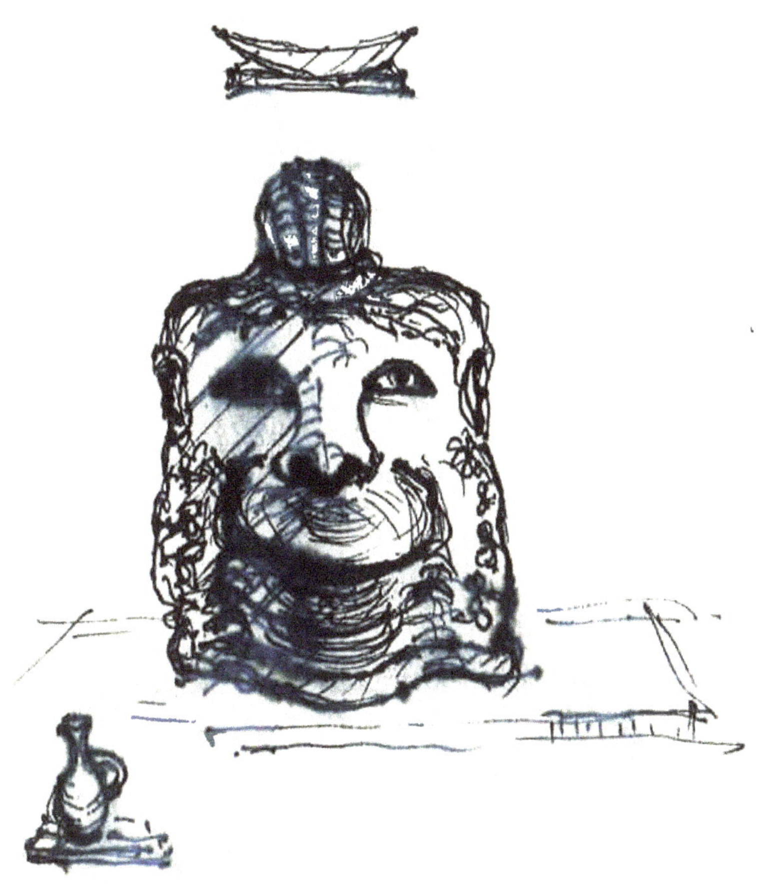

Monkey 3.1.
/2015

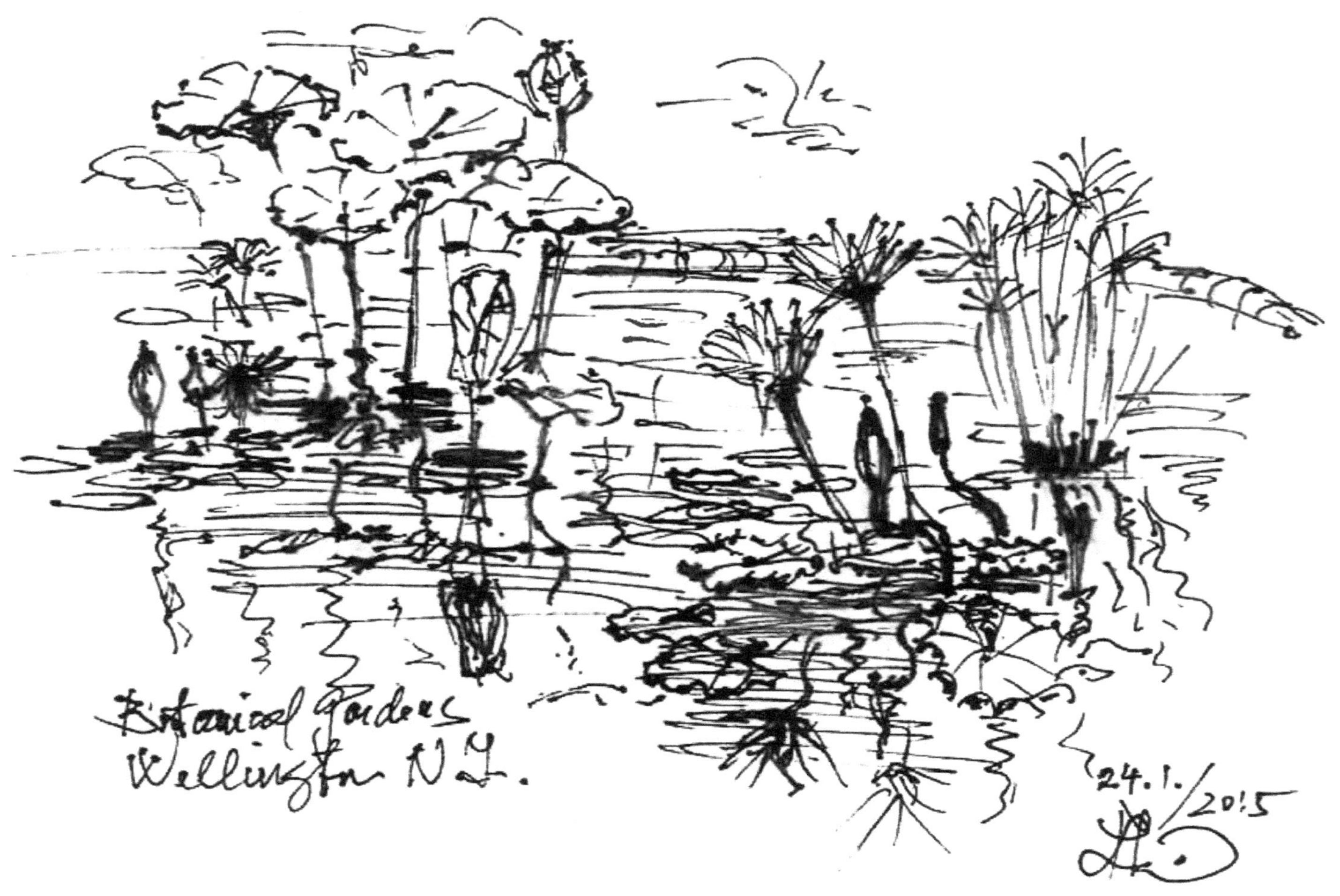
Botanical Gardens
Wellington N.Z.
24.1./2015

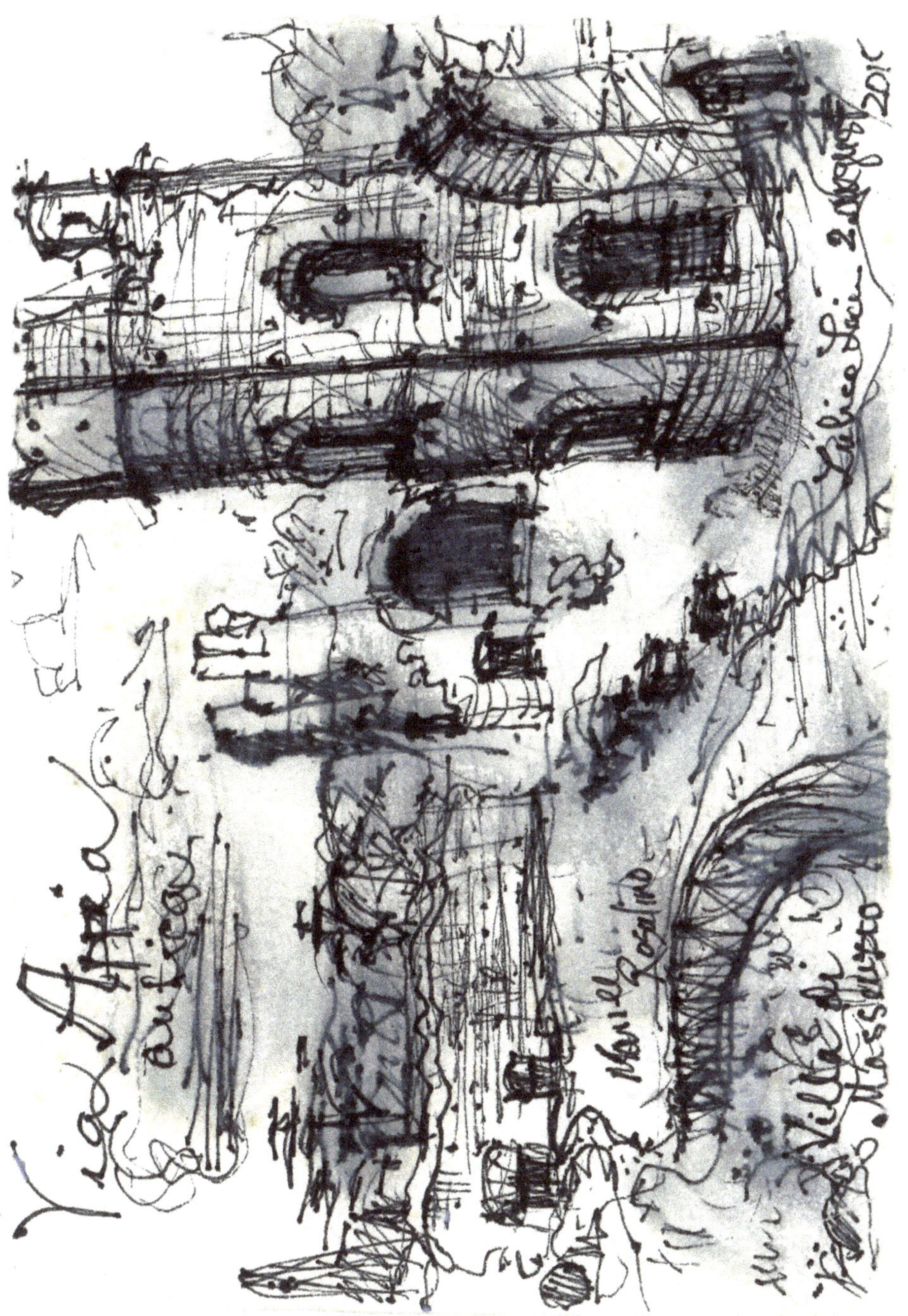

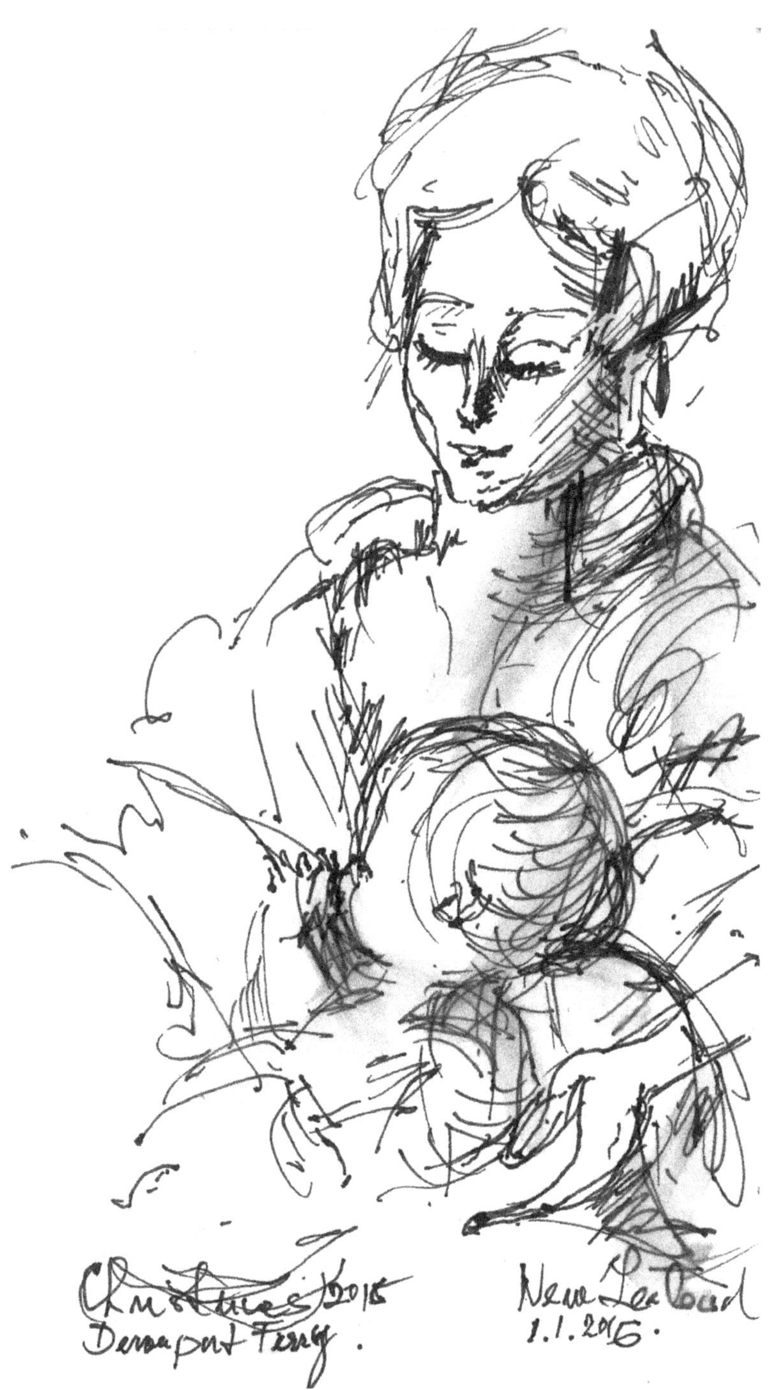
Christmas 2015
Devonport Ferry .
New Zealand
1.1.2016 .

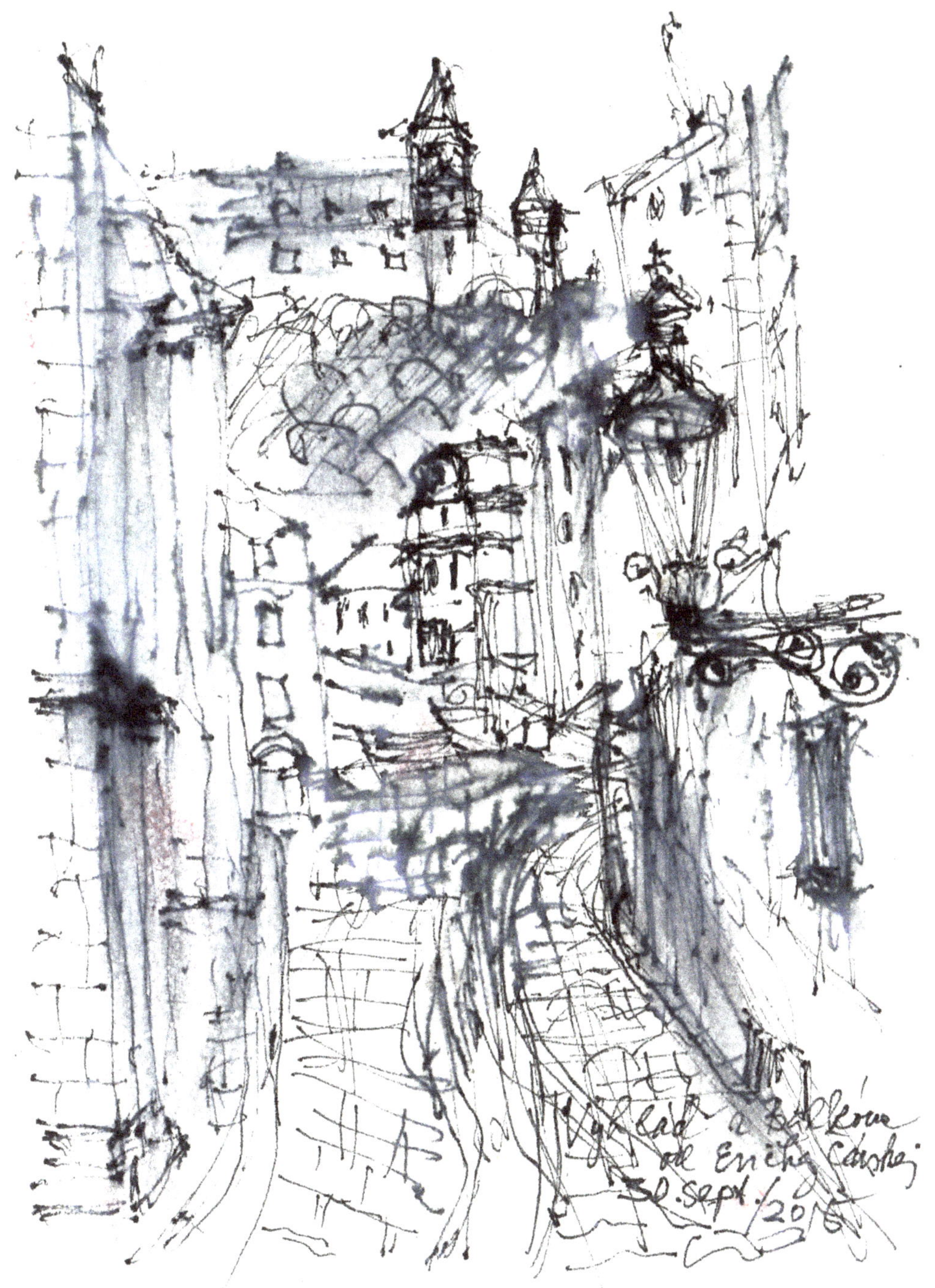

Výhľad z balkóna
od Urbanovej veže
30. sept. / 20

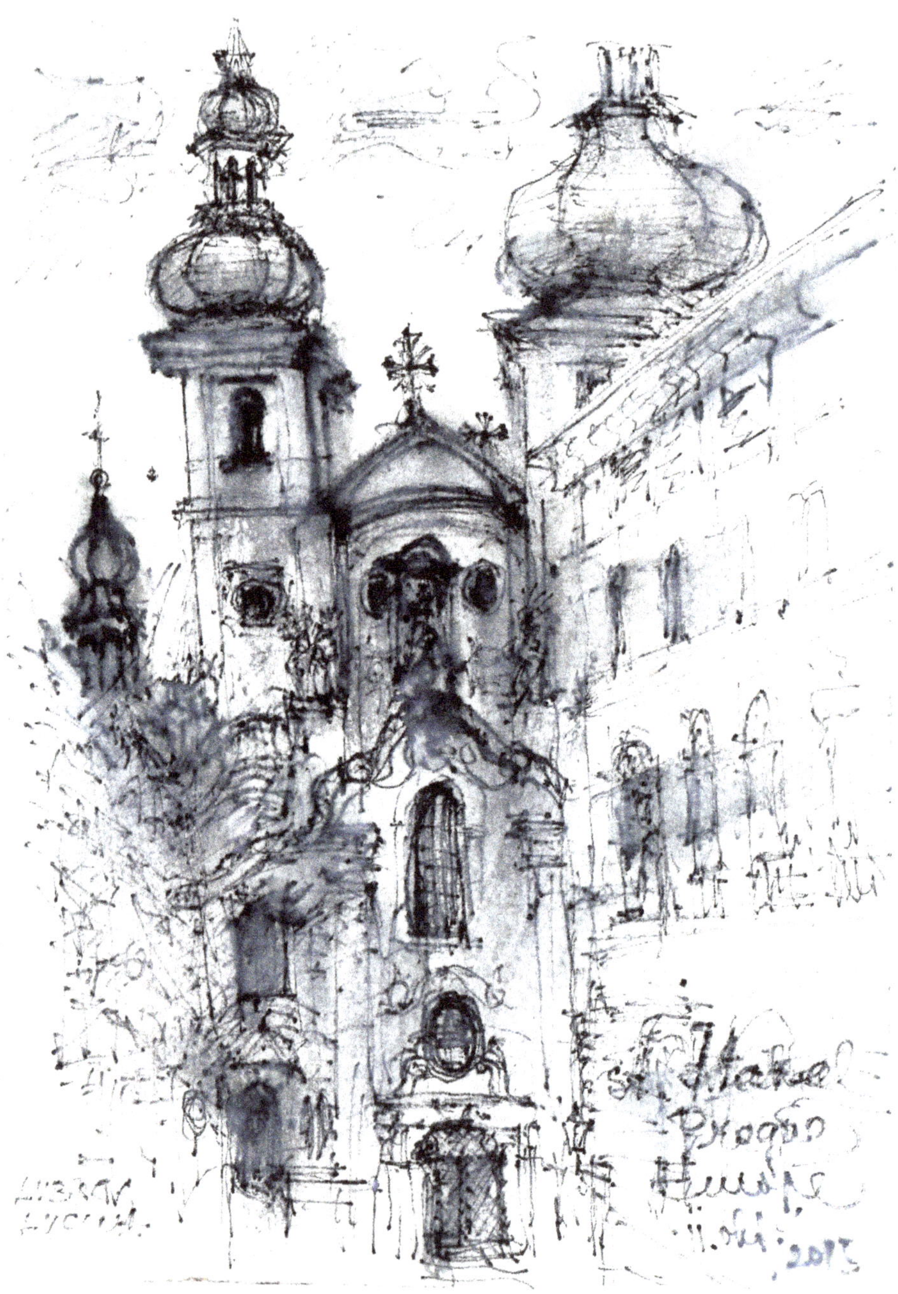

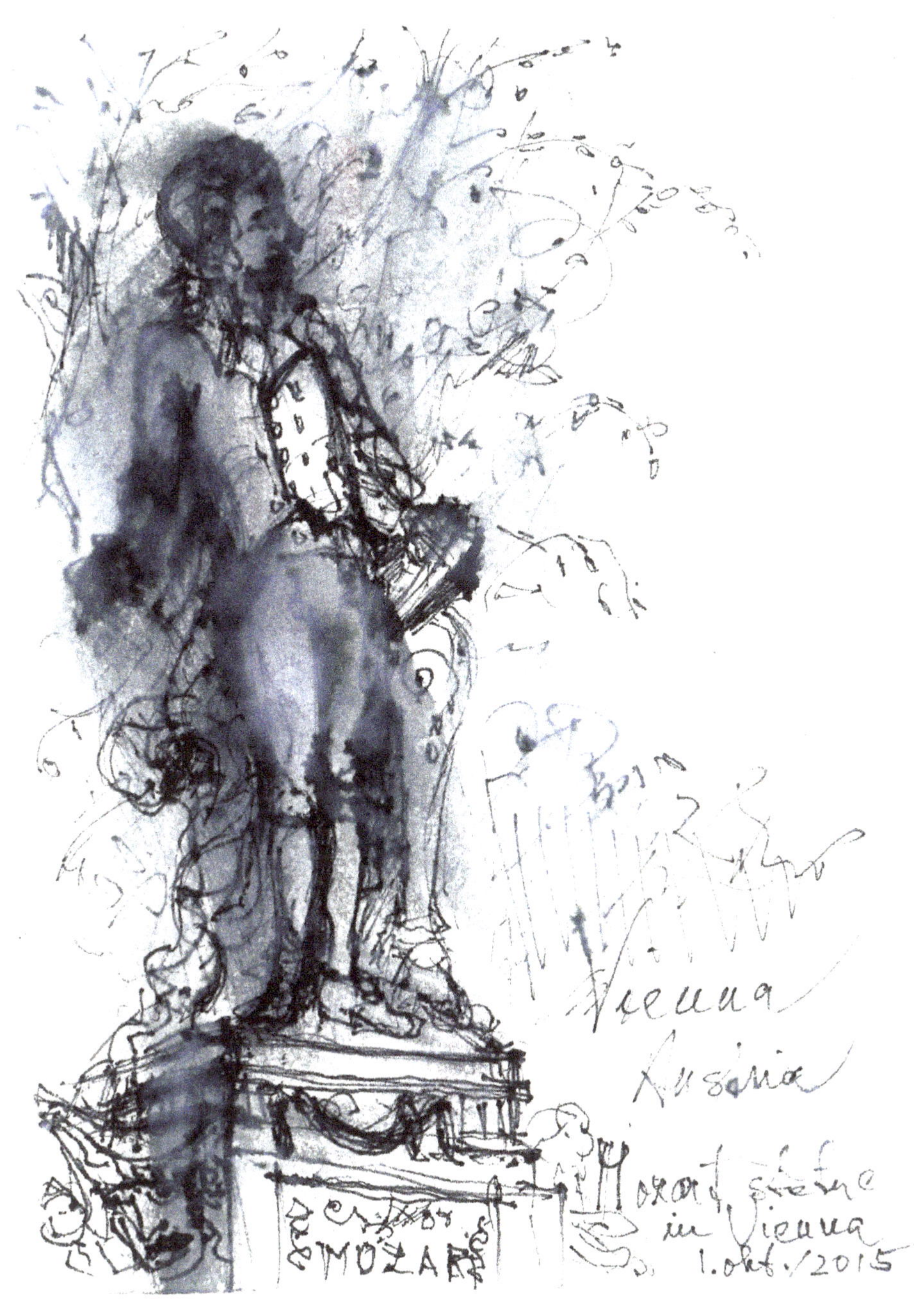
MOZART
Vienna
Austria
Mozart statue
in Vienna
1. okt./2015

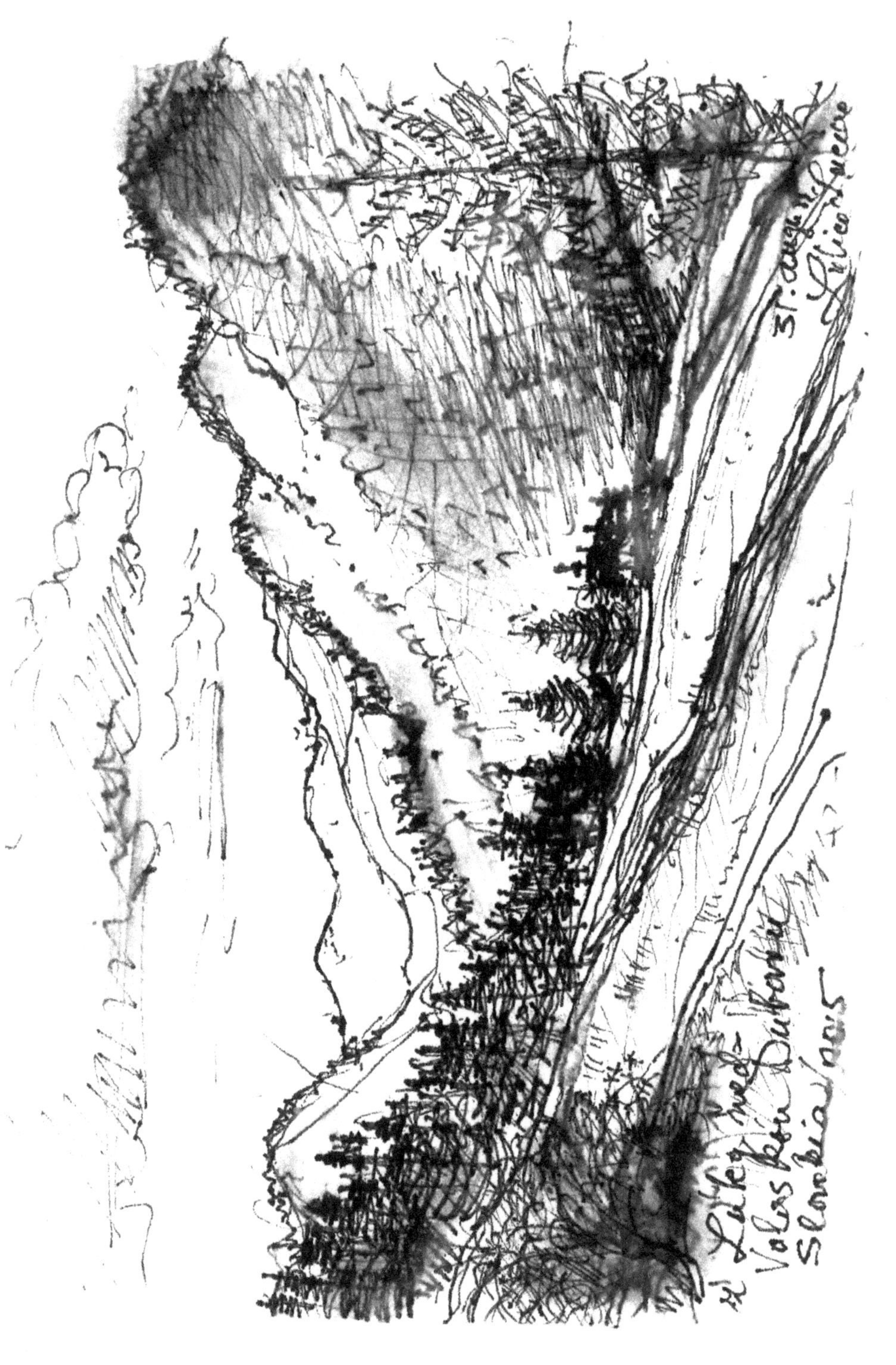

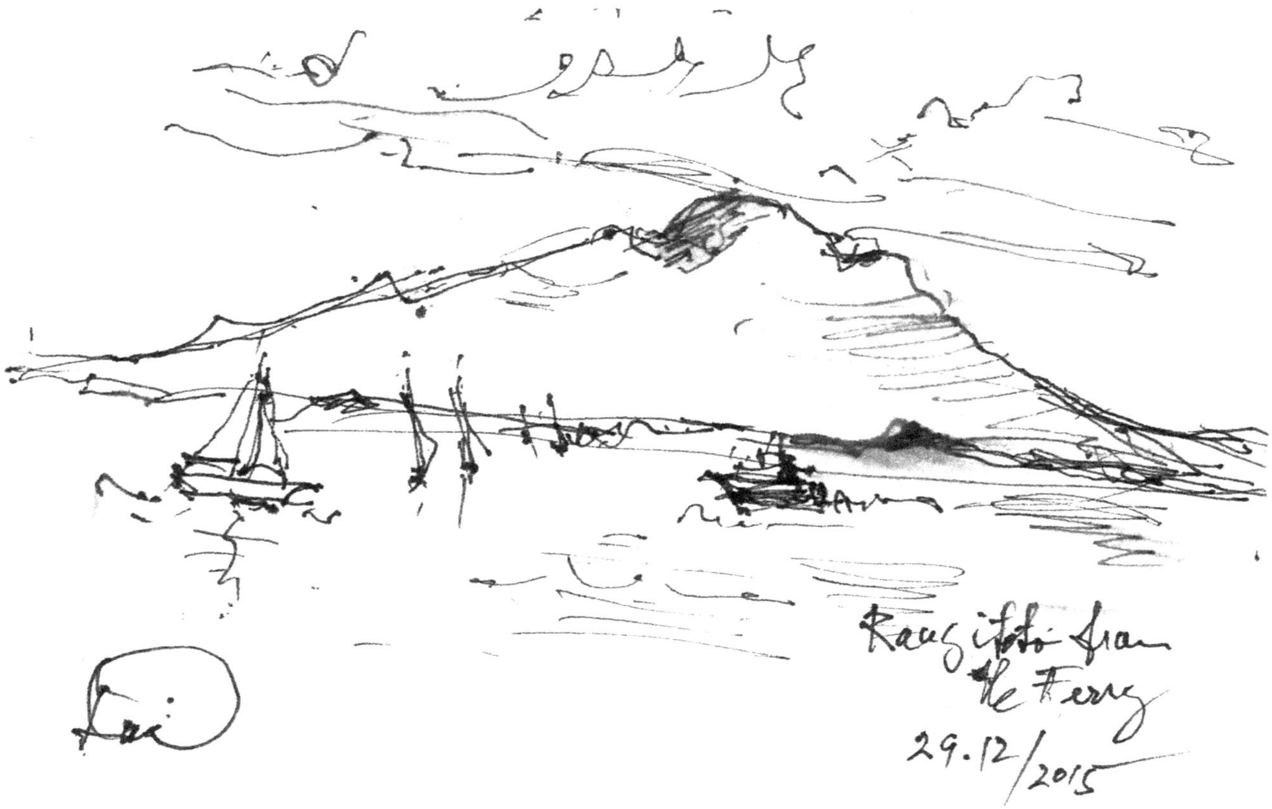

Rangitoto from
the Ferry
29.12/2015

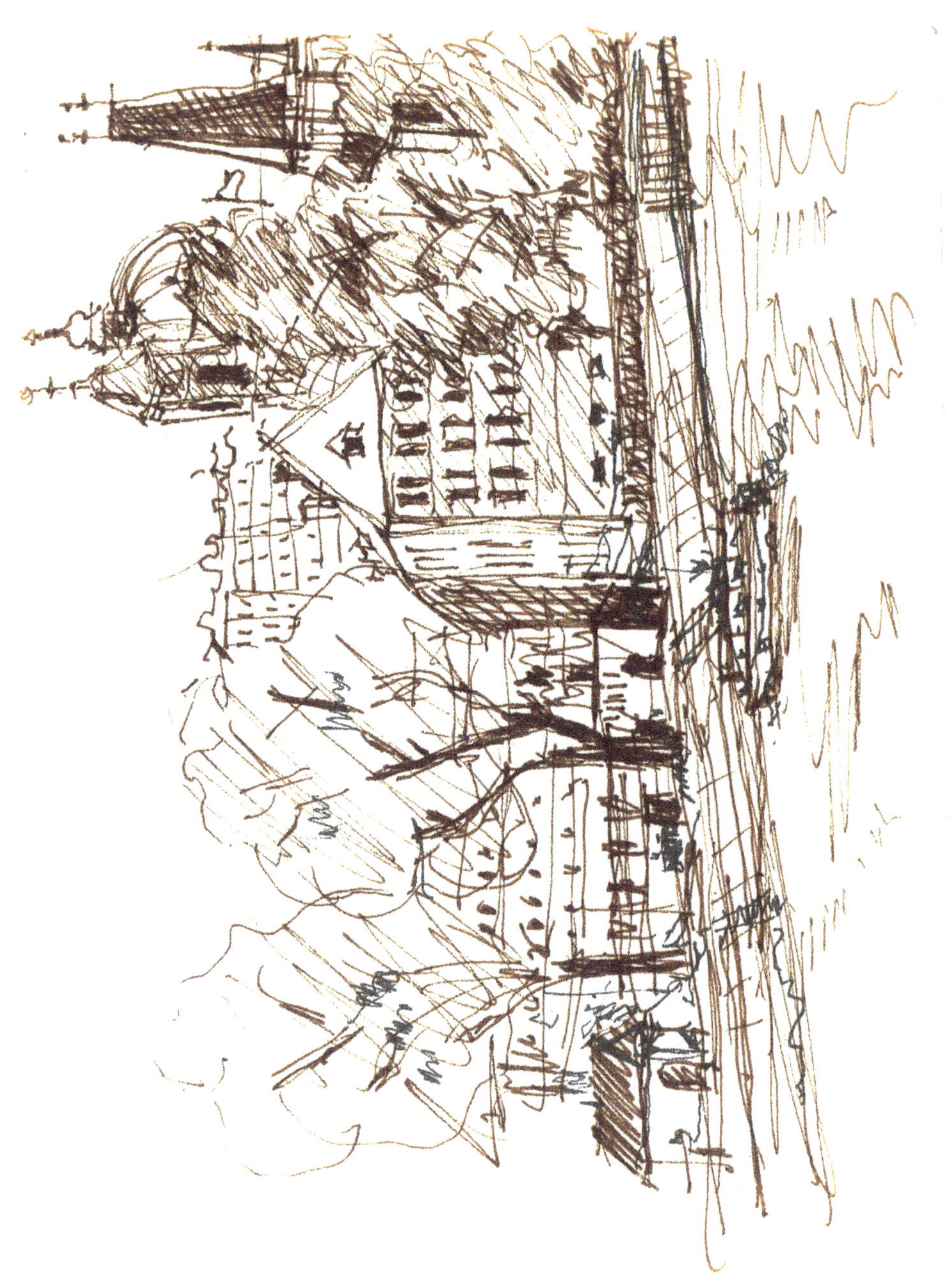

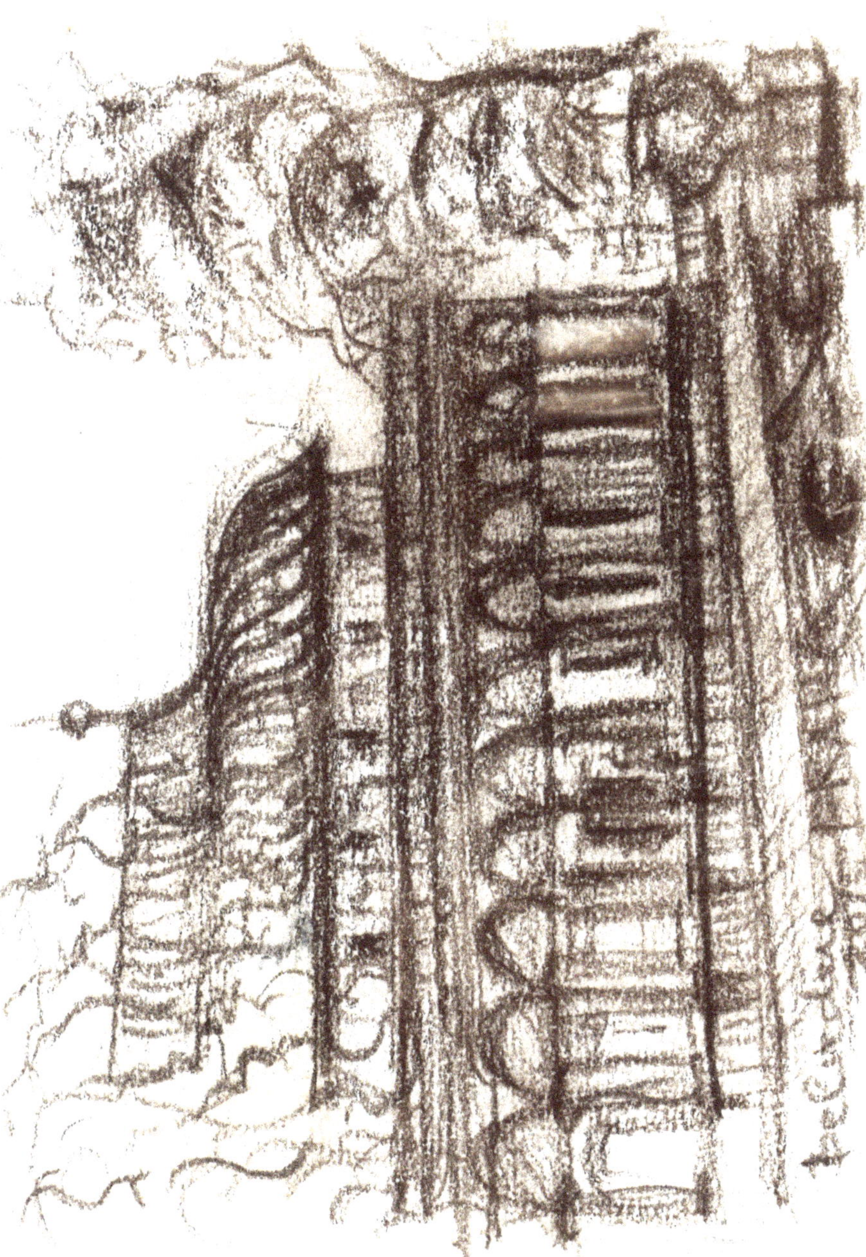

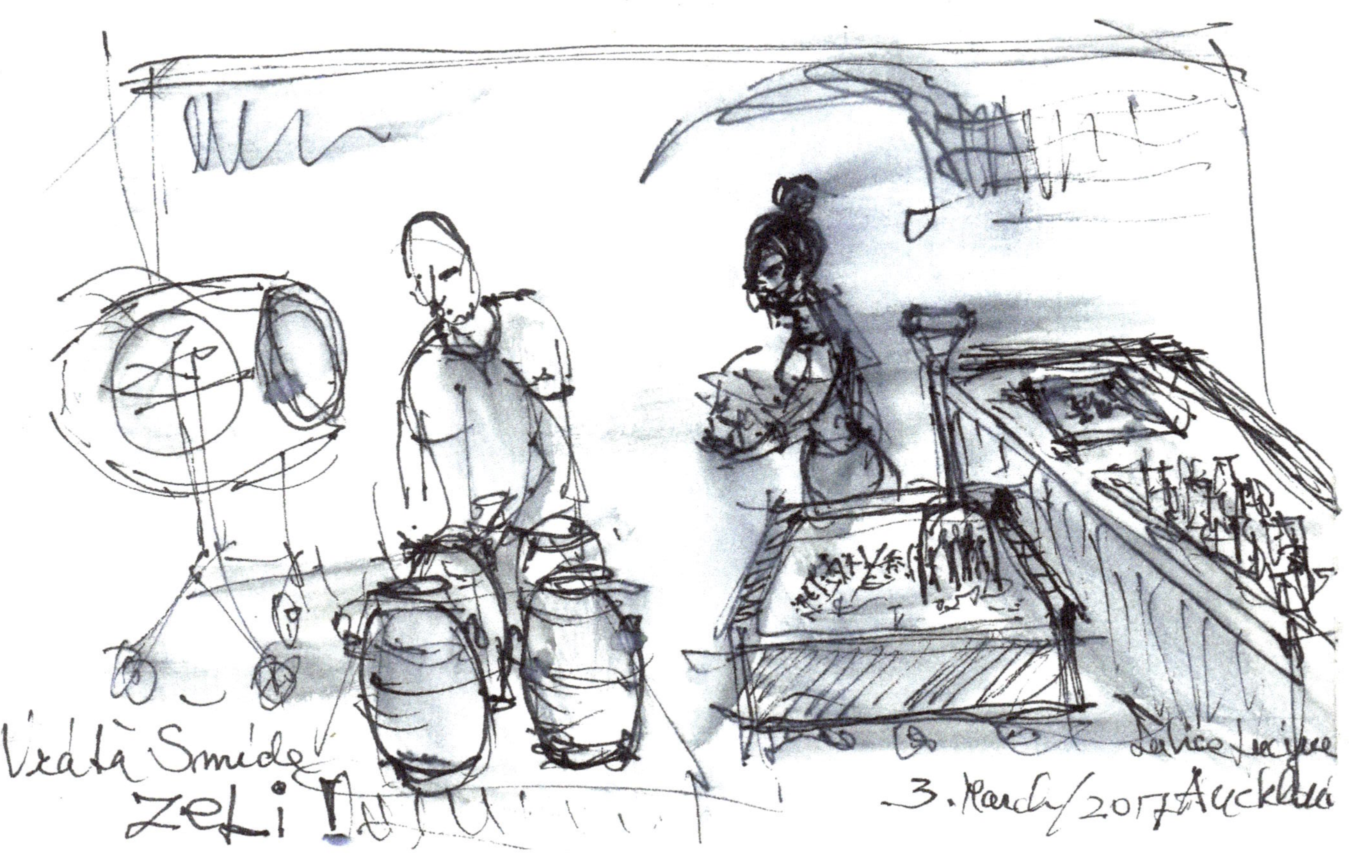
Vrata Smide
ZeLi !!
delice pacifico
3. March/2017 Auckland

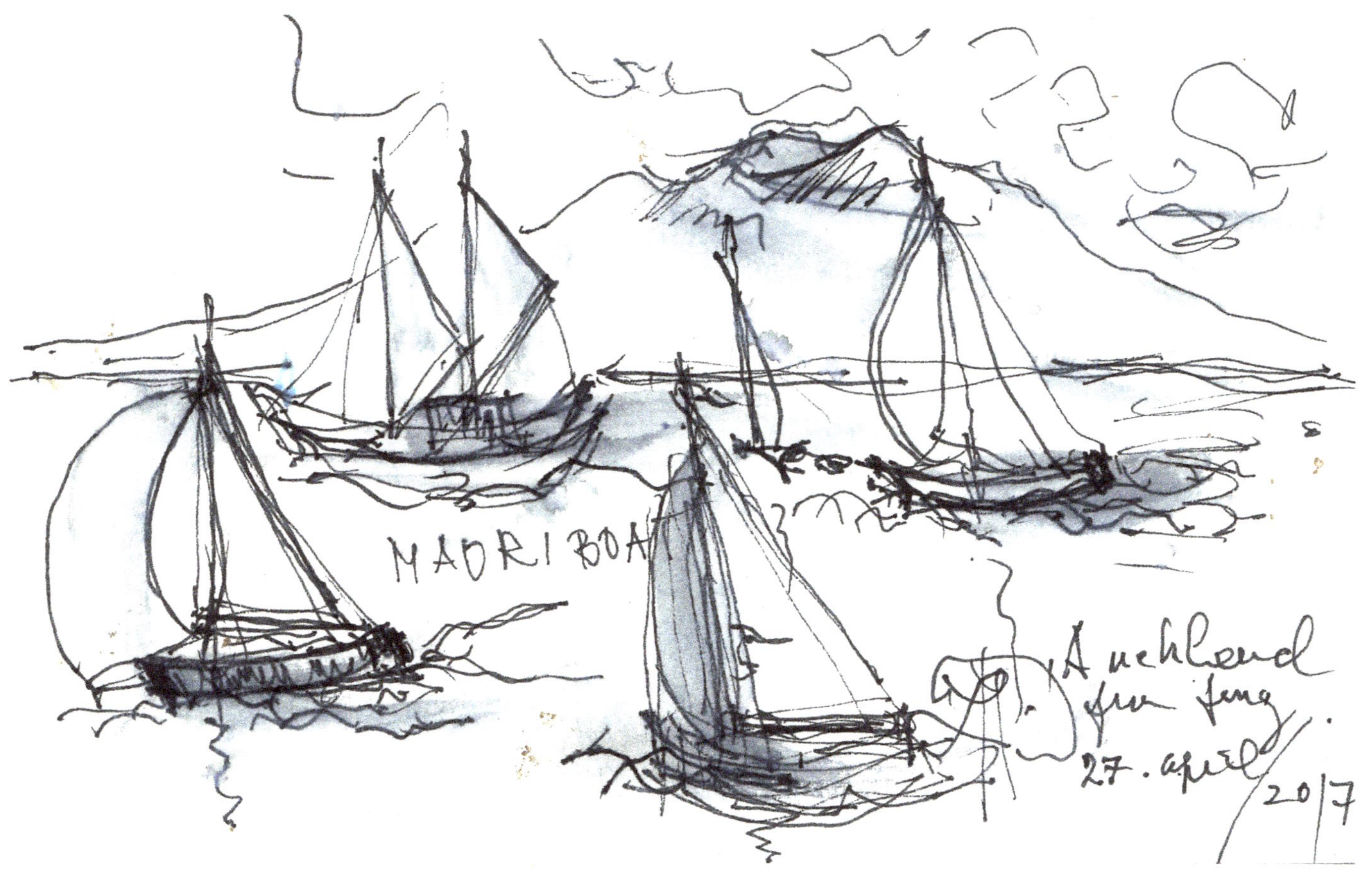

MAORI BOA
Auckland
fin feng
27. april
20/7

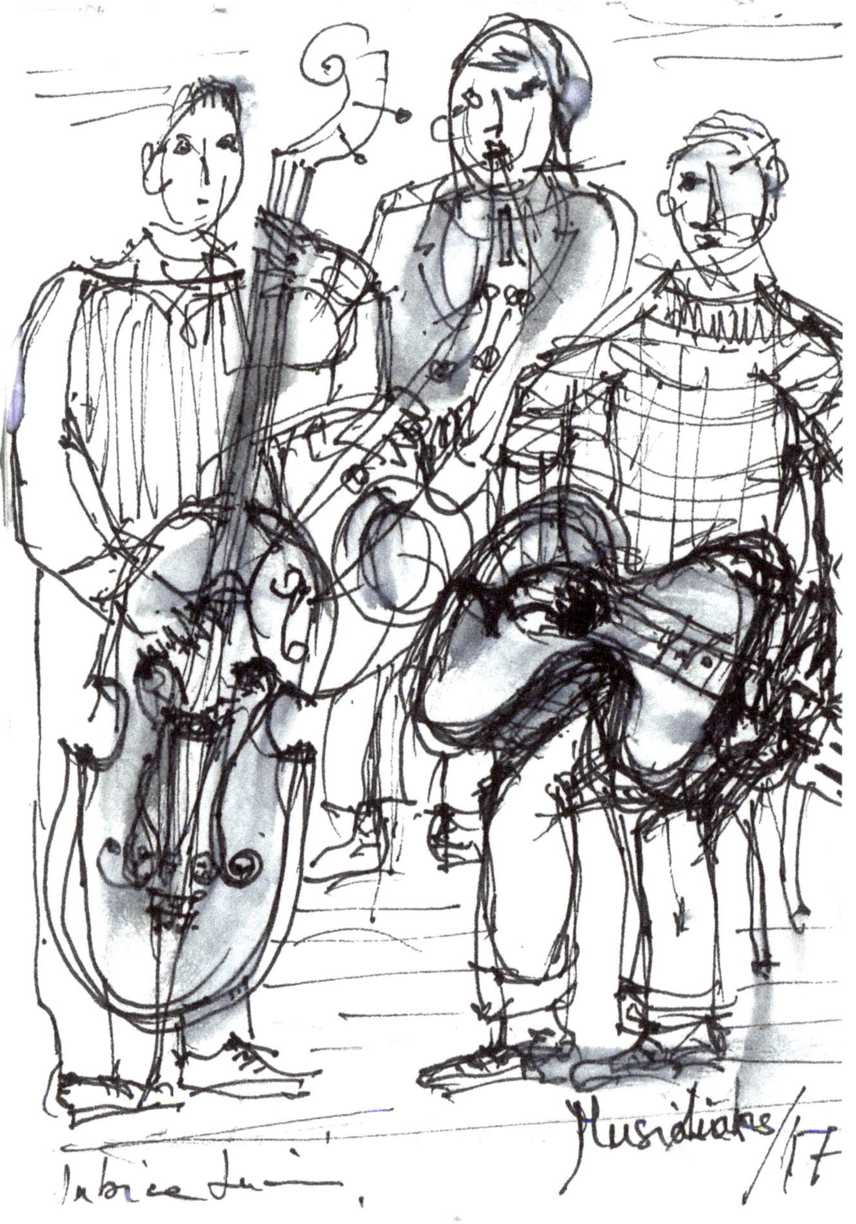
Musiciens /17

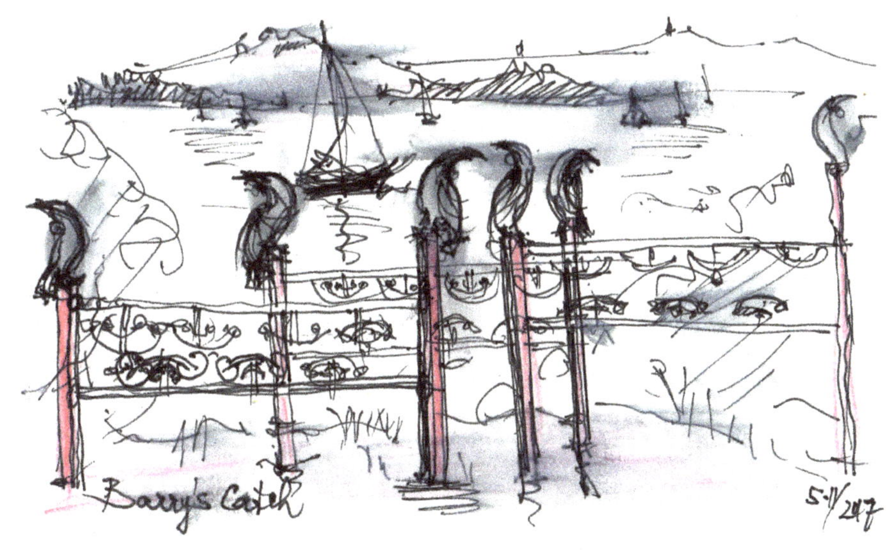

Barry's Castle
5-11/2017

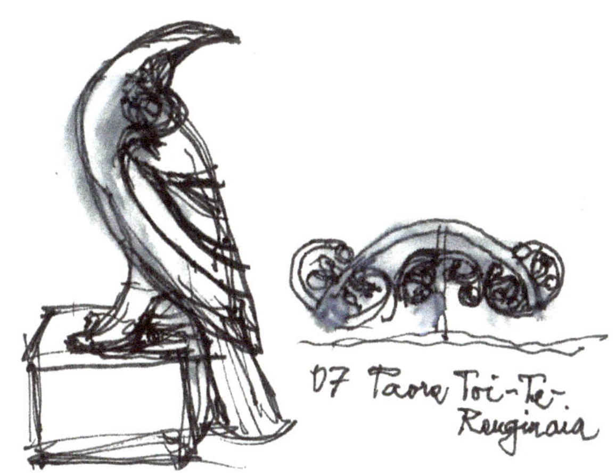

07 Taora Toi-Te-
Ranginaia

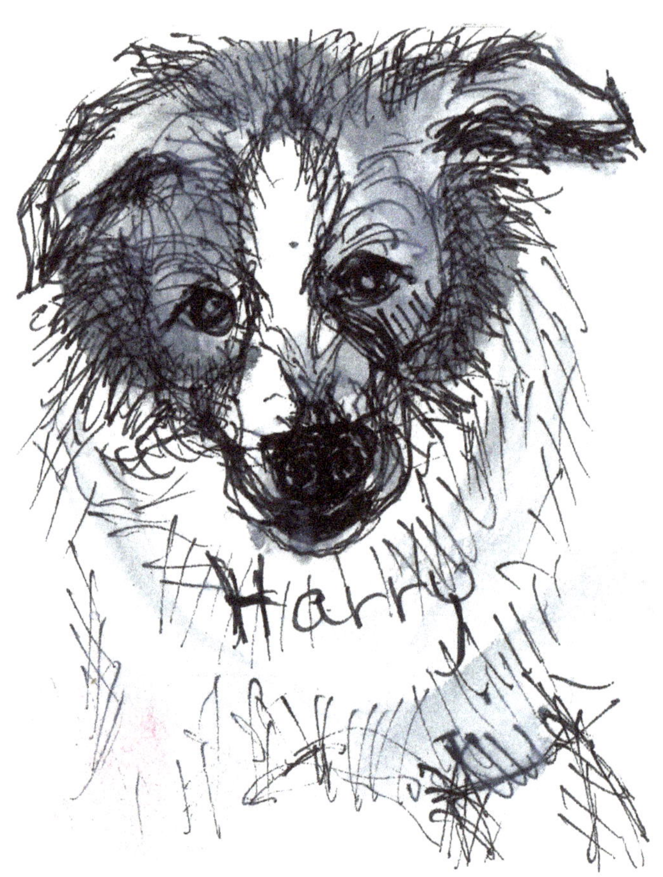

Harry

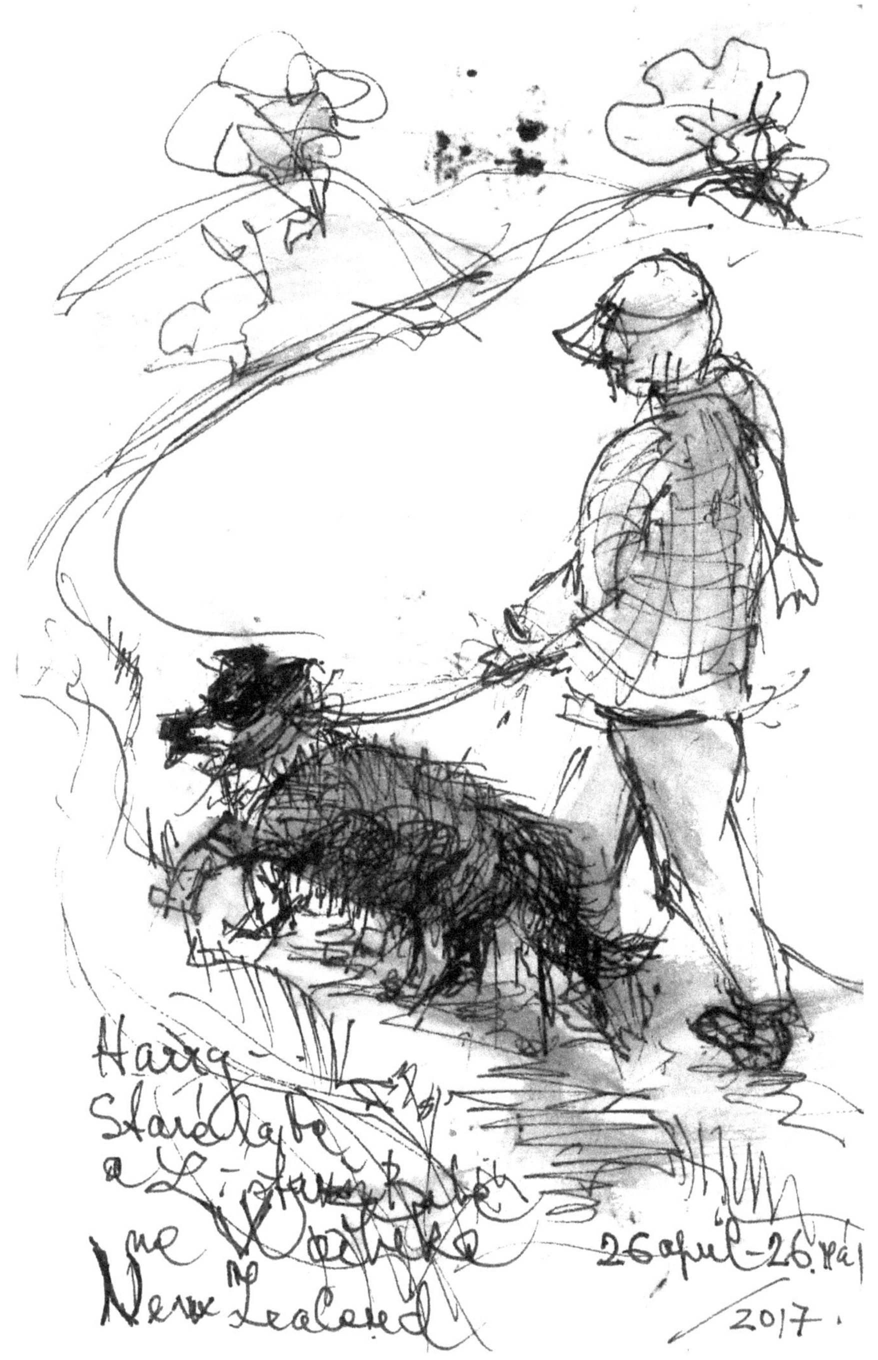
New Zealand
26 april - 26 mai
2017.

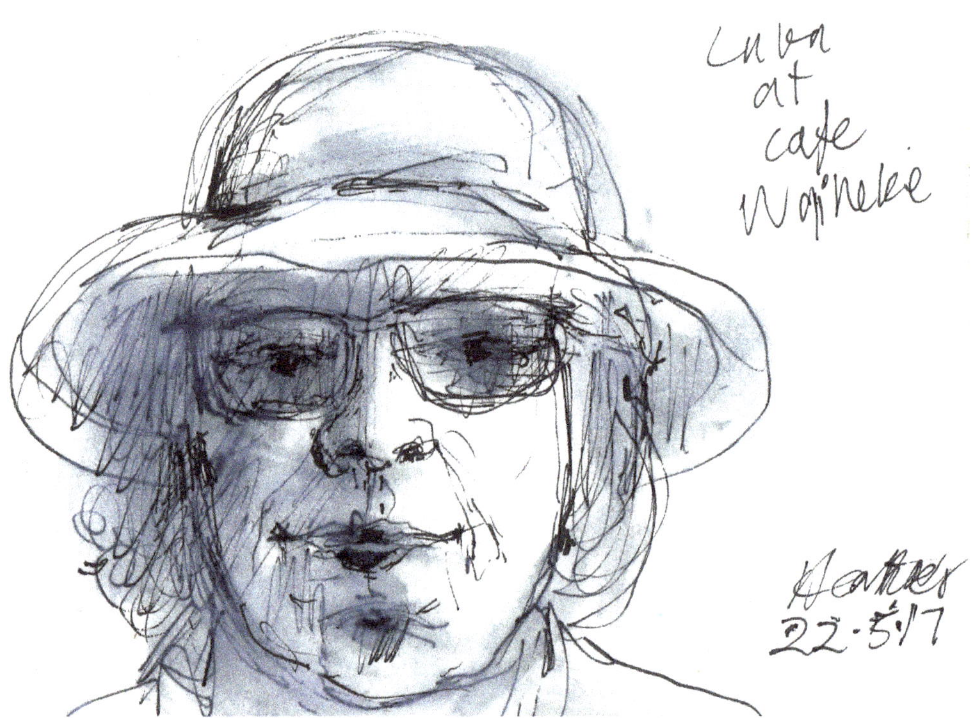
Luba
at
cafe
Wojneke
Heather
22·5·17

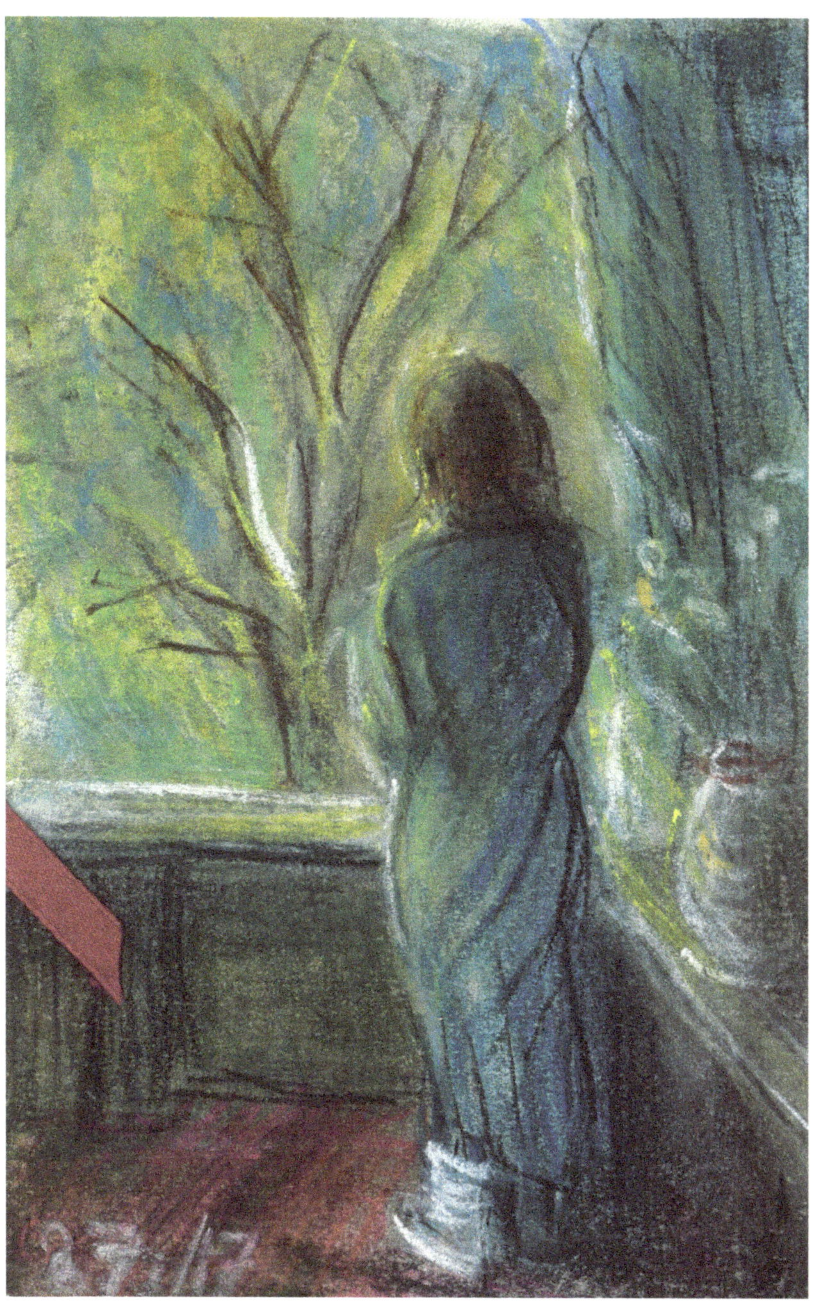

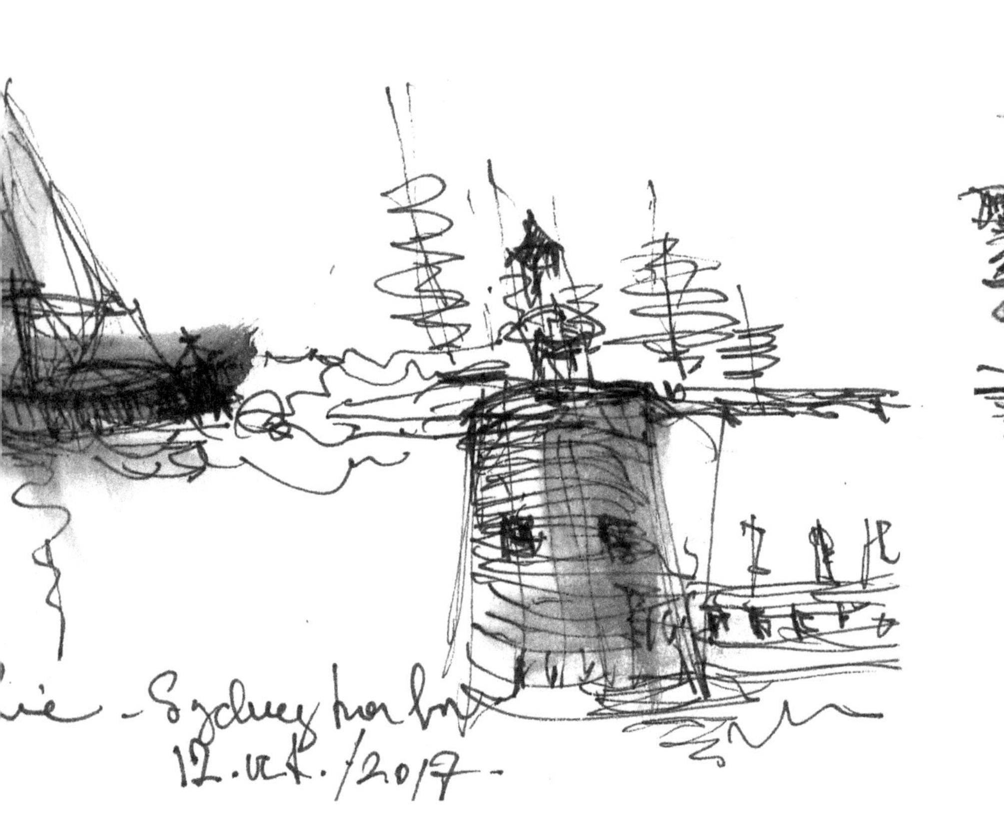
ie – Sydney harbor
12. Uct. /2017 –

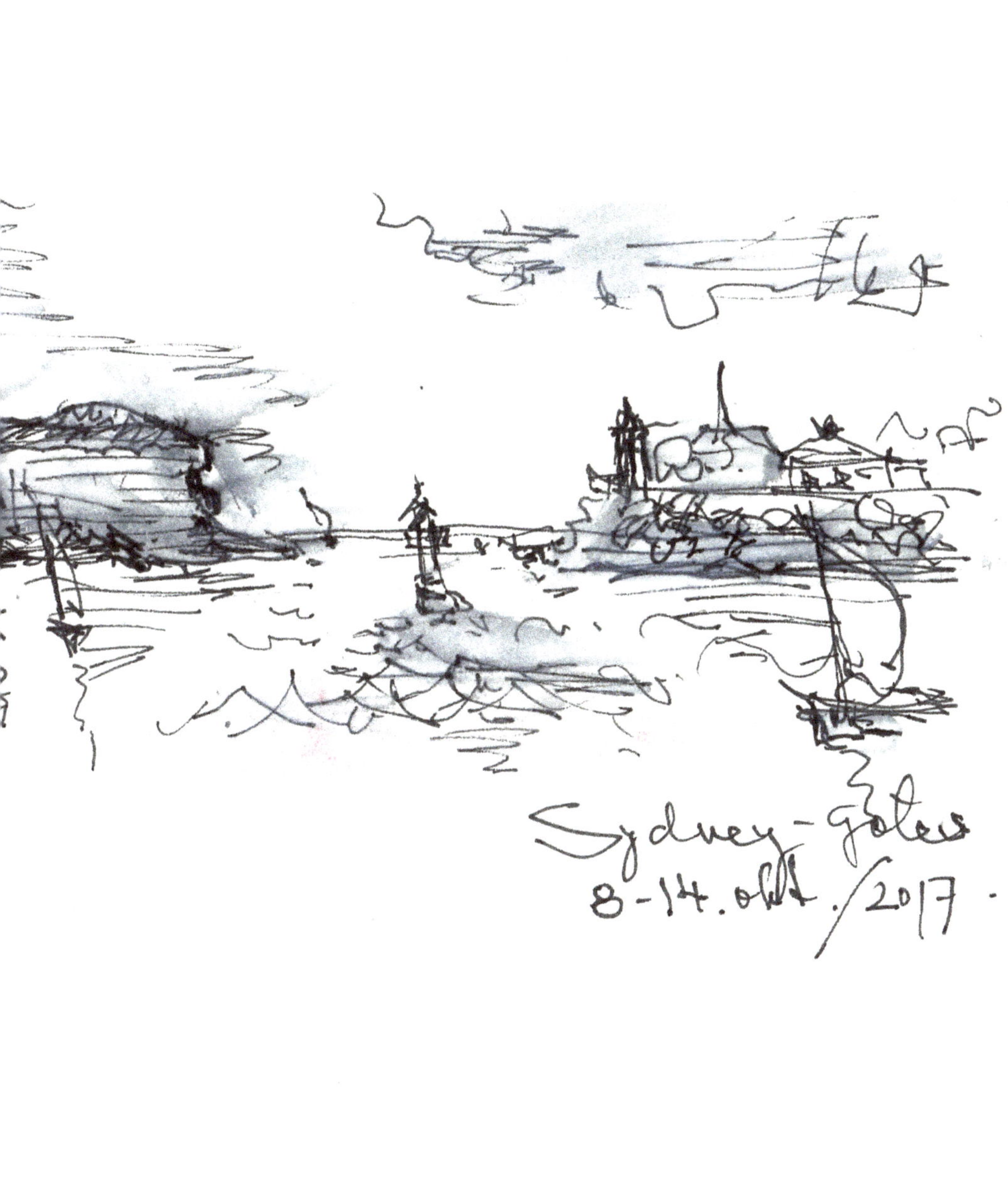

Sydney-Gates
8-14. Okt. /2017 -

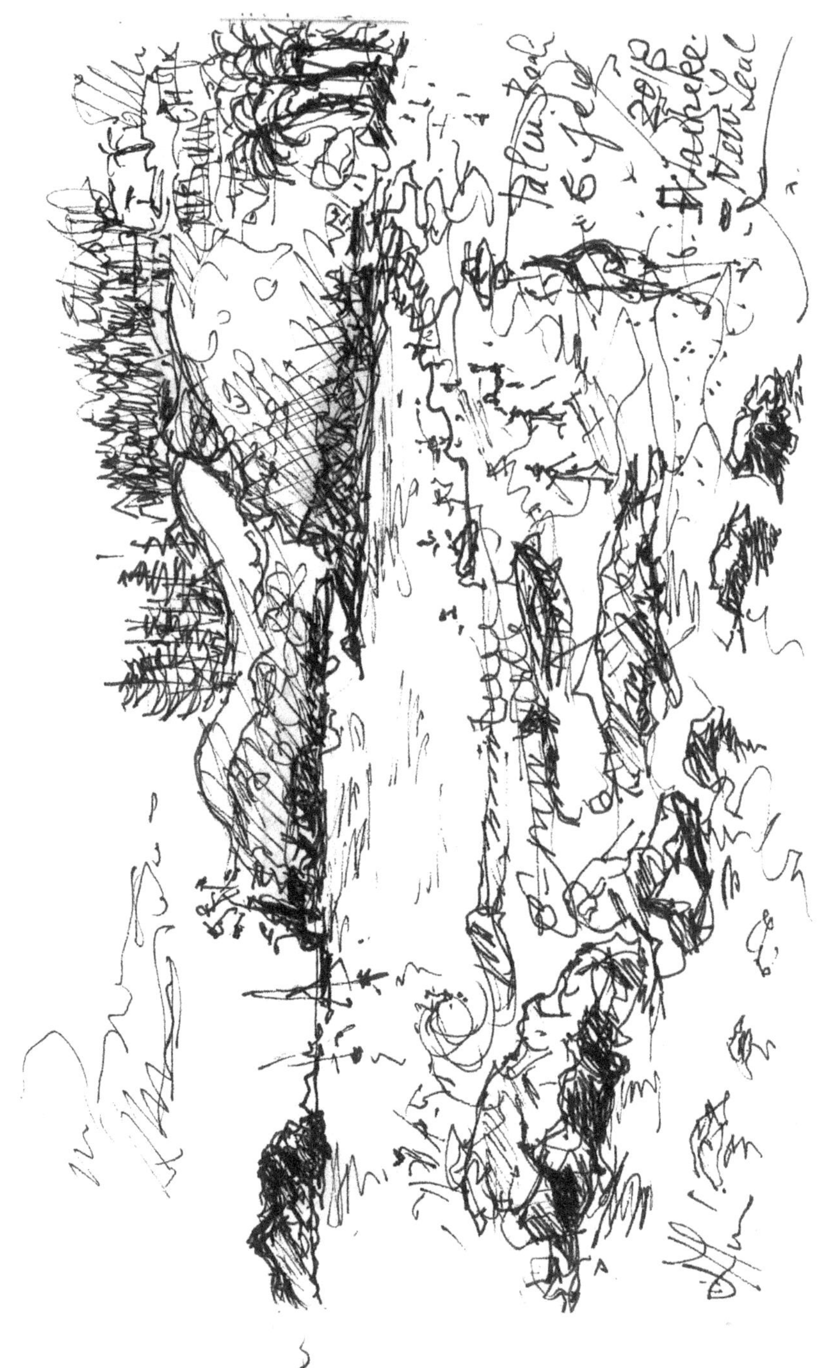

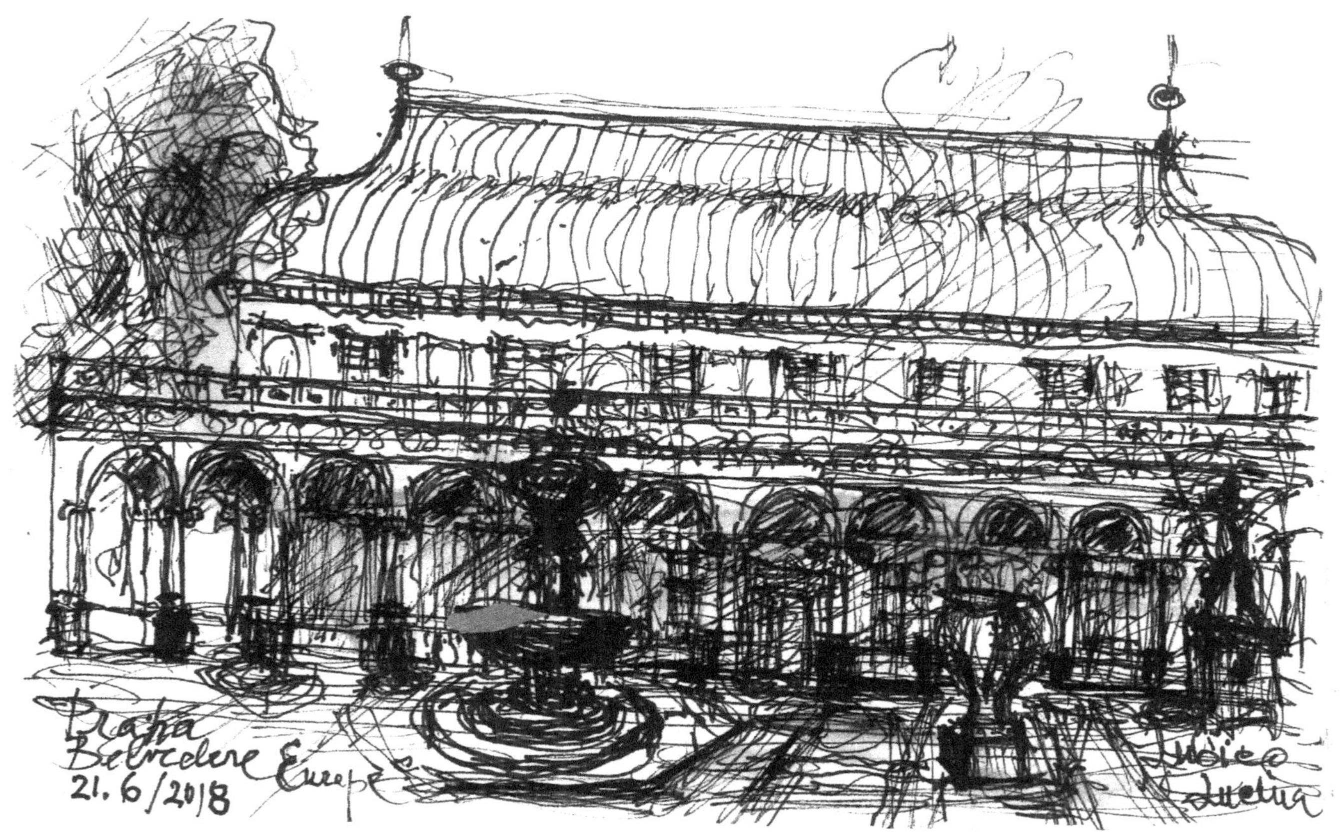

Praha
Belvedere Europe
21. 6/2018

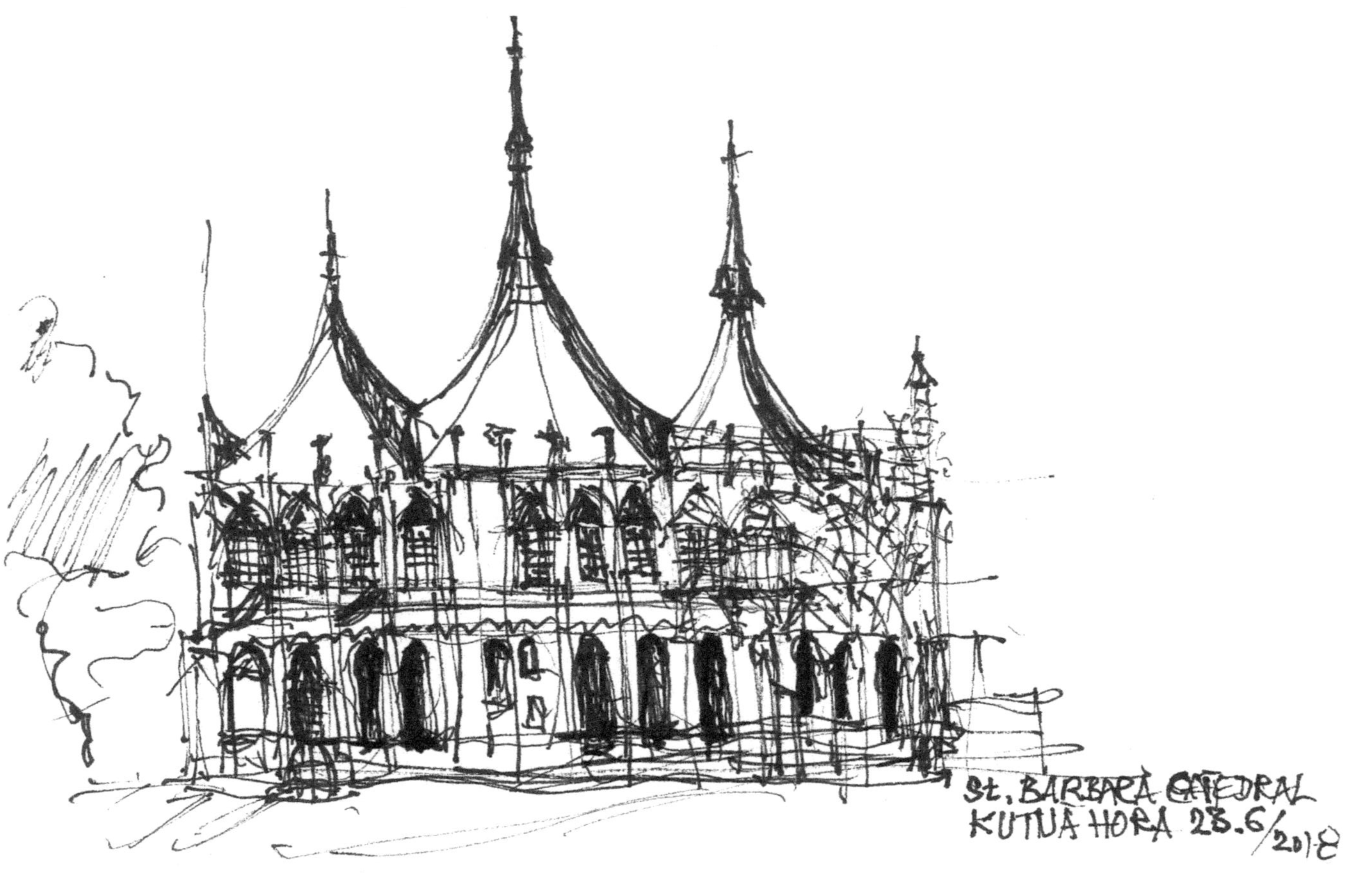

St. BARBARA CATEDRAL
KUTNA HORA 28.6/2018

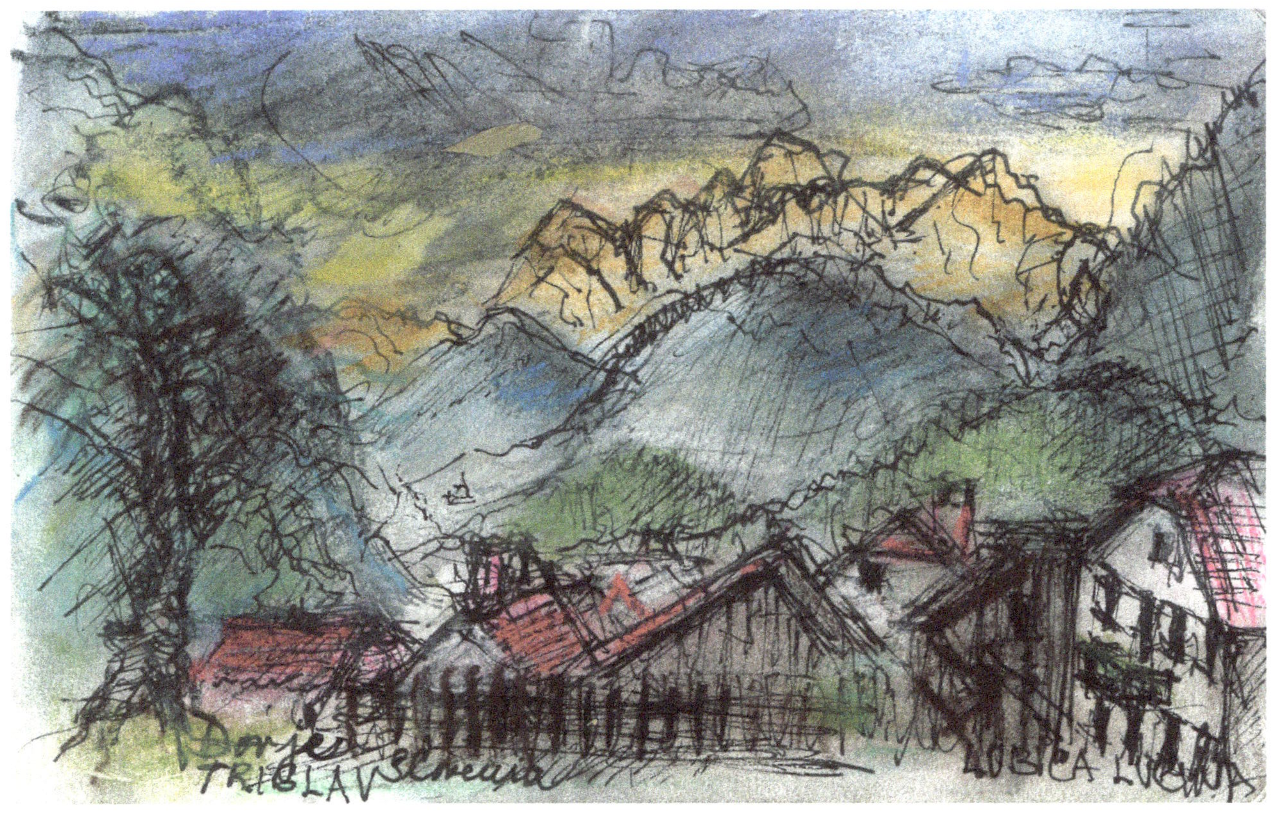

TRIGLAV
LUCKNA

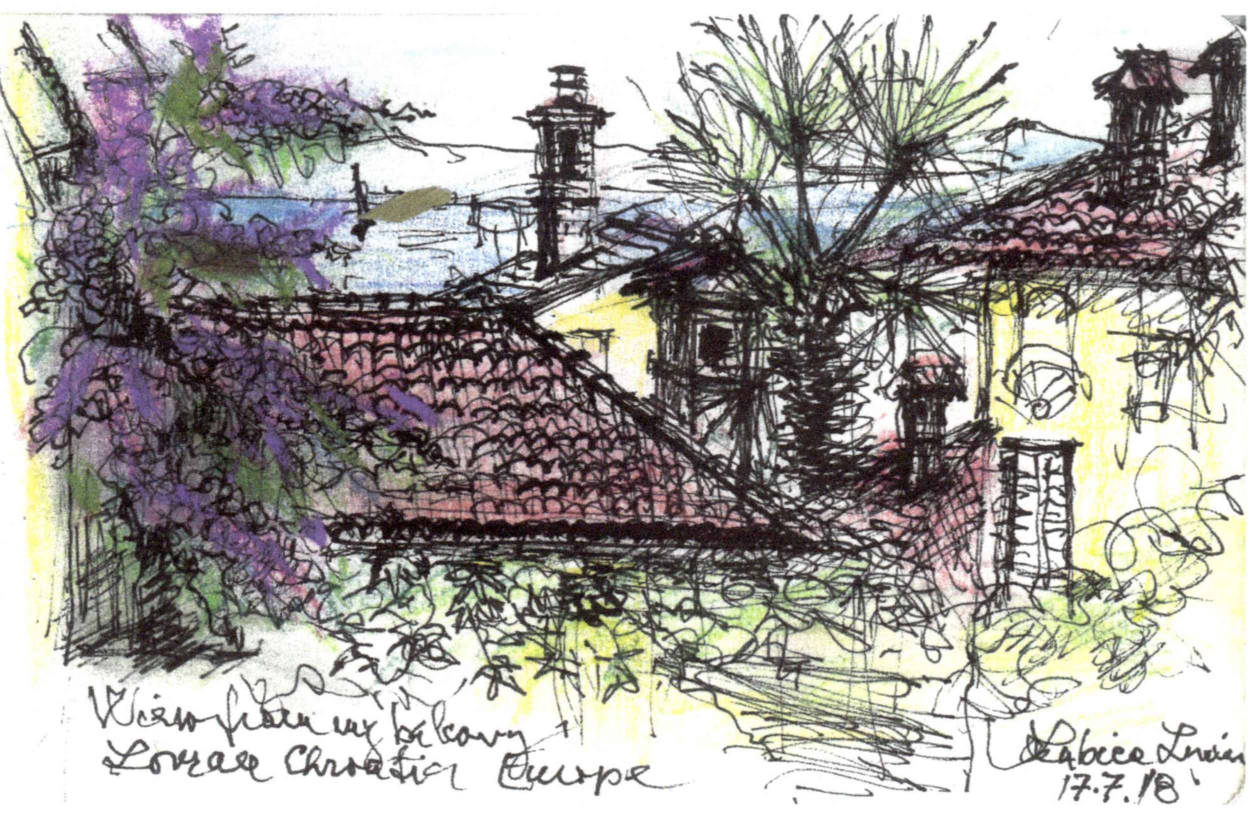

View from my balcony +
Lovran Croatia Europe
Rabeea Lwein
17.7.18

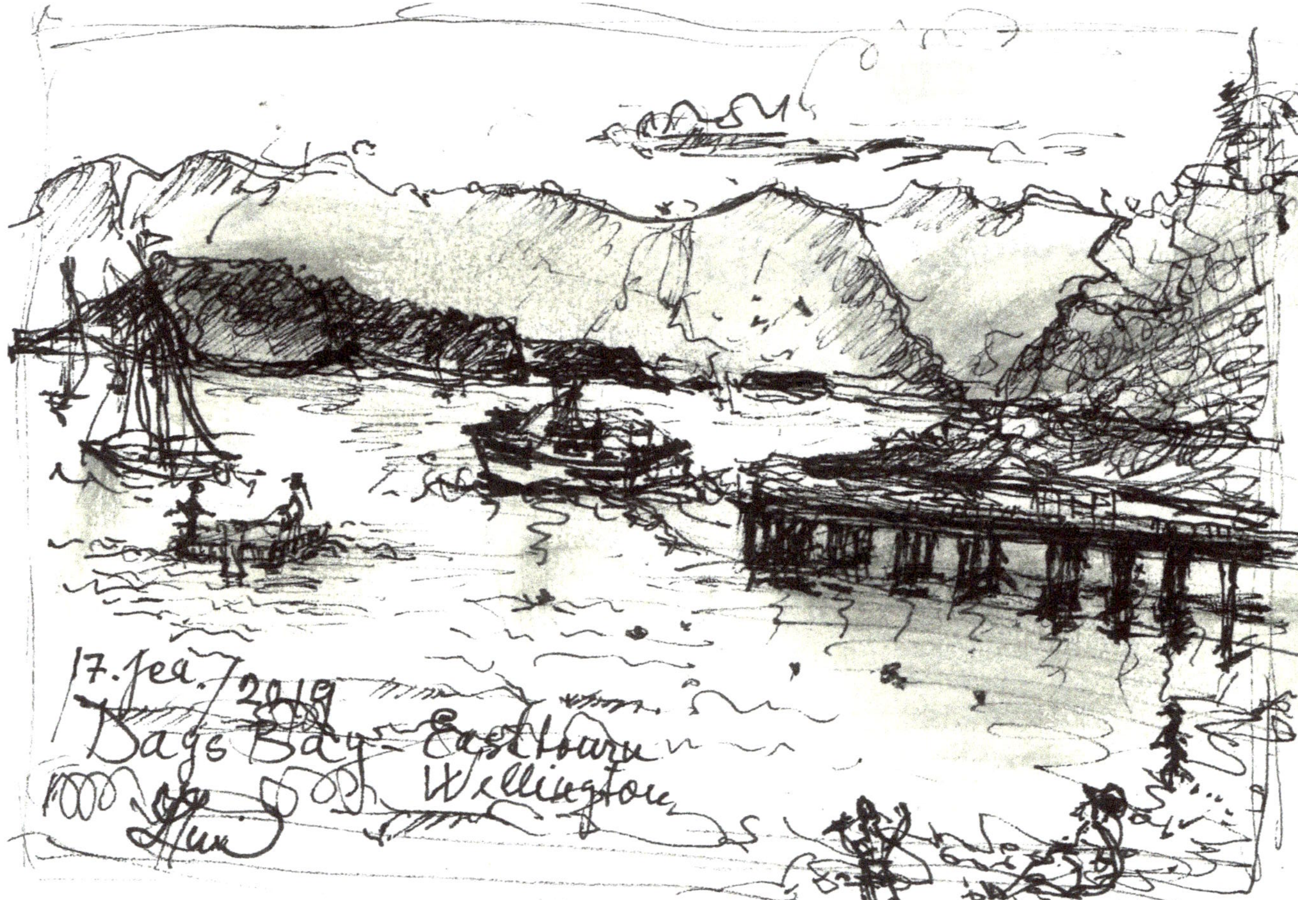

17. Fea. 2019
Days Bay - Eastbourne
Wellington

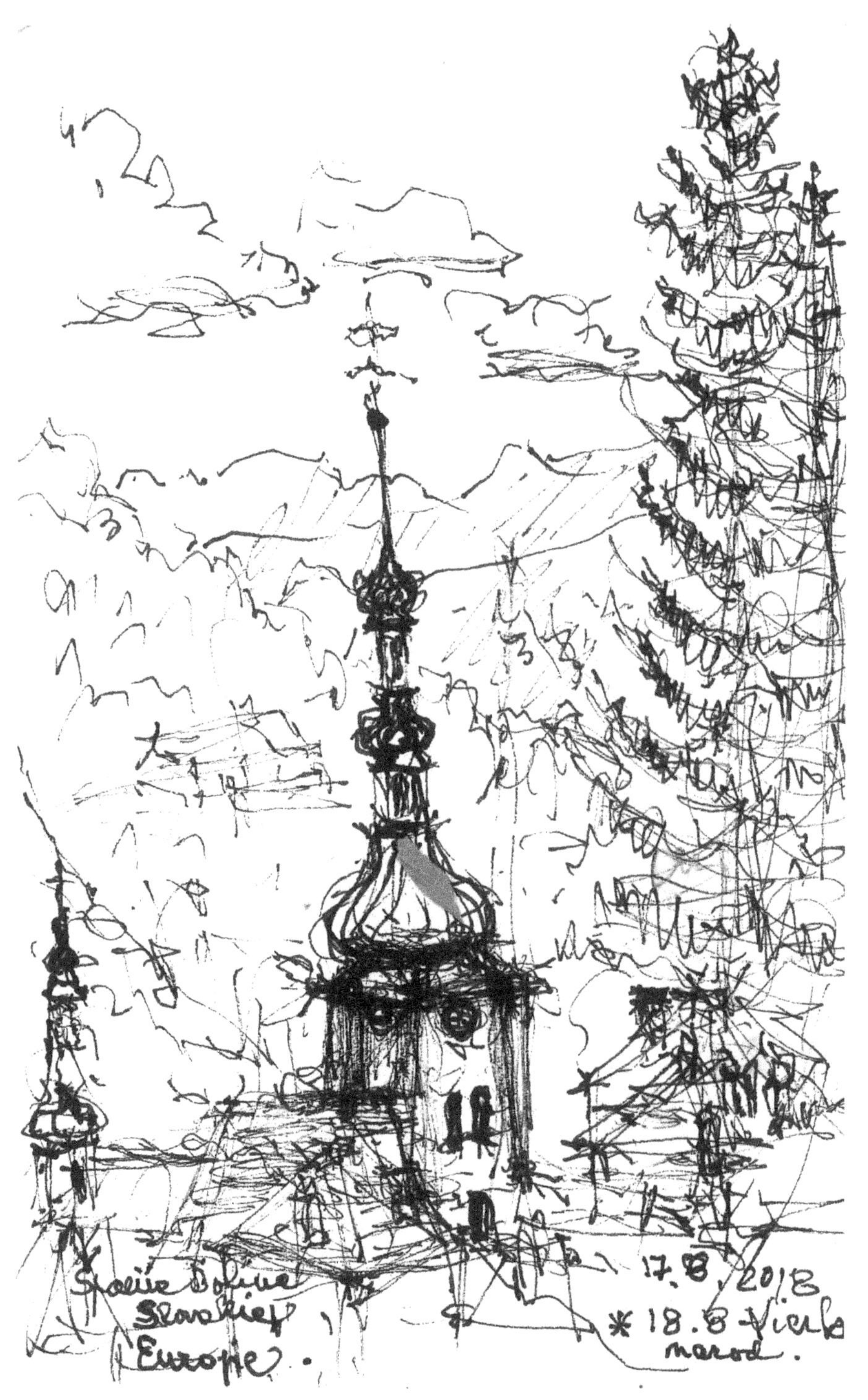
Starie doline
Starobisej
Europe.
17.8.2018
* 18.8-Vierb
narod.

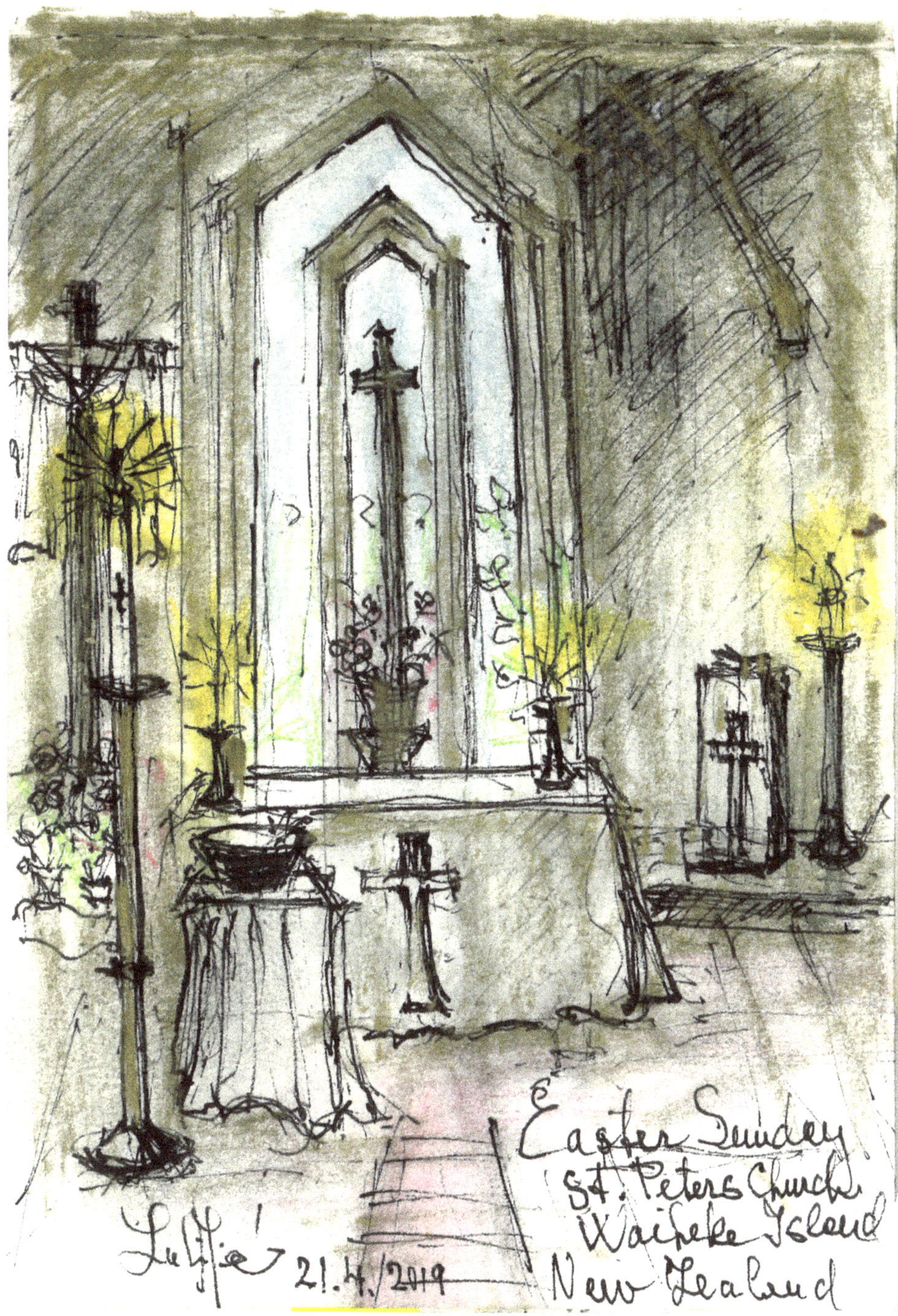

Easter Sunday
St. Peters Church
Waiheke Island
New Zealand
21.4./2019

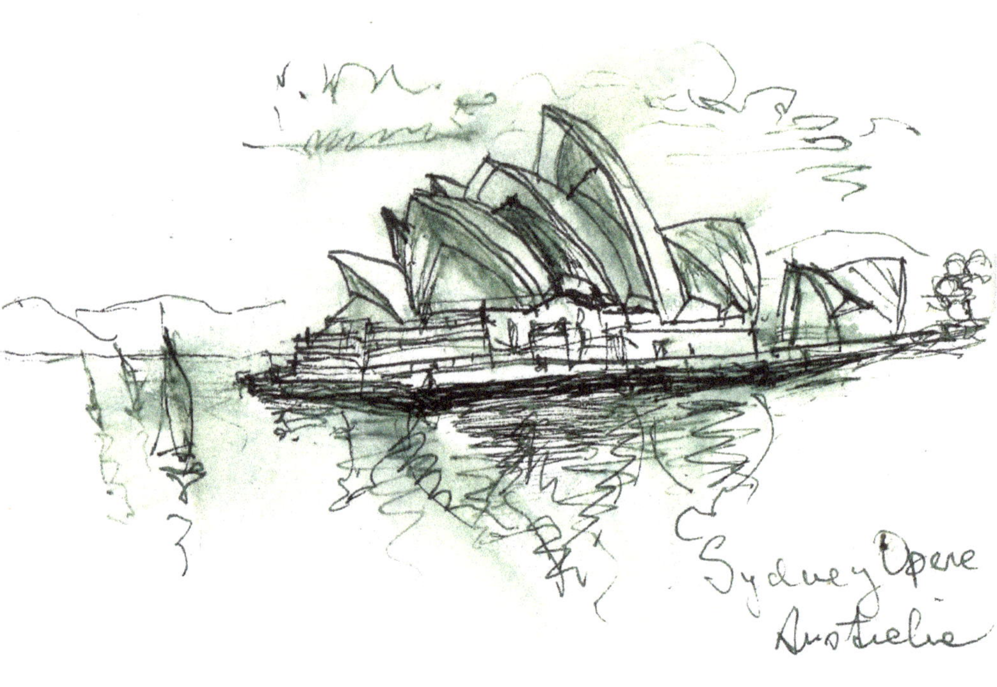

Sydney Opera
Australie

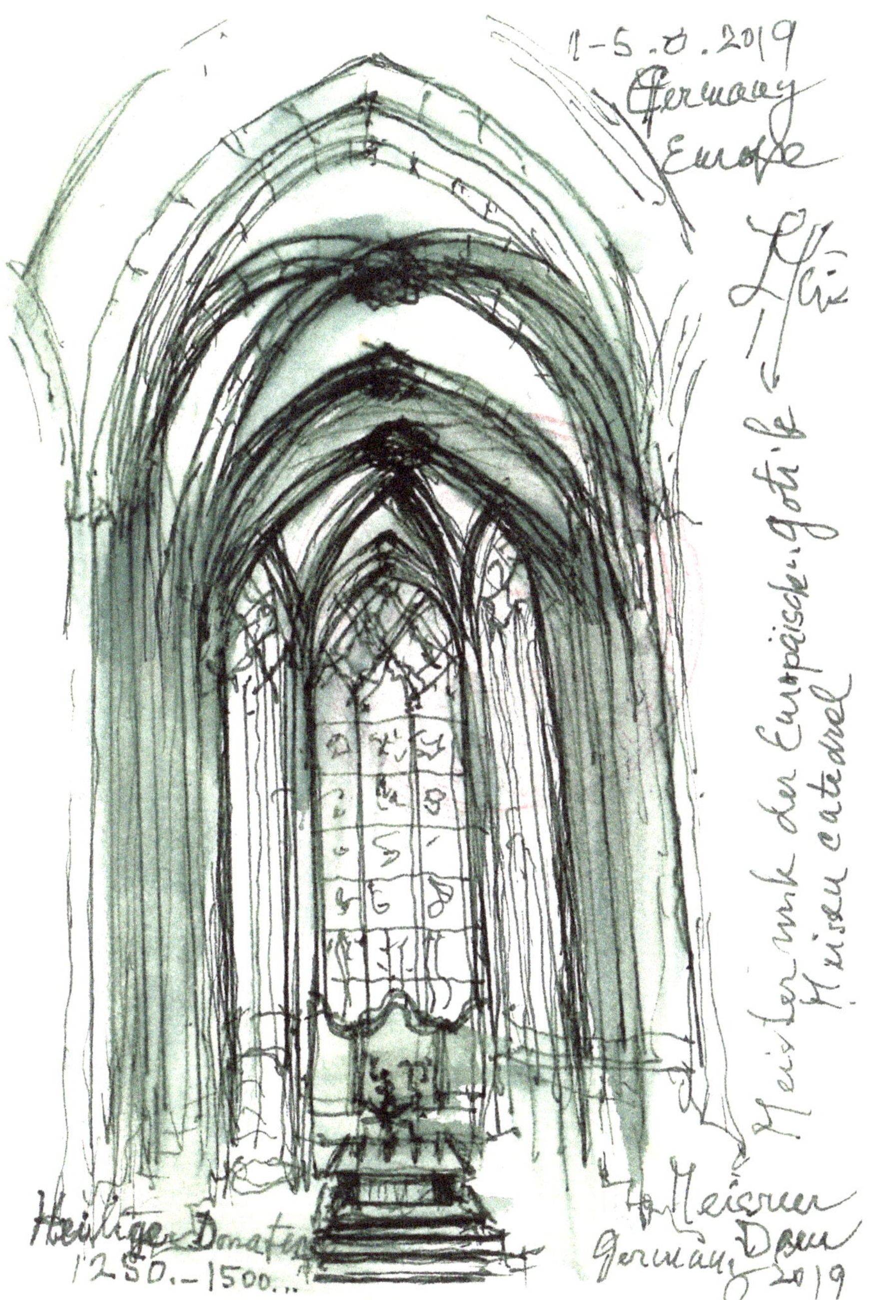
1-5.0.2019
Germany
Europe
Meister mit der Europäisch-gotik
Kristen catedral
Heiliger Donatus
1250.-1500...
H.Meissner
Germany Dom
2019

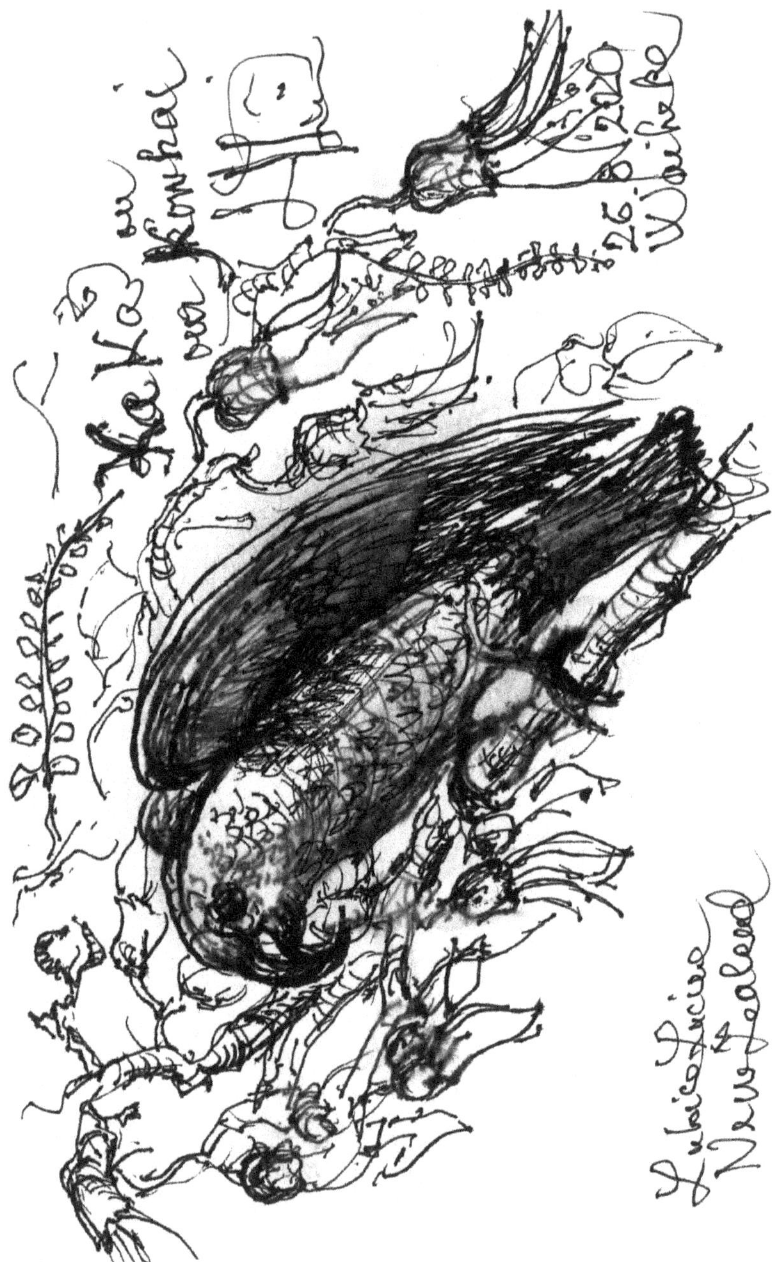

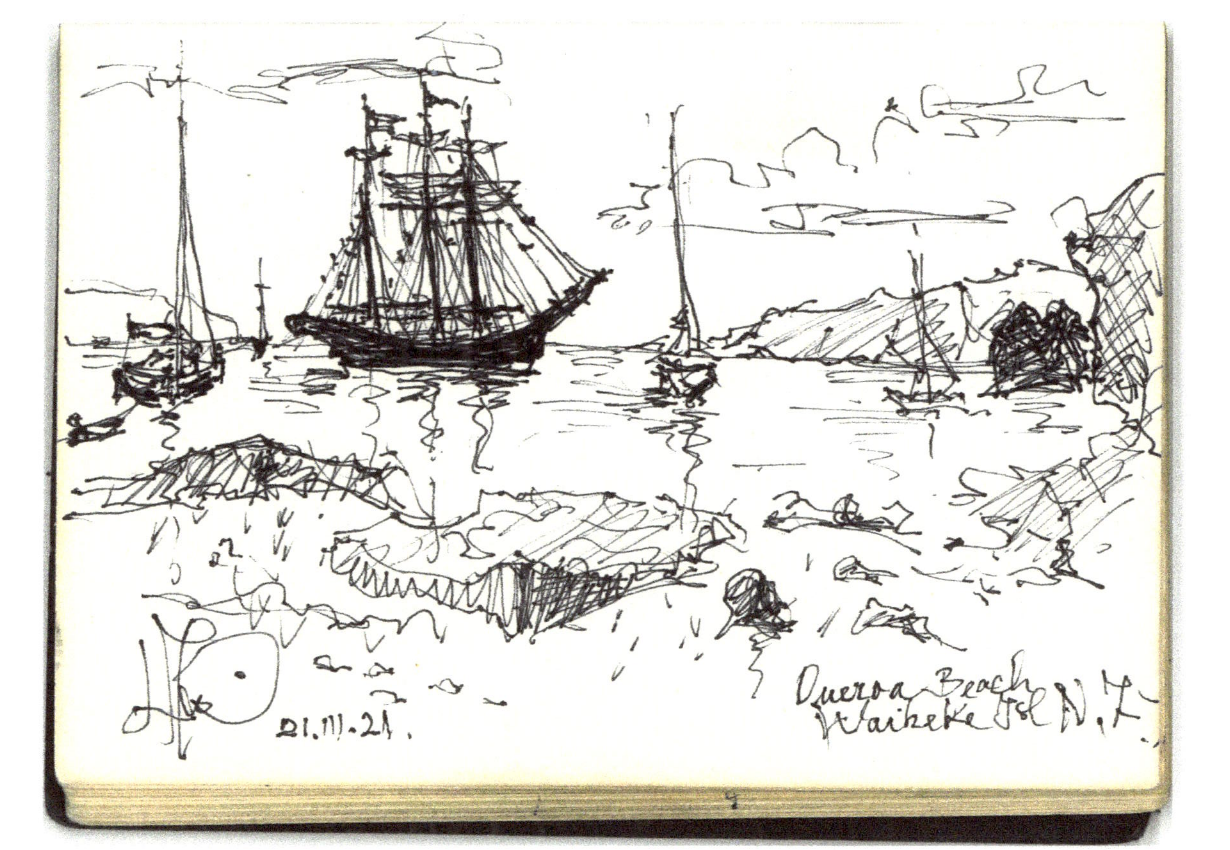

Oneroa Beach
Waiheke Isl N.Z
21.III.21.

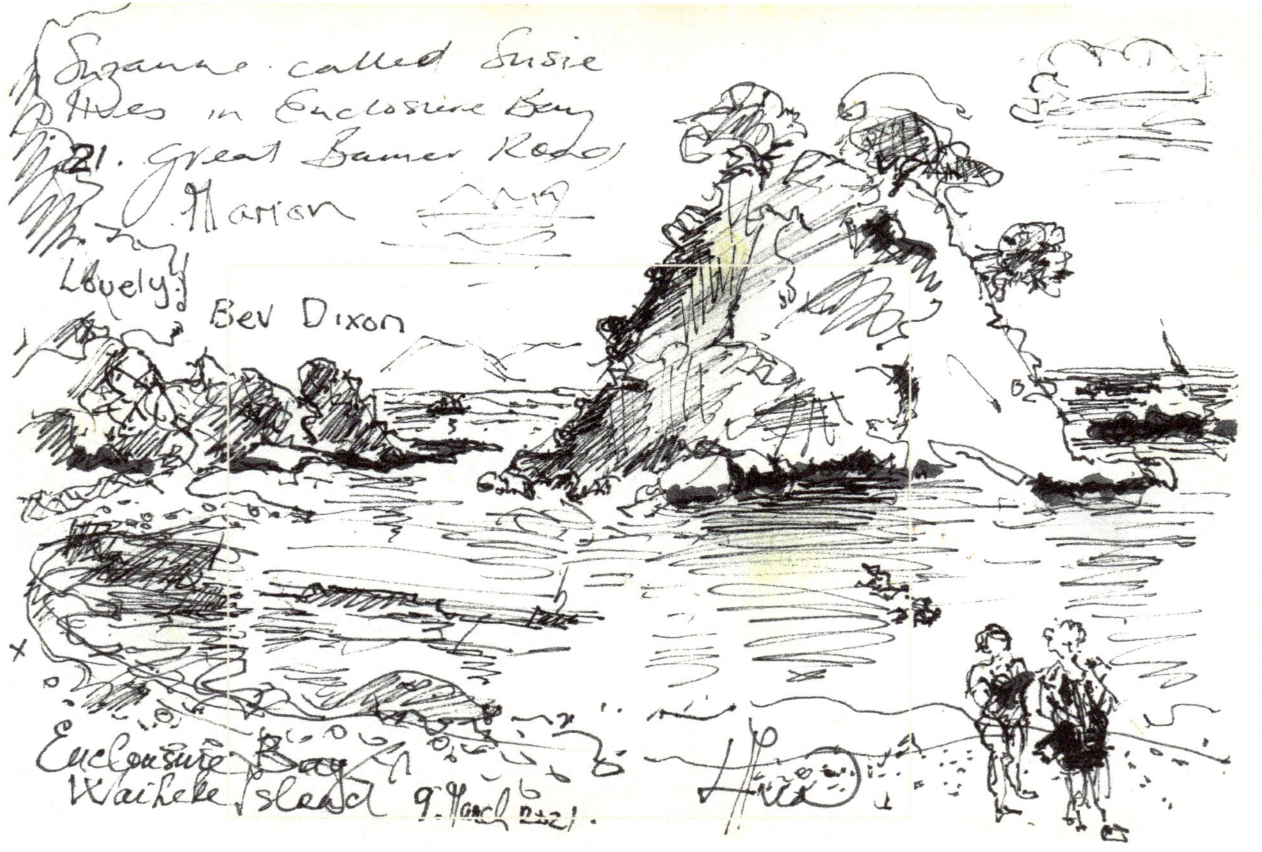

Suzanne - called Susie
lives in Enclosure Bay
21. Great Barrier Road
Marion
Lovely!
Bev Dixon
Enclosure Bay
Waiheke Island 9. March 2021.

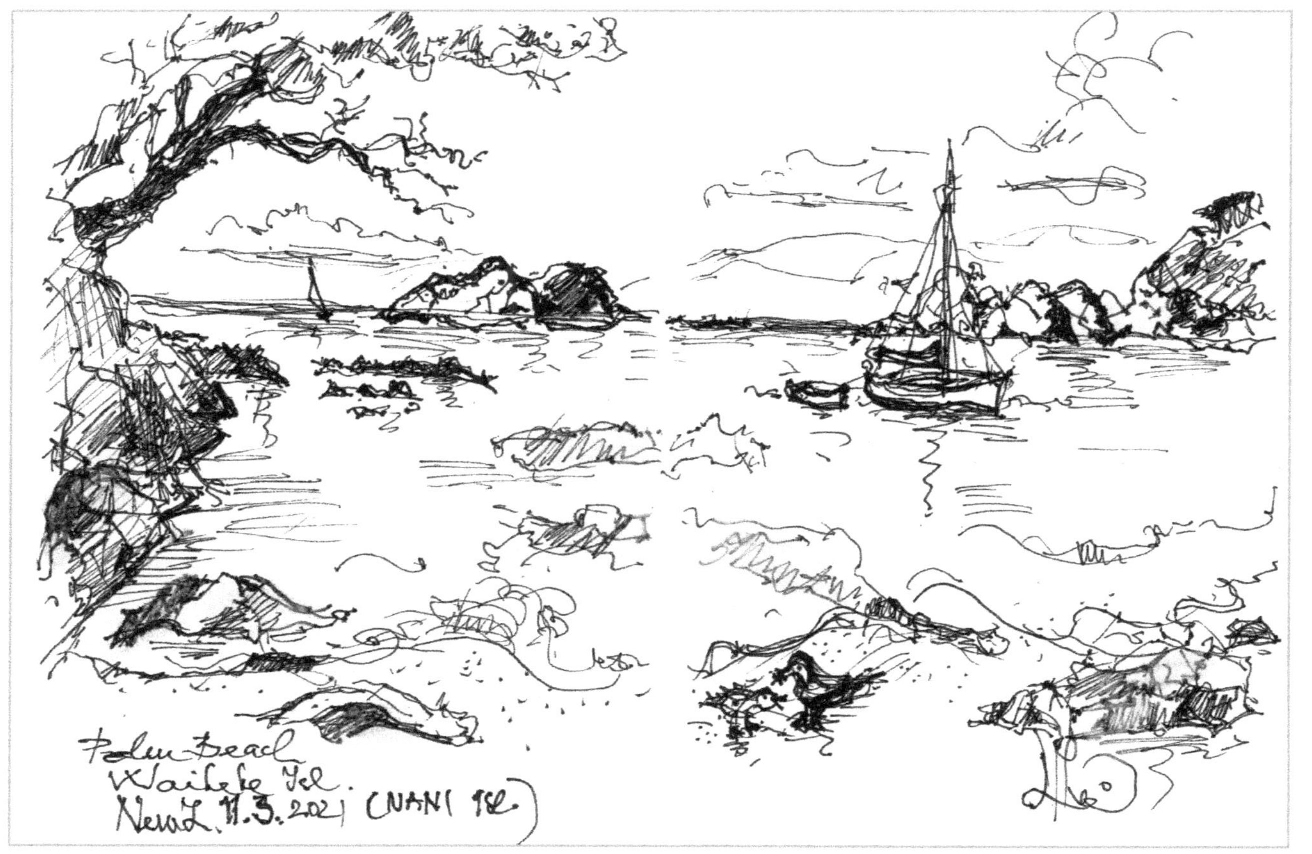

Palm Beach
Waiheke Isl.
NewZ. 11.3.2021 (NANI Isl.)

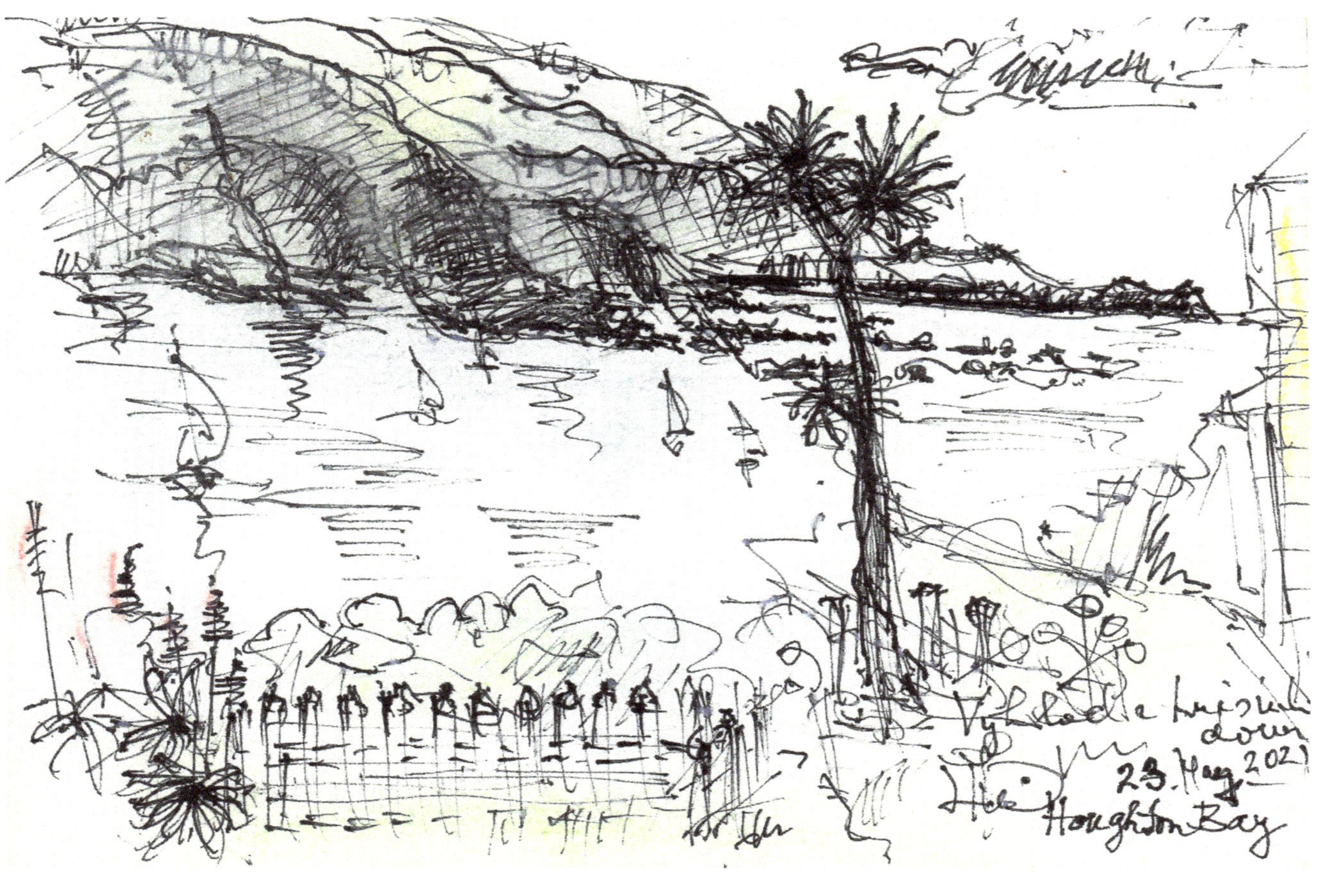
23. May 2021
Houghton Bay

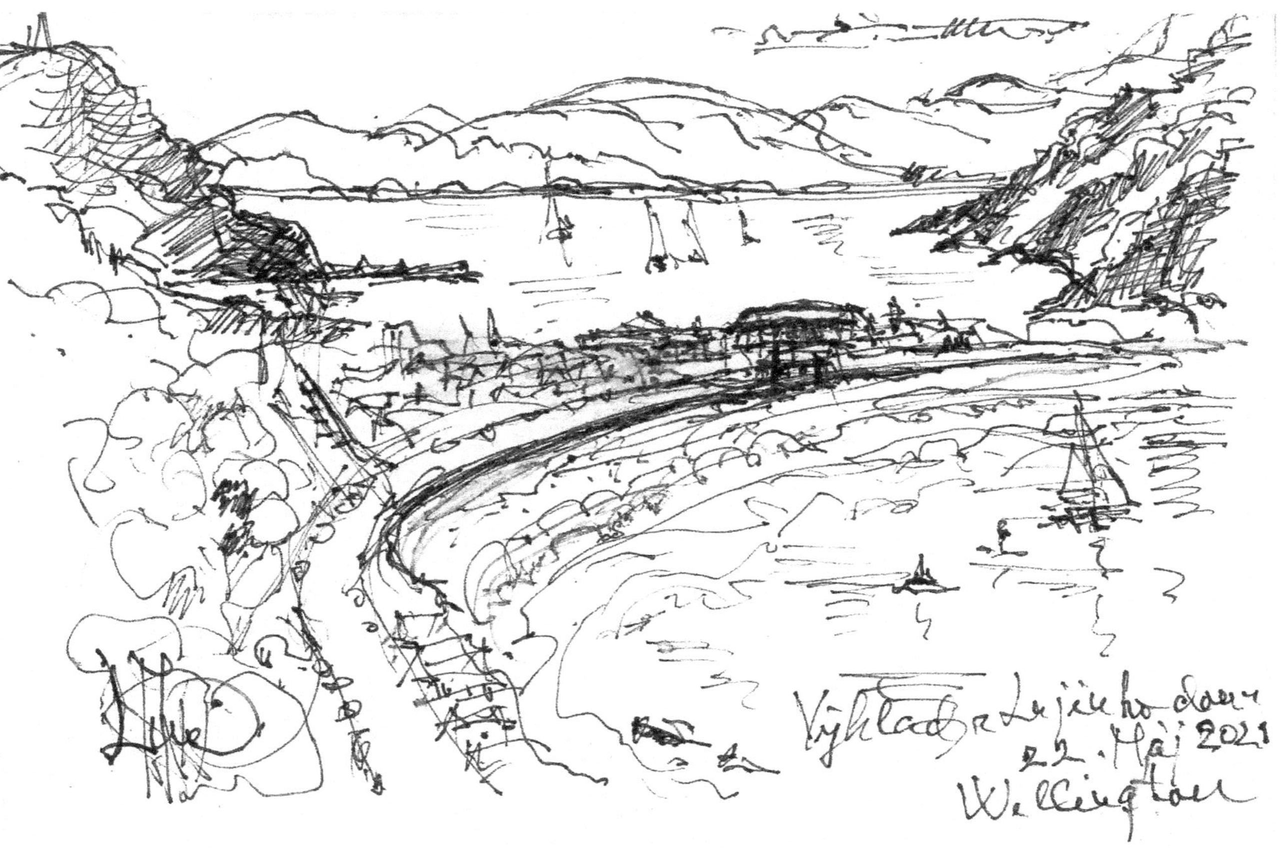

Výhľad z Lejjeiho domu
22. Máj 2021
Wellington

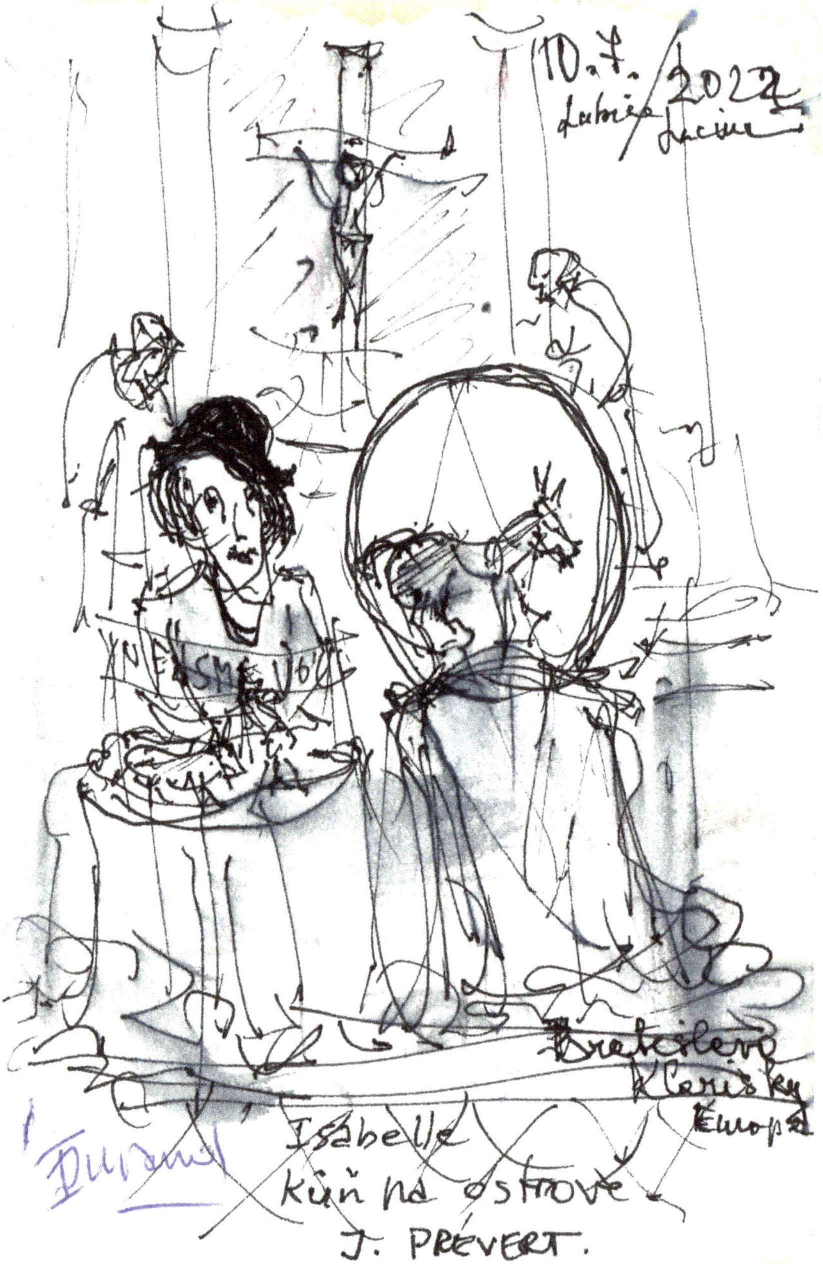

10.7.2022

Isabelle
Kůň na ostrove.
J. PRÉVERT.

Bratislava
Klarisky
Europa

Dušan

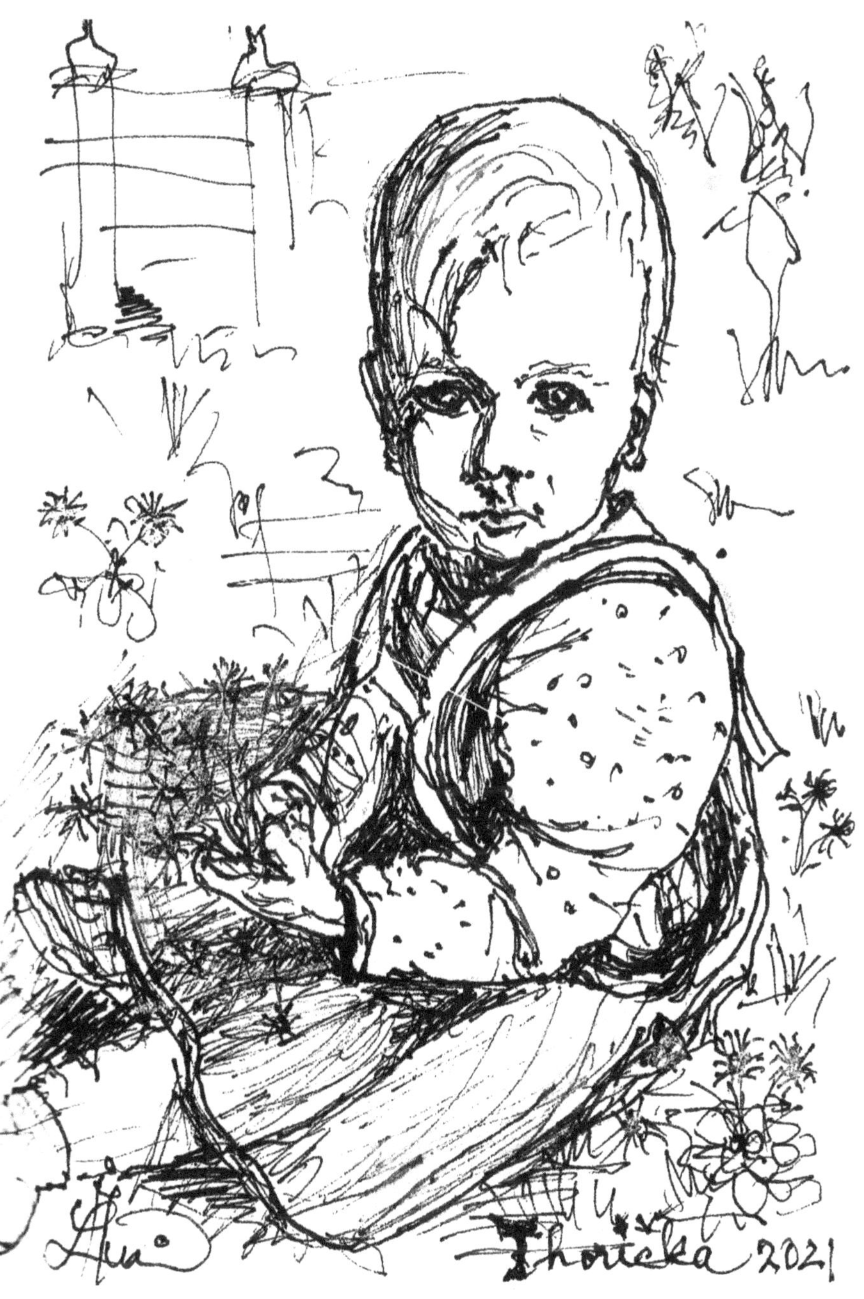

Thoreka 2021

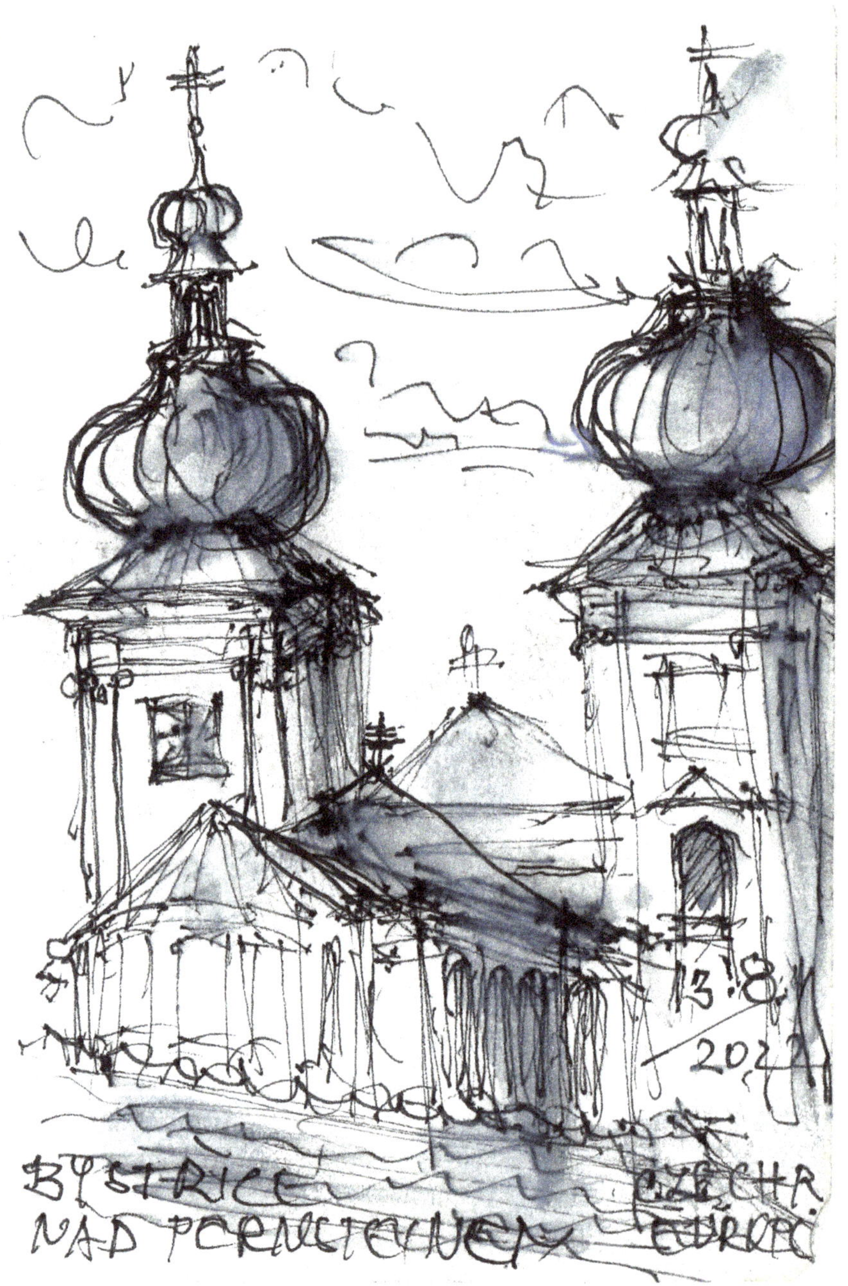

BYSTŘICE
NAD PERNŠTEJNEM
CZECH.
EUROP.
3.8.
2022

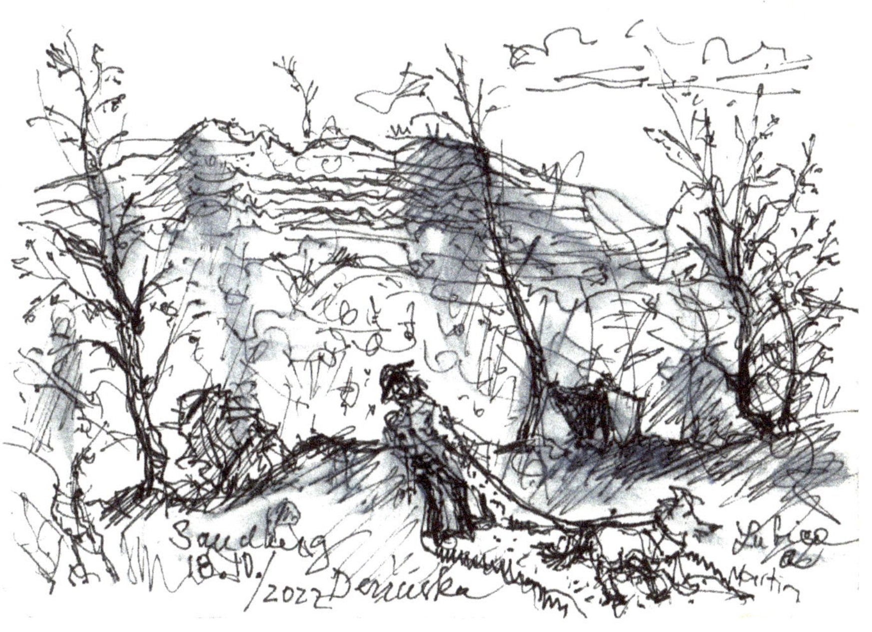

Sandberg
18. 10. /2022 Dežinska
Lubica
Martin

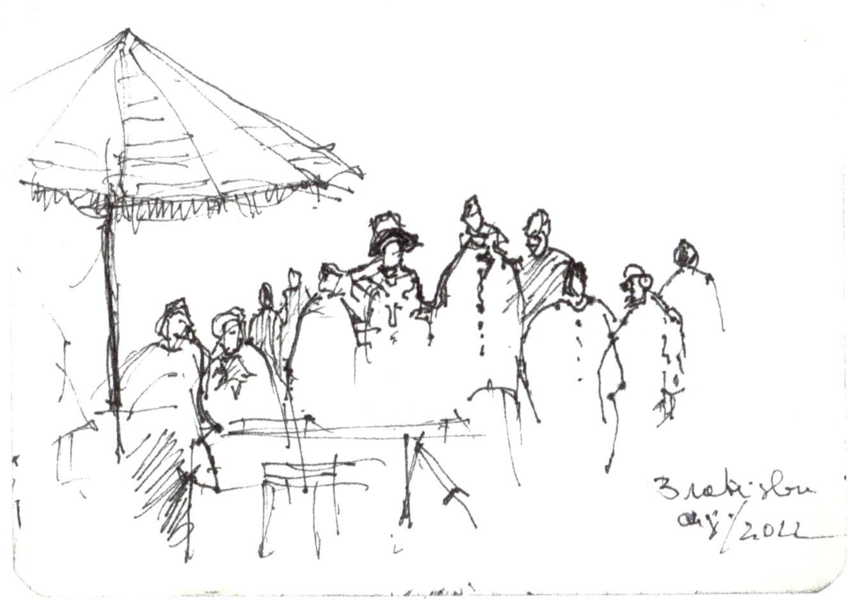

Bratislava
aug / 2022